W0395606

Ancien journaliste à *Newsweek*, où il était chargé des affaires russes et moyen-orientales, Robert Littell se consacre entièrement à la littérature depuis les années 1970. Il a notamment publié *Ombres rouges* (1992), *Le Sphinx de Sibérie* (1994), *Légendes* (2005) et la grande saga de la CIA, *La Compagnie* (2003). On lui doit également un document de référence sur Shimon Peres. Robert Littell est considéré comme l'un des meilleurs auteurs de romans d'espionnage. Ses livres sont traduits dans plus de vingt pays et figurent sur les listes de best-sellers dans le monde entier.

Robert Littell

PHILBY

Portrait de l'espion en jeune homme

ROMAN

Traduit de l'anglais (États-Unis)
par Cécile Arnaud

Éditions Baker Street

TEXTE INTÉGRAL

TITRE ORIGINAL
Young Philby
ÉDITEUR AMÉRICAIN
St. Martin's Press, New York, 2012

ISBN 978-2-7578-2670-6
(ISBN 978-2-917559-19-2, 1re édition)

À Pita

« Ce qu'on devrait se demander, c'est si un idéal est encore valable dès lors que les gens qui y croient ont été trahis. »

Pat Barker, *The Ghost Road*

Principaux personnages de ce livre

Yelena Modinskaïa : analyste du renseignement soviétique, chargée d'examiner le dossier N° 5581 du comité pour la Sécurité de l'État, relatif à l'Anglais.

Litzi Friedman : militante communiste hongroise, agent du Centre de Moscou à Vienne à l'époque où le chancelier autrichien Dollfuss réprimait les socialistes et les communistes autrichiens en 1934.

Harold Adrian Russell Philby : jeune marxiste de l'université de Cambridge, surnommé Kim en l'honneur du légendaire espion de Kipling, qui est arrivé à Vienne en 1933, en quête d'aventure, d'une cause à laquelle croire, de camaraderie, d'affection, d'amour, de sexe.

Guy Burgess : brillant, anticonformiste et de gauche, condisciple de Kim à Trinity College, Cambridge, qui prenait un plaisir viscéral à afficher son homosexualité.

Teodor Stepanovitch Maly : *rezident* londonien du Centre de Moscou qui, utilisant le pseudonyme Otto, a recruté l'Anglais, lui offrant une alternative clandestine à la vente à la criée du *Daily Worker* à des mineurs de fond illettrés.

Mlle Evelyn Sinclair : fille célibataire de l'amiral, qui connaissait la localisation des boîtes aux lettres mortes de son père et était considérée comme la mémoire institutionnelle du Secret Intelligence Service de Sa Majesté.

Harry Saint John Bridger Philby : père excentrique de Kim Philby, surnommé le Hajj, parti vivre en Arabie après sa conversion à l'islam, même s'il gardait le contact avec ses anciens camarades à Londres.

Frances Doble : Bunny pour les intimes, actrice et comédienne canadienne qui avait tenu le premier rôle dans *Sirocco* de Noel Coward, mais s'épanouissait surtout au cours de ses fêtes au champagne d'après les représentations ; fervente royaliste, elle soutenait Franco durant la guerre civile espagnole en pensant qu'il restaurerait sur le trône le roi exilé Alfonso, qu'elle considérait comme son ami.

Mlle Marjorie Maxse : recruteuse expérimentée du Secret Intelligence Service de Sa Majesté, vieille fille septuagénaire capable de siffler entre ses doigts pour arrêter un taxi et d'une franchise déconcertante quand elle interrogeait de potentiels agents d'espionnage.

Anatoli Gorski : l'homme du NKVD qui a succédé à Otto au poste de *rezident* londonien et a dirigé les agents de Cambridge, dont Kim Philby.

Prologue

Moscou, août 1938

Où Teodor Stepanovitch Maly se voit refuser une dernière cigarette

Alors, voilà : Le Y de Y. Modinskaïa, sur mon badge, est l'initiale de Yelena. C'était aussi le prénom de ma grand-mère maternelle, l'une des premières femmes commissaires dans la glorieuse Armée rouge à l'époque de la Révolution. J'ai trente-trois ans. Avant ma récente réaffectation au poste d'analyste du renseignement, j'étais assistante de recherche au deuxième directoire général du Commissariat du peuple aux affaires intérieures, plus connu sous le nom de NKVD. Non, je ne suis pas mariée – sauf à considérer, bien sûr, que je suis mariée à mon travail, pour reprendre la formule du lieutenant Goussakov.

Oui, oui, vous êtes l'un des rares à comprendre que pour moi aussi, c'était une épreuve. Il va sans dire que c'en était une pour le condamné (c'est bien le but, n'est-ce pas ?), mais moi, je n'étais encore jamais descendue aux étages où l'on interroge les traîtres et, à plus forte raison, ne m'étais jamais entretenue avec un criminel juste avant son exécution. Depuis qu'on m'avait confié les dix-sept cartons du dossier N° 5581 (chacun marqué du tampon rouge « Top Secret » et « Comité pour la sécurité de l'État du Conseil des ministres d'URSS »), un mois et une semaine et demie plus tôt, j'avais passé pratiquement toutes mes heures de veille à éplucher leur contenu : des pages et des pages de rapports, dactylographiés sur du papier ministre, de ou à propos de l'Anglais ; des mois de télégrammes échangés entre la *Rezidentura* de Londres et le Centre de Moscou, chaque liasse retenue par un élastique épais ; les appréciations de l'analyste qui avait travaillé sur le dossier avant moi, concernant la bonne foi de l'Anglais. Bien que j'eusse enchaîné les journées de quinze heures à mon bureau, je n'avais réussi à examiner que les deux tiers environ des documents. Pour ce qui était de mes conclusions, en théorie, mon opinion n'était pas encore faite, mais j'avais déjà repéré des incohérences dans le résumé qu'avait préparé mon prédécesseur immédiat, avant d'être déporté dans un camp de travail en Sibérie. Mon chef de section au 5e département du deuxième directoire, le lieutenant Goussakov, m'a accompagnée jusqu'à la porte de la salle d'interrogatoire. Je le vois encore remonter sa manchette amidonnée pour jeter un coup d'œil impatient à la montre attachée au creux de son poignet dodu. « Vous avez une demi-heure, sous-lieutenant Modinskaïa. Pas une minute de plus. On ne doit pas faire attendre les camarades dans la crypte. »

Un gardien a déverrouillé la porte de ce qui s'est révélé être une pièce étroite et nue, au plafond haut. Je l'ai entendu refermer derrière moi, une fois que j'ai été à l'intérieur. La pièce empestait : une odeur indistincte, mais parfaitement désagréable. La lumière de l'aube, d'une couleur de cendre et d'un poids de plomb, filtrait à travers une fenêtre pas plus grande qu'une fente, haut dans le mur. J'ai cru percevoir le crissement des freins à friction des tramways qui s'arrêtaient sur la place Dzerjinski, devant la prison de la Loubianka, pour faire monter les travailleurs qui avaient fini leur service de nuit. Tandis que mes yeux s'habituaient à l'obscurité de la pièce sans éclairage, j'ai distingué la silhouette d'un homme, assis sur un tabouret à trois pieds. Il était grand, mince, ou même maigre, pas rasé, débraillé, vêtu d'une veste de costume informe sur une chemise blanche sale boutonnée jusqu'à son cou squelettique. Il avait une fine moustache triangulaire au-dessus de la lèvre superieure. Ses cheveux paraissaient emmêlés. Il portait des chaussures sans lacets et sans chaussettes. J'ai été soulagée de voir qu'il avait des fers aux chevilles et aux poignets.

Je me suis assise sur le seul autre meuble de la pièce, une chaise en bois au dossier droit, du genre qu'on trouve dans toute honnête cuisine soviétique. Comme le prisonnier continuait de regarder dans le vide, je me suis éclairci la gorge. Prenant conscience de ma présence, il a frissonné puis brusquement penché la tête de côté en un étrange salut. Je l'ai entendu murmurer : « Je vous demande de m'excuser.

– Pardon ?

– Je n'aurais jamais imaginé être interrogé par une femme. Lorsqu'ils sont venus me chercher dans ma cellule, j'ai cru qu'ils m'emmenaient à mon exécution… J'ai… j'ai chié dans mon pantalon. J'ai perdu l'odorat quand j'ai eu le nez fracturé durant l'interrogatoire, mais à voir la tête des gardiens qui m'ont escorté dans les couloirs, je suppose que je dois puer horriblement. »

Je sentais qu'il luttait pour garder le contrôle de ses émotions. Je l'ai vu lever ses mains menottées, mais comme il avait la tête penchée, je n'aurais su dire s'il essuyait des larmes de ses yeux, de la sueur sur son front ou de la salive au coin de sa bouche.

« Je suis désolée de vous voir dans cette pénible situation, ai-je dit, pensant qu'une manifestation de sympathie créerait une atmosphère favorable à l'interrogatoire. Je vois que vous portez une alliance. Votre femme vous a-t-elle accompagné quand vous avez été rappelé à Moscou ?

– On lui a donné l'ordre de rentrer avec moi. Elle ne se doutait pas… » Le prisonnier s'est raclé la gorge. « Elle estimait que les rumeurs de purges dans les rangs du NKVD étaient de la propagande capitaliste. Elle disait que nous, nous n'avions de toute façon rien à craindre puisque nous étions des communistes dévoués et que nous n'avions rien fait de répréhensible.

– Où est-elle, maintenant ?

– J'espérais que vous me le diriez.

– Il n'est pas fait mention d'elle dans la transcription de votre procès.

– Une nuit, peu après mon arrestation, j'ai entendu une femme appeler mon nom d'une cellule lointaine. J'ai cru reconnaître la voix de ma femme. » Il a levé les yeux. « S'il vous plaît, aidez-moi. »

J'ai détourné la tête. « Vous avez été condamné en tant qu'ennemi du peuple par un tribunal spécial. Je ne peux rien pour vous.

– Vous pensez vraiment que je suis un agent fasciste ?

– J'ai lu le verdict. Vous avez avoué travailler pour la division Abwehr du haut commandement de la Wehrmacht.

– Mais, bon sang, j'ai été torturé ! On m'a battu pour obtenir des aveux. J'ai parlé quand je n'ai plus été capable de supporter la douleur. » Et il a ajouté dans un murmure discordant : « Au moins, donnez-moi une cigarette. »

Remplir la pièce de fumée de tabac aurait résolu un de mes problèmes. Hélas, le règlement l'interdisait. « Ce n'est pas permis, ai-je répondu.

– Dans tous les pays civilisés, un condamné a droit à une dernière cigarette », a-t-il dit d'un ton pitoyable.

J'aurais voulu me couvrir la bouche et le nez avec un mouchoir parfumé et respirer au travers. « Nous n'avons pas beaucoup de temps, ai-je repris.

– Vous voulez dire que moi, je n'ai plus beaucoup de temps.

– Vous étiez le *rezident* à Londres quand l'Anglais a été recruté », ai-je dit. Je lisais une de mes fiches. « "Télégramme chiffré numéro 2696, envoyé au Centre de Moscou par la *Rezidentura* de Londres, juin 1934 : *Nous avons recruté le fils d'un éminent arabisant britannique, connu pour être un intime du roi saoudien Ibn Séoud et supposé avoir des contacts au plus haut niveau des services de renseignement anglais.*" Le télégramme est signé de votre cryptonyme : *Mann.* »

Le prisonnier a brusquement redressé la tête. Ses orbites paraissaient enfoncées dans son crâne, et ses yeux étaient étrangement éteints, comme s'ils étaient morts dans l'attente de l'exécution. Était-il possible que la lumière se retire des yeux, avant que la vie se retire du corps ? « Pourquoi en revient-on toujours à l'Anglais ? disait le condamné. Je n'ai jamais fait un pas sans l'accord du Centre.

– Le Centre a donné son accord au recrutement sur la base de votre évaluation de la situation.

– Mon évaluation de la situation était influencée par l'empressement du Centre à recruter des agents en Grande-Bretagne.

– Combien de fois avez-vous rencontré l'Anglais ?
– Je ne sais plus exactement.
– La bonne réponse est neuf.
– Pourquoi me posez-vous la question, si vous connaissez déjà la réponse ? » Il a secoué la tête avec colère. « En ma qualité de *rezident*, et plus encore en tant qu'officier traitant de l'Anglais, je devais le rencontrer à intervalles réguliers. Ça faisait partie de la procédure habituelle.
– Décrivez-le.
– Tous les détails figurent dans les rapports que j'ai envoyés au Centre.
– Je souhaiterais les entendre de votre bouche. »
Le prisonnier a inspiré bruyamment par le nez. « L'Anglais n'était pas né dans le bon siècle. C'était un des derniers romantiques. Naïf peut-être, mais profondément idéaliste. Et foncièrement antifasciste. Il considérait Staline comme le rempart contre Hitler, le communisme comme le rempart contre le fascisme.
– D'après vous, était-il d'abord et avant tout communiste ou antifasciste ?
– À l'époque, c'était la ligne du Centre – n'oubliez pas que l'Anglais a été recruté en 1934 – de souligner la dimension antifasciste du mouvement communiste international, d'en appeler à un front uni contre la menace hitlérienne. Il n'est donc pas étonnant que nous ayons recruté des agents qui étaient motivés en premier lieu par l'antifascisme.
– Ses origines ne vous ont pas dissuadé – ses racines aristocratiques, son père ultraconservateur ayant des contacts en Arabie Saoudite, son éducation élitiste à l'université de Cambridge ?
– Dissuadé ? Au contraire, ce sont ses origines qui ont d'abord retenu mon attention. J'y ai vu la pos-

sibilité de mettre en œuvre un plan de pénétration à long terme. Nous avions des wagons entiers d'ouvriers communistes à l'accent de l'East End, nous avions des mineurs de Newcastle qui récitaient le *Manifeste du parti* au mariage de leurs filles, mais aucun n'aurait pu tenir une conversation dans un club de gentlemen. Comment aurait-on pu attendre d'eux qu'ils infiltrent le gouvernement ou le corps diplomatique ou, mieux encore, les services secrets britanniques ?

– Le fait que ce soit lui qui soit venu vous trouver, et non l'inverse, a sûrement dû vous faire soupçonner qu'il était chargé par le Secret Intelligence Service britannique d'infiltrer *nos* services secrets ?

– Je ne conteste pas qu'après son retour de Vienne il s'est présenté de lui-même au quartier général londonien du comité central du parti communiste britannique… »

J'ai jeté un coup d'œil à une des fiches sur mes genoux. « Au 16, King Street. »

Il a paru décontenancé par ma connaissance du dossier. « Au 16, King Street, exactement. Il a déclaré vouloir rejoindre le parti. »

Le prisonnier venait de mettre le doigt sur l'une des nombreuses incohérences du résumé de mon prédécesseur. J'ai dit très doucement : « Il est difficile de croire que quelqu'un qui entre dans les locaux du QG du comité central n'ait pas été photographié par des agents britanniques et mis sur une liste de gens à surveiller. Dans ce cas, l'Anglais avait peu de chances de pénétrer les organes de l'État britannique, sauf si… »

Le condamné a fini la phrase à ma place : « … sauf si son objectif ultime était de pénétrer *nos* organes étatiques pour nous livrer de fausses informations. » Il a tenté de croiser les jambes, mais les fers à ses chevilles l'en ont empêché. « Les camarades au comité central londonien lui ont répondu qu'ils devaient prendre des renseignements sur lui avant qu'il puisse devenir membre du parti communiste britannique. Ils lui ont dit de revenir six semaines plus tard. Un rapport portant le nom de l'Anglais a atterri sur mon bureau. J'ai vérifié ses antécédents. À Cambridge, il avait appartenu à la scandaleuse Socialist Society. Ses plus proches amis et ses connaissances étaient tous, comme lui, résolument de gauche. Une fois son diplôme en poche, il est parti à Vienne pour participer à l'insurrection d'inspiration communiste contre le dictateur Dollfuss. Vous n'ignorez pas que c'est Litzi Friedman, l'un des agents de confiance du Centre, à Vienne, qui a d'abord suggéré son nom à nos organes. Dans son premier rapport, elle le décrivait comme un marxiste qui voyait dans l'Union soviétique la forteresse du mouvement de libération mondiale, qui idolâtrait l'*Homo sovieticus*, qui croyait que le communisme international conduirait à une Grande-Bretagne plus saine, à un monde meilleur. Le Centre m'a envoyé à Vienne pour assister à l'un des rendez-vous bimensuels entre Friedman et son officier traitant. Je l'ai personnellement entendue proposer la candidature de l'Anglais, je l'ai entendue déclarer qu'il ferait un excellent agent. Je l'ai interrogée à Londres après qu'elle a fui Dollfuss et Vienne. Elle a de nouveau insisté sur l'antifascisme de l'Anglais et sur la volonté qu'il avait de rejoindre l'Internationale communiste. Le Centre a évalué tous ces paramètres quand il a décidé que la *Rezidentura* londonienne devrait essayer de le recruter.

– D'après les documents figurant dans le dossier N° 5581, vous avez personnellement recruté l'Anglais. »

Il a hoché la tête d'un air désespéré. « J'ai organisé un rendez-vous sur un banc de Regent's Park en plein jour. Litzi Friedman l'a amené en prenant les précautions nécessaires pour s'assurer qu'ils n'étaient pas suivis.

– Et ensuite ? »

Le prisonnier a réussi à esquisser un sourire grimaçant. « Au début, il a cru que cela concernait son adhésion au parti communiste. La veille au soir, j'avais griffonné ce que j'allais dire, comme s'il s'agissait d'un scénario pour une pièce radiophonique. J'ai joué à la perfection le rôle que je m'étais assigné. *Si vous voulez rejoindre le parti, ils vous accueilleront à bras ouverts, bien sûr*, lui ai-je dit. *Vous pouvez passer vos journées à vendre le* Daily Worker *dans les quartiers ouvriers. Mais ce serait perdre votre temps et gâcher vos talents.* Il a paru surpris par mes paroles. *Et quels sont mes talents ?* m'a-t-il demandé. *Aussi bien par vos origines que par votre éducation, dans votre apparence que dans vos manières, vous êtes un intellectuel. Vous êtes capable de vous fondre parmi les bourgeois et de vous faire passer pour l'un d'eux. Si vous voulez vraiment apporter une contribution significative au mouvement antifasciste, vous ne pouvez pas vous contenter d'adhérer au parti communiste britannique. L'alternative clandestine que je vous propose n'ira pas sans difficulté, sans danger même. Mais les récompenses seront immenses, en termes d'accomplissement personnel et d'amélioration concrète du sort des masses laborieuses dans le monde. Vous sortez de Cambridge – cela seul vous ouvrira des portes dans le journalisme, aux Affaires étrangères et peut-être même dans les services secrets de Sa Majesté. Voulez-vous vous joindre à nous dans la lutte contre l'hitlérisme et le fascisme international ?* »

À l'extérieur de la Loubianka, des travailleurs avaient commencé à actionner des marteaux pneumatiques pour percer le macadam de la chaussée. Je me suis rappelé un professeur, à l'académie de formation, qui nous avait parlé de l'efficacité des longs silences lors d'un interrogatoire. À l'époque, je n'avais pas très bien compris ce qu'il voulait dire. Maintenant, si. Les silences pouvaient être particulièrement utiles dans une situation comme celle-ci, où le prisonnier serait emmené à son exécution à la fin de l'interrogatoire. Il avait intérêt à faire durer la conversation. Gardant cela en tête, je me suis tue, les yeux fixés sur les bobines du magnétophone à côté de ma chaise. Tandis que le silence se prolongeait, l'homme a montré des signes de nervosité. Il a remué sur le tabouret et levé ses poignets menottés pour se passer les doigts d'une main dans les cheveux. Quand j'ai fini par rompre le silence, j'ai vu qu'il m'était reconnaissant de reprendre l'échange et qu'il était impatient de répondre.

« L'Anglais savait-il qui vous étiez quand vous lui avez fait votre proposition ? ai-je demandé.

– Je lui ai dit seulement qu'il pouvait m'appeler Otto.

– Savait-il pour qui vous travailliez ? Ou plutôt : savait-il pour qui vous *prétendiez* travailler ? »

Le prisonnier a grimacé au mot « prétendiez ».

« Ce n'était pas la première fois que j'accomplissais la tâche délicate de recruter des agents. Je suis resté aussi vague que nécessaire : j'ai parlé du front antifasciste, des travailleurs du monde qui s'unissaient contre leurs exploiteurs. Mais l'Anglais n'était pas un idiot. Bien qu'il fût trop discret pour le dire, il ne devait faire aucun doute pour lui que je représentais le Centre de Moscou et l'Union soviétique.

– Que s'est-il passé après que vous lui avez proposé de travailler pour vous ?

– Il s'est passé qu'il a accepté sur-le-champ.

– Sans hésitation ?

– Sans hésitation, oui.

– Ça ne vous a pas paru étrange qu'il se décide tout de suite, qu'il ne demande pas un peu de temps pour évaluer les risques, pour réfléchir aux conséquences de sa décision ?

– J'en ai appelé à l'aventurier autant qu'à l'idéaliste en lui. Je l'ai invité à lier son destin au projet bolchevique de substituer l'ordre prolétarien au chaos capitaliste. Je lui ai offert l'opportunité de donner un sens à sa vie, ce qui avait été une de mes motivations quand j'avais accepté de travailler pour le Centre. Vous-même avez peut-être signé pour des raisons similaires. Quand je repense à cette première entrevue à Regent's Park, non, ça ne m'avait pas surpris de voir l'Anglais hocher la tête avec empressement. »

J'ai décidé de provoquer le prisonnier dans l'espoir de le faire dévier de ce qui était, à l'évidence, un récit soigneusement préparé. « Du point de vue du Centre, le recrutement de l'Anglais doit être envisagé sous un jour plus sombre. Comment pourrait-il être un agent digne de confiance puisque celui qui l'a recruté a été reconnu coupable d'être un espion allemand ?

– Vous êtes dans la disposition d'esprit d'un chien qui se mord la queue, a-t-il répliqué.

– Comment osez-vous insulter une tchékiste ? »

Ma réaction indignée a paru l'amuser. « Quand on s'apprête à recevoir une balle de gros calibre dans la nuque, on se fiche pas mal d'insulter une tchékiste. »

J'avoue que j'ai parfaitement saisi son point de vue et conclu que je ne gagnerais rien à me vexer. « Vous ne répondez pas à ma question, ai-je fait remarquer d'un ton égal. Non seulement vous, le *rezident* londonien du NKVD et directeur de l'Anglais, étiez un traître à la mère patrie, mais votre prédécesseur à la *Rezidentura* de Londres, Ignace Reiss, cryptonyme Marr, qui lui aussi s'était porté garant de l'Anglais, a trahi la patrie et a été exécuté. Un autre traitant soviétique de l'Anglais… » J'ai feuilleté mes fiches jusqu'à ce que je trouve celle que je voulais. « … Alexandre Orlov, cryptonyme le Suédois, est passé à l'Ouest le mois dernier…

– Le Suédois est passé à l'Ouest !

– Son vrai nom était Leon Lazarevitch Feldbin. Un israélite. Il a disparu de son poste dans le sud de la France.

– Orlov était un honnête bolchevik. Il a fait la révolution puis combattu sur le front polonais dans la 12e Armée rouge. C'est Feliks Dzerjinski en personne qui l'a fait entrer dans l'appareil de renseignement. S'il paraît avoir fait défection, vous devez envisager la possibilité qu'il participe à une opération de désinformation menée par le Centre pour tromper les services ennemis.

– Inutile de dire que j'ai consulté mes supérieurs. La défection d'Orlov ne fait partie d'aucune opération. Il savait que l'Anglais avait été recruté par notre NKVD – nombre de ses rapports de terrain passaient par les mains d'Orlov. Or, à l'heure même où nous parlons, l'Anglais n'a pas été arrêté. Les faits parlent d'eux-mêmes. »

Le prisonnier condamné s'est tassé sur son tabouret, secouant la tête, incrédule. « Vous négligez le succès de la mission de l'Anglais en Espagne durant la guerre civile.

– Alors qu'il travaillait soi-disant sous couverture comme journaliste britannique, il a reçu l'ordre d'assassiner le dirigeant fasciste Franco. De manière peu surprenante, il n'a absolument rien fait pour tenter d'accomplir sa mission. De manière peu surprenante, sachant que vous avez été démasqué en tant qu'agent allemand, et sachant que l'Allemagne soutenait Franco et ses armées nationalistes, vous avez envoyé des télégrammes au Centre justifiant l'échec de l'Anglais à remplir sa mission.

– La mission était ridicule. L'Anglais avait seulement été formé pour recueillir des renseignements. L'instinct, le talent nécessaires à l'espionnage classique ne préparent pas un agent aux sales boulots. Au-delà de ça, jamais un étranger armé n'aurait pu approcher Franco, le tuer puis s'échapper. L'assassin, une fois arrêté, aurait avoué être un agent soviétique. Cela aurait causé un incident international. L'Allemagne et l'Italie, qui toutes deux soutenaient ardemment Franco, auraient pu déclarer la guerre à l'Union soviétique. Il fallait être complètement coupé de la réalité pour donner un ordre pareil. »

Bien que j'aie eu la bonne fiche en main, j'ai pu la citer sans avoir besoin de la regarder. « L'ordre venait du camarade Staline, qui considérait que les armées nationalistes et leurs alliés catholiques s'effondreraient et que les républicains triompheraient si le leader fasciste Franco pouvait être éliminé. »

L'étroite pièce était à présent éclairée par la lumière du jour. Je voyais les lèvres du prisonnier trembler. Au bout d'un moment, il a dit : « Depuis qu'il a été recruté, il y a plusieurs années, l'Anglais nous a fourni quantité d'informations exactes.

– C'est évident. Les agents d'infiltration sont obligés de fournir des informations exactes pour établir leur crédibilité et vous faire avaler les informations fausses qu'ils glissent dans leurs rapports. Vous, un agent de l'Abwehr, avez fourni au Centre des informations justes sur l'ordre de bataille de l'Allemagne et sur ses priorités en matière d'armement afin de nous faire gober une certaine quantité de fausses informations.

– Je vous défie de me citer un seul exemple d'information fausse que je vous aurais transmise. »

J'ai haussé les épaules. Cette conversation ne menait nulle part. « Vous vous êtes porté garant de l'Anglais et vous avez fait passer pour vrai ce qu'il écrivait dans les rapports qu'il vous remettait. »

J'ai rassemblé les fiches sur lesquelles j'avais noté des questions. Le prisonnier a remarqué le geste. « Ne partez pas, bon Dieu ! s'est-il écrié d'une voix âpre. Je dois vous parler le plus longtemps possible.

– On m'a donné une demi-heure… »

Il a sorti une pochette d'allumettes de sa veste de costume. « J'ai écrit un bref message pour le camarade Staline sur le rabat. Il n'est pas trop tard pour moi, si vous pouvez le lui transmettre. Il n'a sûrement pas oublié Teodor Stepanovitch Maly. Il se souviendra que j'ai servi loyalement le parti pendant la Révolution et me suis dévoué à l'État depuis. Il ordonnera aux juges de revoir leur verdict.

– Les prisonniers n'ont pas le droit d'avoir des crayons, ai-je jugé nécessaire de lui rappeler. C'est une violation grave des règles, qui pourrait avoir de sérieuses conséquences pour vous. »

J'ai vu le prisonnier me tendre la pochette d'allumettes et s'avancer vers moi en traînant les pieds à cause des fers à ses chevilles. « Vous êtes mon seul espoir », a-t-il murmuré.

J'ai honte d'admettre que j'ai traversé la pièce en titubant pour gagner la porte. J'ai le vague souvenir d'avoir martelé le battant de mes jointures et entendu avec soulagement la clé tourner dans la serrure. La porte s'est ouverte. J'ai inspiré à pleins poumons l'air vicié du couloir. Le lieutenant Goussakov se tenait là, avec les camarades qui étaient montés de la crypte, des hommes costauds portant des tabliers de cuir tachés par-dessus leur uniforme du NKVD et fumant d'épaisses cigarettes roulées. Ils ont été surpris de voir une femme sortir de la pièce.

« Emmenez-la, a marmonné l'un d'eux. Ce n'est pas un endroit pour une femme. »

Un autre camarade, un homme petit au crâne rasé, a rétorqué avec un ricanement : « Sauf, bien sûr, si elle est condamnée à la peine capitale. »

Les autres camarades ont détourné les yeux, embarrassés.

Le lieutenant Goussakov a fait un mouvement de tête, avant de se diriger vers l'ascenseur. « Maly a-t-il été en mesure d'éclaircir les incohérences figurant dans le résumé de votre prédécesseur ? » m'a-t-il demandé alors que je marchais à sa hauteur. Il s'est arrêté. « L'Anglais. Dans quel camp est-il ?

– Les éléments que j'ai vus jusqu'ici laissent penser que c'est un agent britannique, ai-je répondu. Le prisonnier condamné Maly n'a rien dit qui m'ait convaincue du contraire. »

1

Vienne, fin de l'été 1933

Où un Anglais s'égare dans le mauvais siècle

L'Anglais est arrivé d'une autre planète, en quête d'aventure, sans aucun doute, d'une cause à laquelle croire, de camaraderie, d'affection, d'amour, de sexe. Sa chance a été de trouver une personne qui se teignait les cheveux si souvent qu'elle ne se rappelait plus sa couleur d'origine : moi. Nous avions à peu près le même âge – il avait vingt-et-un ans et sortait de l'université quand ses pas l'avaient mené à mon appartement du centre-ville –, mais toute ressemblance entre nos parcours s'arrêtait là. J'étais à moitié juive et à moitié non, et les deux faces de mon identité se livraient un combat permanent ; j'avais été une sioniste en lutte pour une lointaine patrie juive, avant de rallier les communistes en lutte pour les travailleurs autrichiens à proximité. Je m'étais mariée puis j'avais divorcé (le jour où je m'étais rendu compte que mon mari préférait coucher *en* Palestine plutôt qu'*avec* moi). J'avais passé quinze jours dans une prison autrichienne lorsque la police avait eu vent de certaines de mes activités : on avait découvert que je prêtais ma chambre d'amis à un certain Josip Broz, qui se trouvait être un communiste croate recherché dans une demi-douzaine de pays des

Balkans. (Il tenait des réunions du parti dans mon appartement, où il désignait tel ou tel camarade en leur assignant des missions avec les mots *Ti, to* – Toi, ça. Il le faisait si souvent qu'on l'avait surnommé Tito.) Mon séjour en prison n'a pas été perdu ; j'y ai découvert que, faute de miroir, une fille pouvait se voir suffisamment bien dans une tasse à café pour appliquer du rouge à lèvres, sans lequel je me sentais vulnérable. Malgré mon arrestation, mon travail clandestin pour le Centre n'avait heureusement pas été décelé. Vous pourriez faire remarquer que j'étais l'opposée d'une vestale. J'avais pris des amants quand j'avais eu envie de prendre des amants, mais je veillais à maintenir une distance affective entre nous, raison pour laquelle ils finissaient toujours par devenir des anciens amants. À la vérité, je n'avais jamais été vraiment *intime* avec un spécimen masculin avant l'Anglais. Intime, au sens où l'on prend du plaisir à donner du plaisir. Intime, au sens où l'on trouve que se réveiller le matin à côté d'un *Homo erectus* complètement nu est une excellente façon de commencer la journée.

Ah, l'Anglais… Vous n'imaginez pas à quel point il était innocent quand il a frappé à ma porte : d'une beauté timide, horriblement peu sûr de lui, souffrant (comme je l'ai appris plus tard) d'indigestion chronique, parlant avec un bégaiement touchant qui s'accentuait quand la conversation s'orientait vers les rapports sociaux ou sexuels. J'ai tout de suite su – les filles naissent avec un sixième sens pour ce qui est du langage corporel – qu'il ne s'était jamais envoyé en l'air, du moins avec une femme. Avec un homme, c'est autre chose. Tard un soir, alors que nous entendions des obus d'artillerie exploser dans le quartier ouvrier à l'autre bout de la ville, l'Anglais a bu un schnaps de trop et m'a dit qu'il s'était fait enf-fifrer, selon sa formulation. Je n'ai jamais découvert si cette initiation avait eu lieu dans un de ces pensionnats anglais pour la haute, où on ne fait pas de feu dans les cheminées tant que l'eau n'a pas gelé dans les robinets, ou plus tard à Cambridge. Il se trouvait que j'avais suffisamment pratiqué l'anglais du roi, pour ne pas dire les Anglais du roi, pour connaître le sens de l'expression. Vous ne m'en voudrez pas de ne pas entrer dans les détails. Je m'égare. Oh mon Dieu, c'est vrai que je m'égare toujours quand j'évoque l'Anglais. Oui, je disais donc que, sexuellement parlant, il était novice quand il avait atterri dans ma vie. J'aurais été surprise d'apprendre qu'il avait déjà posé les yeux sur les seins d'une jeune femme, sans parler de les toucher. Je peux vous assurer qu'il ne savait pas dégrafer un soutien-gorge. Quand nous avons fini par partager un lit, dix jours après son emménagement dans ma chambre d'amis, je me suis vite aperçue que son idée de l'anatomie féminine demeurait toute théorique. Mais rendons-lui justice, en matière de sexe autant que d'espionnage, il était bon élève.

« Où as-tu appris à faire l'amour comme ça ? lui ai-je demandé d'une voix endormie le matin après cette première nuit.

– Tu es un sacré b-bon professeur, a-t-il répondu. J'ai ton org-g-gasme sur les lèvres. J'en sens le g-goût. »

Cela, mes amis, c'était du pur Philby, Kim pour ses intimes, Harold Adrian Russell pour les Anglais huppés qui passaient à notre table nous chiper des cigarettes quand nous prenions le thé, comme nous le faisions presque tous les après-midi, même en hiver, à la terrasse du café Herenhoff.

Mais je vais trop vite – cette histoire gagne à être racontée chronologiquement. Essayez d'imaginer ma stupéfaction quand, répondant à un coup frappé si discrètement à la porte de mon trois-pièces qu'il en était presque inaudible et croyant qu'il s'agissait du Noir venu livrer du charbon, j'ai ouvert à un jeune gentleman qui dansait d'un pied sur l'autre, affreusement emprunté, un sac à dos accroché à son épaule maigre, une valise de cuir, petite mais élégante, posée à ses pieds chaussés de souliers de randonnée de belle qualité quoique éraflés. Ma première pensée, fugitive, a été que j'étais en présence de quelqu'un qui s'était égaré dans le mauvais siècle. Il avait les joues roses et douces d'un adolescent qui n'avait presque jamais besoin de se raser, des cheveux en bataille où l'on devinait une ancienne raie au milieu, un pantalon de flanelle froissé portant une vague trace de pli, dont les revers usés étaient retenus par des pinces à vélo métalliques, une veste de motard en cuir ceinturée, à double boutonnage, dont l'immense col était relevé, un foulard de soie beige et des lunettes de motard autour du cou, un bonnet de motard en cuir usé, du genre qu'on avait dû porter lorsque les motos avaient été inventées, accroché au poignet. « Il n'y a pas de numéro sur votre porte, m'a-t-il dit, mais comme vous vous trouvez entre le 6 et le 8, j'en conclus que vous devez être le 7. »

J'ai passé les doigts dans mon carré fraîchement teint en blond pour voir si l'eau oxygénée du pharmacien était encore humide. « Qu'espériez-vous trouver au numéro 7 ? » ai-je demandé, posant les fondations du mur affectif que j'avais l'intention de bâtir entre nous.

Mon visiteur, qui parlait anglais en remuant à peine les lèvres, a dit : « On m'a laissé entendre que je p-pourrais peut-être louer une chambre au 9, Latschgasse, appartement 7. »

Plus il bégayait, plus je voyais mon mur s'effondrer. « Et qui vous a laissé entendre cela ?

– L'un des camarades à l'alliance Rote Hilfe qui aide les réfugiés p-persécutés.

– Qu'est-ce qui vous a amené à Vienne ?

– Ma moto. J'ai pris la liberté de la g-garer dans votre cour à côté des p-poubelles.

– Je ne parle pas de votre moyen de transport mais de vos motivations.

– Ahh, mes motivations. » Je me souviens qu'il a haussé les épaules, déconcerté. J'allais découvrir que les clichés l'irritaient, d'autant plus quand ils sortaient de sa propre bouche. « C'est à Vienne que ça se passe, a-t-il dit. Ou que ça se p-passera. Je suis venu apporter ma contribution. »

J'ai réfléchi à ce qu'il venait de dire. « Vous avez fait tout le trajet à moto depuis l'Angleterre pour *apporter votre contribution* ?

– Sans compter la Manche, ça ne fait qu'un peu moins de mille cinq cents kilomètres. » Il m'a gratifiée d'un sourire timide. « Si je p-puis me permettre, et vous ?

– Et moi quoi ?

– Que faites-vous à Vienne ?

– J'ai rendez-vous avec l'histoire. » En des temps comme ceux-là, on ne pouvait être trop vigilant. « Ne changez pas de sujet. Comment avez-vous connu la Rote Hilfe ?

– Un de mes professeurs à Cambridge est une huile du p-parti communiste anglais. Il m'a donné une lettre de recommandation pour le comité autrichien d'aide aux victimes du fascisme allemand. Je p-peux vous la montrer. »

Il s'est mis à fouiller dans son sac à dos, mais je lui

ai fait signe que c'était inutile. N'importe qui pouvait fournir une lettre. « Quelle est l'adresse de la Rote Hilfe ? Quel camarade vous a donné mon adresse ? » J'étais prête à lui claquer la porte au nez s'il ne donnait pas la bonne réponse.

Il a sorti un petit carnet à spirale d'une poche intérieure et, humectant son pouce avec la langue, a commencé à le feuilleter. Les pages étaient intégralement couvertes d'une écriture soignée et presque microscopique. « Bien. La Rote Hilfe est située au 13, Lerchengasse, troisième étage, à droite en haut d'un escalier franchement minable, quatrième porte, tirez la chevillette et la bobinette cherra. » Il a levé les yeux. « Oh, pardon, vous ne connaissez peut-être pas la bobinette.

– Je devine, ai-je dit. Continuez.

– Oui. Alors, le bureau de la Rote Hilfe se compose de quatre pièces, dont une est remplie de vêtements usagés débordant de cartons emp-pilés jusqu'au plafond et une autre pleine de misérables poivrots que j'ai pris pour des communistes chassés d'Allemagne par Herr Hitler après l'incendie du Reichstag. Ceux qui ne jouaient p-pas au soixante-six dormaient dans leur manteau sur des matelas posés par terre. Tout l'appartement puait le chou cuit, bien que je n'aie vu aucun fourneau sur lequel on aurait pu faire cuire du chou. Quant au camarade qui m'a donné votre adresse, je ne connais que son nom de guerre. Ses amis l'appelaient Axel Heiberg. Ils ont b-bien ri à mes dépens quand ils ont fini par m'expliquer qu'Axel Heiberg était le nom d'une île dans l'océan Arctique.

– Vous faites toujours ça ?

– Quoi ?

– Noter tout ce que vous voyez dans un carnet ?

– En fait, oui. Quand j'avais onze ans, mon saint père m'a traîné dans un grand tour du Levant – Damas, B-baalbek, B-beyrouth, Sidon, Tyr, Tibériade, Nazareth, Acre, Haïfa, Jérusalem et j'en passe. J'ai fait tous les souks. Il m'a obligé à tenir un journal. Je suis encore dessus. » Il m'a tendu une main pâle. « Philby, a-t-il dit. Harold Philby. Kim pour mes très rares amis.

– Pourquoi très rares ?

– D'après mon expérience, l'*Homo sapiens* a tendance à décevoir. Seul l'*Homo sovieticus* est à la hauteur de l'occasion historique – en défiant le capitalisme industriel, le national-socialisme et son Führer, ainsi que votre abominable Dollfuss, ici à Vienne. »

Je me rappelle avoir été tellement touchée par sa déclaration que j'ai serré sa main entre les miennes. « Litzi, ai-je dit, avec peut-être un peu plus d'ardeur que j'aurais voulu. Litzi Friedman, 9, Latschgasse, appartement 7. J'ai arraché le 7 pour embrouiller les policiers au cas où ils reviendraient me chercher. Plaisir.

– Plaisir ?

– De faire votre connaissance, bien sûr. Entrez donc. »

« L'argent, maintenant.

– L'argent ?

– *Zahlungsmittel* en allemand. *Fizetésköz* en hongrois. *Valuta* en italien. *Money*, en anglais du roi, une langue que vous parlez plus ou moins couramment. »

Ce devait être au début de la soirée du deuxième jour de Kim à Vienne, mon tact m'ayant empêchée d'aborder le sujet dès le premier. Nous venions de rentrer à Latschgasse après être allés chercher un paquet de tracts dans une imprimerie clandestine, encore que rudimentaire, tracts que nous avions livrés au quartier général de la milice ouvrière dans les grandes cités à l'extérieur du boulevard circulaire. Je dois avouer que c'était grisant de rouler à l'arrière de la moto Daimler de Kim. J'avais eu un léger vertige en levant les yeux vers les flèches des églises et ce que les Américains appellent des gratte-ciel (dont certains ont dix ou douze étages) qui se dressaient au-dessus de ma tête tandis que nous filions à travers les rues étroites de l'Innere Stadt. Une pluie fine s'était mise à tomber quand nous avions tourné dans Latschgasse, plaquant ma chemise contre ma peau. J'avais remarqué que mon Anglais (comme je commençais à l'appeler dans ma tête) n'avait pas remarqué. Ce qui me donnait à réfléchir : le problème venait-il de ses yeux ou de ce que notre médecin viennois Sigismund Freud appelle la libido ? De retour à mon appartement, j'avais enfilé une chemise sèche, m'étais essoré les cheveux avec une serviette, j'avais sorti des sandwichs et de la bière éventée puis j'avais abordé le délicat sujet du loyer. « Oui, l'argent. Livres sterling, schillings autrichiens, reichsmarks allemands. De combien disposez-vous ?

– En liquide ?

– Bien sûr, en liquide. Je ne parle pas de reconnaissance de dettes.

– Ah ! Oui. Bon, mon saint père m'a p-payé pour dactylographier le manuscrit de son livre – il a traversé ce foutu désert d'Arabie à dos de chameau, du golfe Persique jusqu'à la mer Rouge, en quarante-quatre jours. Ça, mon vieux, c'était un exploit. T.E. Lawrence soutenait que seul un dirigeable pouvait traverser ce que les Saoudiens appellent le Quart Vide. Ça ferait un sacré bouquin si mon père réussissait à se dégoter un éditeur qui ne soit pas persuadé que notre Lawrence d'Arabie détient le copyright des sagas du désert. Il me reste un peu de cet argent, plus les cent livres que mon père m'a d-données pour mon anniversaire. »

Cent livres représentaient une fortune dans le Vienne ouvrier. « Vous êtes vraiment en possession de cent livres sterling ? »

Il a hoché la tête.

« Montrez-les-moi. »

Il était assis sur l'une des chaises de cuisine que nous avions apportées dans le salon pour la réunion du comité prévue plus tard ce soir-là. Kim a posé sa cheville gauche sur son genou droit, défait le lacet de sa chaussure et l'a retirée. Puis il a sorti la liasse qu'il avait fixée avec du ruban adhésif sous la languette. Il m'a tendu l'argent. Je l'ai compté. Il y avait bel et bien cent livres sterling, en billets craquants de cinq et de dix. Ils étaient tellement neufs que j'ai eu peur de voir l'encre déteindre sur mes doigts.

« Vous comptiez les faire durer combien de temps ?

– Eh bien, en me serrant la ceinture, comme on dit, je p-pensais pouvoir tenir un an.

– Douze mois ?

– C'est la durée d'un an, en général. »

J'ai attrapé un crayon et commencé à faire des calculs au dos d'une enveloppe, convertissant les livres en schillings et additionnant ce qu'il lui faudrait pour le vivre et le couvert. « À Vienne, vous pouvez vous nourrir pour six schillings par jour si vous êtes végétarien. » J'ai levé les yeux. « Vous êtes végétarien ?

– Maintenant, oui.

– Bien. J'ai lu un article dans notre journal socialiste *Arbeiter Zeitung* disant qu'une personne normalement constituée vit 2,4 ans de plus si elle ne mange pas de viande.

– Votre budget inclut les cigarettes ?

– Vous fumez combien ?

– Un paquet par jour.

– Je n'ai rien lu indiquant que fumer nuisait à la santé. Mais vous allez quand même devoir réduire pour économiser vos sous.

– Si je fume moins d'un p-paquet par jour, je b-bégaie davantage. Vous oubliez aussi l'essence pour la moto, si on continue à l'utiliser à Vienne.

– Oh, c'est sûr qu'on va l'utiliser. Je demanderai à notre comité transport de payer l'essence. » J'ai fait le total des colonnes. « Je pense que soixante-quinze livres devraient vous suffire pour toute l'année lunaire. » J'ai compté soixante-quinze livres que je lui ai rendues.

Il a regardé les billets puis relevé les yeux vers moi. « Que comptez-vous faire des vingt-cinq restants ?

– Félicitations. Vous venez de rejoindre le Comité d'aide viennois. Pure coïncidence, la cotisation annuelle des Anglais à moto se monte à vingt-cinq livres.

– Mais je suis venu ici pour rejoindre l'Organisation internationale d'aide aux combattants de la révolution. »

Le moment était venu de commencer son éducation. « Si vous voulez œuvrer pour la cause communiste, il vous faudra le faire discrètement. En temps utiles, je pourrai dire un mot en votre faveur dans certains cercles. D'ici là, vous devez jouer le rôle du jeune Anglais naïf et idéaliste, venu apporter son concours aux réfugiés. Le parti communiste autrichien ainsi que l'Organisation internationale d'aide aux combattants de la révolution ont été déclarés illégaux par Dollfuss et sa clique. Nous, les communistes, agissons par le biais du Comité d'aide aux réfugiés, qui est légal. Avec vos vingt-cinq livres, quatre ou cinq des camarades allemands que vous avez vus dormir sur des matelas pourront passer en France où ils seront en sécurité. »

Je l'ai regardé. « Votre silence signifie-t-il que vous êtes d'accord pour faire cette contribution ?

– Ai-je le choix ? »

J'ai rapproché ma chaise de lui jusqu'à ce que nos genoux se touchent presque (mais pas complètement : je ne voulais pas qu'il panique). « On a toujours le choix. C'est précisément cela, la vie. Faire des choix. Ne pas faire de choix est un choix. » J'ai dû sourire, comme chaque fois que je m'apprête à faire une suggestion que je ne veux pas voir l'autre accepter. « Vous pouvez aussi garder vos cent livres, refaire votre sac et rentrer en Angleterre si vous ne voulez pas vous joindre à nous.

– Je suis très heureux ici à Vienne, merci. »

Les camarades qui sont venus à la réunion ont été impressionnés quand je leur ai annoncé que l'Anglais avait versé une contribution de vingt-cinq livres au comité d'aide. Sauf le professeur de Budapest, un clandestin qui essayait de garder une longueur d'avance sur la police autrichienne. « Tu lui as rendu soixante-quinze livres ? m'a-t-il demandé en hongrois. Ça ne va pas, la tête ! »

Kim m'a regardée. « Vous parlez hongrois ?

– Je suis hongroise, lui ai-je répondu. J'ai été élevée par mes grands-parents dans ce qui était alors l'empire austro-hongrois.

– Mais je vous ai entendue parler allemand.

– Mes grands-parents m'ont envoyée au *Gymnasium* à Vienne. Je suis ici depuis. C'est leur appartement. » J'ai dit au professeur hongrois : « L'Anglais nous sera d'une aide précieuse quand la révolution éclatera. Avec sa moto, son passeport anglais et son teint pâle de Britannique, il pourra franchir les barrages de police. On en a traversé deux aujourd'hui, et les brutes de la

Heimwehr de Dollfuss n'ont même pas fouillé nos sacs à dos. » J'ai traduit en allemand ce que je venais de dire à l'intention des camarades du comité de district. L'un d'eux, les yeux fixés sur Kim, m'a demandé en allemand : « Qu'est-ce qui te prouve que ce n'est pas un agent double ? »

Kim, qui parlait allemand comme les Anglais parlent toute langue autre que la leur, c'est-à-dire avec embarras, a déclaré : « *Sie k-können nie sicher sein.* » Puis se tournant vers moi, il m'a demandé en anglais : « Vos amis seraient-ils p-plus à l'aise si je me retirais dans ma chambre ? »

Le professeur a dit en hongrois : « Si le petit comte – il parlait du chancelier Dollfuss, notoirement minuscule – voulait nous espionner, il n'essaierait pas d'infiltrer un comité de district, mais le comité central du parti.

– Vous pouvez rester », ai-je dit à Kim. Et j'ai ajouté à l'intention des autres : « Pour l'heure, il est trop innocent pour être ne serait-ce qu'un simple agent.

– Je ne suis pas sûr de devoir prendre ça comme un compliment, a fait remarquer Kim.

– Le grand avantage de l'innocence, me rappelé-je lui avoir dit avec un sourire suggestif, c'est qu'on a un certain plaisir à la perdre.

– Notre Litzi fait sa libertine », a commenté d'une voix moqueuse l'un des camarades, un étudiant d'université aux favoris fournis, appelé Dietrich. Ça les a tous fait rire. Sauf moi. Dietrich était un de mes anciens amants.

Un peu agacée, je me suis tournée vers le professeur et l'ai invité à commencer son cours. Après avoir retiré ses lunettes et s'être frotté l'arête du nez entre le pouce et le majeur, il a commencé, dans un allemand plus imparfait que celui de Kim. « Le capitalisme industriel repose sur le piédestal de la théorie de l'équilibre, qui stipule que le processus de production d'une chose crée juste assez de pouvoir d'achat pour l'acquérir. La crise de 1929 et la misère dans laquelle elle a plongé les classes ouvrières du monde entier ont démontré que cette théorie bien commode de l'équilibre n'est plus… »

Se levant d'un bond, Dietrich a coupé le professeur au beau milieu d'une phrase. « Vos théories marxistes me font mourir d'ennui, a-t-il déclaré. Elles ne sont plus d'actualité. Avec la montée du fascisme, nous sommes nombreux à nous intéresser à autre chose qu'à l'économie. Nous devrions parler de la meilleure façon d'empêcher Hitler d'annexer l'Autriche… »

À son tour Dietrich a été interrompu par Sergius, qui, à dix-sept ans, était un des plus jeunes délégués de la milice ouvrière à un comité de district. « Regardez les verres d'eau que Litzi a disposés sur la table basse, a-t-il dit. Les verres sont immobiles, mais l'eau à l'intérieur frémit, comme si ce qui se passe dans cette ville, ce qui se passe en Europe, faisait trembler la croûte terrestre.

– L'eau frémit parce que Dietrich s'est levé d'un bond, a fait remarquer l'un des ouvriers délégués avec un petit rire.

– L'eau frémit, tout comme le sol bouge avant un séisme, me rappelé-je avoir dit. La révolution va éclater à Vienne. Il y a de grandes chances pour qu'elle se propage dans tout le monde capitaliste. »

Sonja, la petite amie actuelle de Dietrich et la seule autre femme présente, a levé la main. Elle avait une vingtaine d'années, comme moi, mais contrairement à moi elle était d'une beauté stupéfiante, avec les pommettes hautes et les yeux enfoncés, d'un noir charbon, qu'on associe aux tribus montagnardes du Caucase. Je crois me souvenir qu'elle avait un grand-père ou une grand-mère ouzbeks. « Merde, Sonja, on n'est pas à l'école, a dit Dietrich d'un ton brusque et désagréable. Tu peux parler sans lever le doigt.

– Je voudrais poser une question, a-t-elle annoncé.

– Je vous en prie, posez votre question, ma chère enfant », a répondu le professeur hongrois.

Sonja s'est penchée en avant, et ses seins ont presque débordé de sa blouse paysanne autrichienne très décolletée. Un spectacle qui n'a pas échappé *aux voyeurs** [1] présents. « Je suis, comme vous le savez, la représentante du parti socialiste au comité de district », a-t-elle déclaré. Peu habituée à s'exprimer en public, elle a pris une profonde inspiration avant de se lancer, avec une farouche intensité. « Je suis marxiste, mais pas communiste. Et je pose la question que se posent nombre de mes camarades socialistes : quel est le plus grand mal, le fascisme allemand ou le communisme soviétique ? »

Dietrich, un communiste pur et dur, a levé les yeux au ciel, ce qui m'a fait me demander de quoi ils parlaient tous les deux au lit. Plusieurs camarades du district, qui possédaient la carte du parti, se sont détournés, dégoûtés. Puis il s'est passé une chose curieuse. Mon Anglais, qui avait suivi attentivement la conversation, tournant la tête d'un orateur à l'autre comme s'il assistait à un match de tennis au country club, s'est adressé directement à Sonja. Voici, autant que je m'en souvienne, ce qu'il a répondu : « Quand vous dites communisme soviétique, vous parlez bien sûr du stalinisme. Je pense que nous devons faire une distinction entre les deux. Il faut replacer l'autocratie tatillonne de Staline dans une p-perspective

1. Tous les mots ou expressions en italique suivis d'un astérisque sont en français dans le texte.

historique. Les cadres qui ont organisé l’insurrection b-bolchevique ont vécu pendant des années, voire des décennies dans la clandestinité, avant que la Révolution ne les propulse à des positions de pouvoir. Et même alors, leur emprise sur le p-pouvoir était ténue – ils ont dû défendre la Révolution contre les envahisseurs étrangers et leurs laquais, les Russes blancs, au cours d’une violente guerre civile. Cela explique sûrement, en partie, le rôle croissant de la police secrète soviétique et les détestables purges dans les rangs du parti dans les années 1920, et aussi la conviction qu’a Staline d’être entouré d’ennemis qu’il doit éliminer avant qu’ils ne l’éliminent. Dans sa chasse aux ennemis, réels ou imaginaires, Staline a sans aucun doute déformé le communisme. Mais le communisme n’a rien à voir avec le stalinisme. Le communisme survivra à Staline et au stalinisme. Pour répondre à votre question : Hitler, qui peut compter sur la loyauté de l’armée allemande, et le fascisme, qui a capturé l’imagination des masses allemandes, sont à l’évidence le plus grand mal. »

Rougissant d’embarras, Kim m’a lancé un bref regard. « Notre Anglais est moins innocent que nous le croyions, ai-je dit. Il a répondu correctement à la question. Ceux d’entre nous qui ont fait allégeance à la cause communiste défendent un idéal, pas un individu.

– Vous dites donc, a repris Sonja, regardant intensément l’Anglais dans son désir de comprendre, que Staline est le moindre de deux maux ?

– Ce n’est pas exactement…

– Si Hitler est le plus grand de deux maux, il s’ensuit que Staline doit être le moindre de deux maux.

– C’est plus compliqué que…

– Le moindre de deux maux n’en reste pas moins un mal.

– Vous déformez mes propos… »

Sonja ne lâchait pas prise. « Vous dites que le fait que Staline ait trahi le communisme n'invalide pas le communisme ?

– Personne n'a dit que Staline *trahissait* le communisme, est intervenu Dietrich farouchement. Il y a une différence entre *déformer* et *trahir*. Déformer, c'est changer de direction pour raisons tactiques. C'est réduire la voilure face au vent. C'est s'adapter à une réalité changeante pour pouvoir atteindre l'objectif stratégique, qui est la dictature du prolétariat. »

Sergius a acquiescé. « Ce sont les deux pas en avant, un pas en arrière de Lénine. »

Le professeur a touché l'omoplate de Sonja. « Staline *est* le communisme, chère enfant. Quel que soit le chemin qu'il choisit, soyez sûre que c'est le bon.

– Avec ou sans Staline, la révolution mondiale est inévitable, ai-je dit. Ce n'est pas en en discutant sans fin dans l'appartement 7 du 9, Latschgasse qu'elle arrivera plus vite. Je propose que nous refermions la partie théorique de notre réunion pour passer aux questions pratiques. Qui est pour ? »

Tous les membres du comité de district ont levé la main, sauf Sonja. Voyant qu'elle était en minorité, elle a froncé les sourcils en regardant Dietrich, qui lui a pris le poignet et l'a levé. Les autres ont ri.

Dietrich a soulevé la question de l'achat d'armes pour les unités de la milice ouvrière, engagées dans des escarmouches nocturnes avec les durs de la milice de Dollfuss. Une importante cargaison d'armes, cachée sur une des péniches naviguant sur le Danube, qui traversait les faubourgs de Vienne, avait été découverte et confisquée par la police plus tôt dans la semaine. L'histoire avait fait les gros titres des journaux dirigés par le pouvoir. L'un des délégués de la milice a fait remarquer que nous étions à court de fonds, dont nous avions désespérément besoin pour acheter des armes à l'étranger. Il avait été demandé aux comités de district d'imposer une taxe aux commerçants du quartier, à qui on avait jusqu'ici simplement réclamé une contribution volontaire. Nous avons longuement débattu de la question sans parvenir à un consensus. La cloche de l'église, un peu plus loin dans la rue, a commencé à sonner l'heure. Nous avons tous compté les coups dans notre tête. « Douze », a annoncé Dietrich. Il s'est étiré et a tendu la main pour caresser la nuque de Sonja. « Douze », a-t-elle répété, posant la main sur la cuisse de Dietrich.

Soudain, j'étais capable d'imaginer de quoi ils parlaient au lit.

« Allons faire la révolution !

– Ahh. » J'entends encore Kim s'éclaircir la gorge, un tic nerveux qui apparaissait en général quand il ne savait pas trop quoi dire. « Oui. Allons-y. »

Et nous sommes allés la faire. Nous avons remis clandestinement sept fusils soviétiques Simonov et quatre Walther 41 allemands en pièces détachées, cachés sous les ordures dans des camions poubelles, à des membres du Schutzbund (la milice du parti social-démocrate autrichien) au Karl-Marx-Hof, l'une des cités ouvrières aux allures de forteresse. Nous avons fait passer en secret vingt et un pistolets allemands Bergmann et une douzaine d'automatiques soviétiques Toula-Tokarev, dissimulés dans une voiture d'enfant, à un arsenal installé dans la cave à charbon d'une usine de jouets. Nous avons livré des munitions pour toutes ces armes, quatre ou cinq balles à la fois, glissées dans mon soutien-gorge. Nous avons fourni de la poudre à canon, enveloppée dans de petits sachets en papier bleuté, à une fabrique clandestine de munitions que des ouvriers avaient montée au dernier étage d'un immeuble. Nous avons franchi des barrages avec des sacs à dos remplis de tracts, fourrés sous des serviettes hygiéniques Hartmann, et Kim a rougi plus encore que le milicien fasciste, un adolescent, qui a agité une serviette en s'écriant à l'intention de ses camarades : « Regardez ce que j'ai trouvé ! » Transportant des cartons de nourriture pour bébé de marque autrichienne, nous avons livré du matériel médical à l'une des infirmeries de fortune ouvertes dans les immeubles massifs des cités ouvrières. Les premiers jours, Kim était dérouté par tout ça : les visages anxieux des hommes et des femmes qui déballaient les armes que nous apportions, les préparatifs de violence dans des ateliers improvisés, les caves étouffantes dans lesquelles nous nous entassions pour des réunions qui se prolongeaient jusqu'aux premières heures du jour. Il arrivait qu'on soit invités à voter et que plus personne ne sache sur quoi portait le vote. Étourdis par le manque de sommeil, nous rentrions souvent à mon appartement au moment où Vienne absorbait la lumière de l'aube comme une éponge humide.

Je vais être franche : tandis que les jours filaient, j'attendais avec une impatience croissante que Kim prenne l'initiative, comme le font en général les hommes quand ils veulent davantage d'une femme que de la conversation. Le dos d'une main qui explore le haut de votre colonne vertébrale pour voir si vous portez un soutien-gorge est une entrée en matière qui en vaut bien une autre. Un massage des omoplates n'est jamais inutile. Des cuisses qui se touchent quand on est serrés dans un box au café placent invariablement la relation à un autre niveau. Un baiser sur la joue qui, manquant sa cible comme une flèche égarée, effleure la commissure de vos lèvres doit être vu comme un signe avant-coureur d'intimité. Une paume qui se pose, audacieuse, sur votre ventre, juste au-dessous de la courbe d'un sein, ne peut être que le sceau d'une affaire conclue. Dans des circonstances normales, il ne reste alors plus qu'à décider du lieu : son lit ou le vôtre. Mais de la part de mon Anglais, rien. Zéro. Il m'offrait une cigarette (il fumait ces épouvantables Gauloises bleues françaises) et tenait l'allumette enflammée le temps que je l'allume, ou alors il acceptait l'une des miennes (des cigarettes tchèques à la mode, au bout filtre en carton) sans même que nos doigts se touchent. Avec le temps, j'ai fini par comprendre que j'allais devoir trouver le moyen de faire boire cet âne qui n'avait pas soif si je voulais étancher la mienne.

« Dites-moi, ai-je lâché, le soir de son dixième jour chez moi. Est-ce que vous êtes…

– Est-ce que je suis quoi ?

– Êtes-vous… » J'ai fait la grimace et craché le morceau : « Pédéraste ? »

Nous vidions des cendriers débordant de mégots dans la poubelle après une réunion tardive du comité de district. Kim m'a lancé un regard pénétrant. J'ai cru discerner une rougeur sur ses joues anglaises.

« Pédéraste ? »

J'ai hoché faiblement la tête.

« Pourquoi posez-vous la question ? »

Je me suis assise sur le sofa à côté de lui Nos cuisses se touchaient.

« Vous me trouvez séduisante ? Est-ce que je vous attire ?

– Je vous t-trouve… immensément séduisante.

– Alors ?

– Alors, quoi ?

– Je dois vous faire un dessin ?

– En fait, j'essaie de rassembler mon courage p-p-pour vous demander si nous p-p-p-pourrions…

– Mais bon sang, Kim, vous n'avez pas besoin de demander !

– Ah ! »

À ce moment-là, il est allé jusqu'où il a pu – il a saisi un pli de ma jupe au-dessus du genou, comme s'il revendiquait la propriété du tissu et du corps qu'il y avait en dessous. « Vous devez comprendre que les types comme moi ont peur de faire la cour à de b-belles filles comme vous.

– De quoi avez-vous peur ?

– Nous avons p-peur que vous disiez non, ce qui détruirait le peu d'ego que nous avons. » Il s'est éclairci la gorge. « Nous avons peur que vous disiez oui et de ne pas être à la hauteur, ce qui détruirait également le p-peu d'ego que nous avons.

– Moi aussi, j'ai peur, ai-je murmuré.

– De quoi donc ? Vous p-pourriez avoir n'importe quel homme d'un claquement de doigts.

– J'ai peur de claquer des doigts et que personne n'entende. J'ai peur que la pluie plaque mon chemisier contre mes seins et que personne ne remarque.

– J'ai remarqué, a-t-il dit simplement.

– C'est un début. Pour le reste, j'ai déjà été mariée, je sais d'expérience comment aider les hommes à être à la hauteur.

– À vous entendre, c'est purement mécanique.

– Il y a un certain élément mécanique dans le processus. Une femme qui ose utiliser ses mains et sa bouche peut aider n'importe quel homme à se dresser à la hauteur. »

Il faisait glisser le tissu de ma robe entre ses doigts comme un musulman égraine un chapelet. J'ai lentement écarté les cuisses pour lui faire comprendre qu'il était invité à l'intérieur. « Plaisir », ai-je murmuré avec un sourire d'encouragement.

Ses lèvres tremblaient quand nous nous sommes embrassés – c'était presque comme s'il bégayait. Il a alors prononcé des paroles mémorables, et je me souviens très bien qu'il a réussi à les dire sans la moindre trace de bégaiement. « Si nous faisons l'amour, me connaissant, je suis presque sûr de prendre la chose au sérieux.

– Me connaissant, je suis presque sûre du contraire. » J'ai regretté ces mots à la seconde où ils ont franchi mes lèvres. Ce qui explique sans doute pourquoi j'ai ajouté très vite : « Mais qui peut dire que je ne ferai pas une exception pour vous ? »

Étant enfant, je pensais que tout le monde avait un tuteur. Dans mon cas, il s'agissait de mon grand-père maternel, Israël Kohlmann. Je ne sais plus combien de délicieux étés j'ai passés dans sa propriété de Kerkaszentmiklós, un village hongrois à proximité de la frontière avec la Croatie. Grand-père était le seul propriétaire terrien juif du voisinage, mais s'il y avait de l'antisémitisme dans l'air hongrois, j'étais trop jeune et trop insouciante pour en sentir les effluves. Quand je repense à ces étés, je me revois en train de sauter à la corde dans la longue allée de gravier bordée de peupliers qui menait au manoir de mon grand-père ; je revois les jours passés, enfermée dans la cave obscure avec le reste de la famille et les domestiques, quand les Rouges, et plus tard les Blancs, pillaient la campagne pendant ces terribles années de guerre civile ayant suivi la révolution bolchevique ; je revois les baignades avec mes cousins dans la Kerka, la rivière qui donnait son nom au village. Mes seins n'avaient pas encore poussé. J'étais toute nue et aussi fascinée par leurs organes génitaux qu'ils l'étaient par l'absence de quoi que ce soit d'intéressant entre mes jambes. Mon tuteur, c'est-à-dire mon grand-père, a dû avoir vent de ces baignades parce qu'un jour, en rentrant à la maison, j'ai trouvé un costume de bain posé sur mon lit. Quand, ensuite, je suis retournée me baigner avec les garçons, je le portais.

Parfois.

Ayant été élevée par un tuteur, j'ai trouvé parfaitement normal, quand j'ai été recrutée par le Centre, d'être placée sous la tutelle d'un directeur. Le premier se faisait appeler Dmitri. Il avait une théorie selon laquelle il valait mieux recueillir les rapports des femmes agents dans un lit, si bien que j'ai pris l'habitude de chuchoter à son oreille pendant qu'il me faisait l'amour et que du jazz américain passait à plein volume sur le phonographe, au cas où des micros auraient été cachés dans la pièce. Je lui rapportais qui j'avais vu parler avec qui, lui décrivais l'humeur dans les immeubles ouvriers, lui résumais ce qui avait été discuté dans les réunions de district, et je lui suggérais qui, parmi les camarades, pouvait être suffisamment prosoviétique pour être recruté comme agent par le Centre. Un jour, je me suis présentée à notre rendez-vous bimensuel pour découvrir que Dmitri avait été rappelé à Moscou si soudainement qu'il avait laissé sa précieuse collection de jazz américain, ce qui sur le coup m'avait paru tout à fait étrange, même s'il m'a fallu des années pour en tirer les conclusions qui s'imposaient quand j'ai eu vent des purges dans les rangs du NKVD.

Son remplaçant, un homme corpulent, dans la cinquantaine, dont le crâne rugueux était parsemé de touffes de cheveux, m'a ordonné de l'appeler Boris. Il portait un monocle dans l'orbite de son bon œil, l'autre ayant été remplacé par un œil de verre après qu'une grenade lui avait explosé à la figure durant la conquête par le général Frounze de la ville soviétique qui porte maintenant son nom. Un pouce passé dans une bretelle, Boris tirait sur un cigare ; par moments, il agitait la main pour dégager un hublot dans la fumée et regardait longuement mon corps de son bon œil. Je croisais et décroisais les jambes, me disant que le moins que je pouvais faire pour un héros de l'Armée rouge, c'était de le laisser lorgner un peu ma cuisse. À la fin, mon anatomie cessait de l'intéresser, le hublot se refermait, et je lui faisais mon rapport à travers la fumée.

Deux semaines avant l'arrivée de mon Anglais à Vienne, Boris a lui aussi été rappelé soudainement à Moscou ; il est parti si vite qu'il a laissé derrière lui une femme et un fils, qui ont promptement embarqué dans un train pour l'Italie et dont on n'a plus jamais entendu parler.

J'ai trouvé mon troisième directeur qui m'attendait dans l'appartement sécurisé de la Judenplatz, une petite place au cœur du premier ghetto juif de Vienne au bout d'une ruelle au nord de Schulhof. À ma grande surprise, il s'agissait d'une femme, ce qui me confortait dans mon intuition que les femmes étaient considérées comme égales aux hommes dans les Républiques socialistes soviétiques et qu'elles pouvaient donc accéder à des postes importants. En fonction de l'heure de la journée et de l'intensité de la lumière qui pénétrait par l'unique fenêtre, elle pourraitait avoir une petite quarantaine comme une bonne cinquantaine d'années. Ses cheveux étaient ramenés en un chignon serré, ses lèvres fines (sans trace de rouge à lèvres) semblaient n'avoir jamais souri et ses paupières étaient si lourdes que je n'arrivais pas à distinguer la couleur de ses pupilles. Elle m'a donné l'ordre de l'appeler Arnold.

« Mais c'est un nom d'homme, ai-je dit.

– Précisément. De cette façon, si vous avez l'imprudence de parler de moi, tout le monde pensera que votre officier traitant est un homme. » Elle a plongé le bout de sa plume dans un petit encrier et relevé les yeux, dans l'expectative. J'ai commencé à parler en allemand, mais elle a agité le doigt comme le faisait mon grand-père quand il était fâché contre moi. « Aujourd'hui, nous parlerons en anglais afin que mon collègue puisse suivre la conversation », a dit Arnold.

Je n'avais pas encore remarqué le collègue. Jetant un coup d'œil vers l'autre bout de la pièce, j'ai distingué un camarade qui avait l'air grand et mince, assis dans un coin si obscur que j'avais du mal à discerner ses traits. Il portait un costume et une cravate sombres. Apparemment, c'était un gros fumeur, puisque je l'ai vu plusieurs fois allumer une cigarette avec la précédente, qu'il avait fumée jusqu'au bout. L'extrémité incandescente scintillait dans la pénombre chaque fois qu'il prenait une bouffée, générant juste assez de lumière pour révéler une moustache triangulaire.

« Vous n'allez pas nous présenter ? ai-je demandé à Arnold.

– Il sait qui vous êtes. Vous n'avez pas besoin de savoir qui il est. »

Riant nerveusement, j'ai marmonné que ce n'était pas très poli.

« La politesse, c'est bon pour les capitaines d'industrie qui exploitent les classes laborieuses. Venons-en aux faits. Votre rapport. »

Je me suis lancée dans le récit de mes récentes activités : la livraison clandestine d'armes à feu dans les cités ouvrières et de poudre aux fabriques de munitions.

« Si la guerre civile éclate et que les cités sont attaquées, combien de temps, d'après vous, les travailleurs pourront-ils tenir contre les miliciens de Dollfuss ? m'a demandé ma directrice.

– Les milices ouvrières ne disposent que d'un petit nombre de fusils et de revolvers, disons une arme à feu pour vingt ouvriers. Ils n'ont pas beaucoup de munitions, environ quatre ou cinq balles par arme. Ils auront un net désavantage dans une bataille rangée contre la Heimwehr.

– Décrivez-nous l'humeur dans les grandes cités ouvrières.

– L'humeur est révolutionnaire. Une étincelle, et tout pourrait s'embraser. Depuis que Dollfuss a dissous le Parlement, il gouverne par décrets, comme tous les autres dictateurs tyranniques. Il a déjà interdit le parti communiste. S'il interdit les sociaux-démocrates, qui contrôlent toujours le conseil municipal viennois, ce sera la goutte d'eau. Il y aura une tempête de protestations. Est-ce que ces protestations tourneront à la violence ? À mon avis, cela dépendra de la façon dont Dollfuss et ses gros bras réagiront.

– Je me suis laissé dire que vous aviez loué votre chambre d'amis à un Anglais. »

J'ai fouillé dans mon sac pour y trouver une cigarette et une pochette d'allumettes ; j'ai allumé la cigarette et tiré dessus pour calmer mes nerfs. Avais-je contrarié le Centre en faisant entrer un Anglais dans mon cercle d'amis sans la permission de mon directeur ? « Il s'est présenté chez moi, ai-je expliqué. Un communiste anglais s'est porté garant de lui, et les camarades de la Rote Hilfe lui ont donné mon adresse.

– Quel est son nom ?

– Vous connaissez sûrement son nom si vous êtes au courant qu'il loue ma chambre d'amis.

– Quel est son nom ?

– Harold Philby. Ses amis l'appellent Kim. »

La voix rauque de l'homme assis dans l'ombre à l'autre extrémité de la pièce est parvenue jusqu'à moi. « Vous couchez avec lui ? »

J'ai lancé un coup d'œil dans sa direction. Un fin panache de fumée de cigarette montait vers le plafond. « Oui. »

Ma directrice m'a demandé : « Que pouvez-vous nous dire sur ses orientations politiques ?

– Il se considère comme un marxiste et un socialiste et admet être attiré par le communisme. En tout cas, c'est un ennemi de Hitler et un admirateur de l'Union soviétique, qu'il estime être le rempart contre l'expansion du fascisme. Dans sa tête, il se voit comme un fantassin protégeant ce rempart ici à Vienne, œuvrant à contrer Dollfuss à court terme et à empêcher plus tard Hitler d'annexer l'Autriche.

– Sa famille est de gauche ?

– D'après ce que j'ai compris, ce serait plutôt l'inverse. Son père, Harry Saint John Philby, est une espèce de mini-célébrité en Grande-Bretagne. Kim m'a dit qu'il avait fait partie d'une des forces expéditionnaires britanniques qui ont chassé les Turcs ottomans d'Arabie. Depuis, il se prend pour un orientaliste – il a appris l'arabe, s'est converti à l'islam et est parti vivre à Jeddah, où il gère une petite entreprise d'importation de voitures Ford. Si tant est que le père de Kim ait des opinions politiques, elles reflètent sûrement ses origines bourgeoises.

– Comment se fait-il, alors, que son fils soit un marxiste et un socialiste ?

– Je ne peux que deviner, bien sûr, mais j'y vois pour une part une révolte contre un père dominateur, et aussi une rébellion contre la classe sociale étouffante dans laquelle il a été élevé. Il parle souvent du chômage massif qu'a connu l'Angleterre après la Grande Guerre puis la crise de 29, et dit que le gouvernement soi-disant socialiste de Ramsay MacDonald n'a absolument rien fait pour y remédier. Il me semble que Kim a forgé sa vision du monde pendant ses premières années à l'université de Cambridge, où ses plus proches amis étaient tous de gauche. Plusieurs avaient travaillé dans les mines de charbon, avant d'obtenir des bourses pour entrer à l'université. Kim a adhéré à la Cambridge Socialist Society. J'ignore s'il y avait une cellule communiste là-bas et, s'il y en avait une, j'ignore s'il en était membre. Mais je n'ai absolument aucun doute sur la détermination de Kim à participer à la lutte contre Hitler et le fascisme.

– Il vous est déjà arrivé de recommander des camarades autrichiens ou hongrois comme recrues potentielles pour le Centre de Moscou. Recommanderiez-vous votre colocataire anglais ?

– D'un point de vue intellectuel autant qu'affectif, il est évident qu'il a choisi son camp. Comme il sort tout juste de l'université, il a peu d'expérience pratique de l'organisation de cellules, des techniques de propagande et aucune de la vie clandestine. Mais je peux dire qu'il a une agilité mentale… »

L'homme assis dans l'ombre m'a interrompue. « Qu'est-ce que ça veut dire, *agilité mentale* ?

– Il apprend vite », ai-je répondu.

Ma directrice a jeté un coup d'œil à ce qu'elle avait griffonné à l'encre dans sa paume. (J'ai pris note de la technique : c'était une bonne façon de cacher des pense-bêtes, puisqu'ils partaient à l'eau et au savon.) « Si nous décidions de recruter votre Anglais, a-t-elle dit, comment pensez-vous qu'il réagirait ?

– Kim ? Eh bien, il serait flatté. Il serait transporté.

– Serait-il capable de garder son recrutement secret vis-à-vis de sa famille et de ses amis de Cambridge ?

– Il brûlerait d'envie de me le dire à moi. Mais pour répondre à votre question, oui, je le crois capable de garder secrètes les choses secrètes.

– À votre avis, serait-il plus utile en fantassin protégeant les remparts, selon votre expression, ou en agent opérant sous couverture ?

– Je fais les deux. »

L'homme dans l'ombre avait le sens de l'humour. « Elle marque un point », a-t-il dit avec un petit rire.

Ma directrice, en revanche, ne l'avait pas. « Nous ne sommes pas là pour compter les points, a-t-elle rétorqué avec une irritation manifeste, mais pour bâtir les fondations de la révolution mondiale.

– Tout à fait, a acquiescé l'homme, à l'autre bout de la pièce. La révolution mondiale est notre objectif. Mais auparavant, il nous faut recruter des activistes qui peuvent nous aider à éradiquer le fascisme au cœur de l'Europe, des camarades prêts à risquer leur vie pour faire passer clandestinement des armes, pour nous donner des renseignements sur les gouvernements et leurs milices. »

Ma directrice s'est retournée vers moi. « D'après vous, votre M. Philby est-il capable de mener une double vie ?

– Il est certainement capable de compartimenter son existence. Je l'ai vu convaincre des amis anglais à la terrasse du café Herenhoff qu'il était venu à Vienne voir les sites et goûter les *Schnitzel*. Il faudrait lui apprendre les ficelles du métier, bien sûr. Il était plutôt innocent, naïf même, à son arrivée à Vienne. Il a mûri depuis.

– Grâce à vous, sans aucun doute.

– Je ne nie pas avoir joué un rôle.

– Que lui avez-vous appris ?

– À améliorer sa grammaire allemande. »

Dans l'ombre, l'homme a répété la question : « Que lui avez-vous appris ?

– Je lui ai appris…

– Camarade Friedman, a dit l'homme, nous attendons de vous que vous répondiez à nos questions sans hésitation. Le travail de renseignement ressemble beaucoup à l'assemblage d'un puzzle. Les informations que vous nous donnez pourraient nous aider à remplir des vides dans le puzzle.

– Je lui ai appris à aimer une femme. Il n'avait aucune expérience en la matière. Je lui ai appris comment réagir face à la police en cas d'arrestation : dire la vérité aussi souvent que possible, rester aussi proche de la vérité que possible si on est obligé de mentir. Je lui ai appris ce que de précédents directeurs m'ont enseigné : comment être sûr de ne pas être suivi, comment s'échapper si on est suivi, comment fabriquer de l'encre sympathique avec de l'urine et glisser des messages entre les lignes d'une lettre authentique, comment modifier son apparence facilement. Moi-même, je change de couleur de cheveux une ou deux fois par mois. Je lui ai aussi appris des codes simples, par substitution de mots, à utiliser pour communiquer avec des gens à l'extérieur s'il se fait arrêter.

– Des exemples, s'il vous plaît.

– Je lui ai appris que *Envoyez-moi une brosse à dents et de la poudre dentifrice* signifie *Je leur ai donné de faux noms et adresses*. Le message *Envoyez-moi du savon* veut dire *J'ai été obligé de leur donner de vrais noms et de vraies adresses*.

– Je puis dire, camarade Friedman, que le Centre est content de votre travail », a déclaré l'homme dans l'ombre.

J'avoue que ses mots ont parcouru mon corps comme un orgasme. Le bout de mes doigts picotait de plaisir. J'en suis presque restée sans voix, tant je lui étais reconnaissante. « Je vous remercie », ai-je réussi à marmonner.

Nous avons eu notre première dispute, mon Anglais et moi, le jour de notre centième anniversaire – nous nous connaissions depuis cent jours et dormions dans le même lit depuis quatre-vingt-dix. J'en ai plus appris sur lui pendant cette première querelle qu'au cours des quatre-vingt-dix-neuf jours d'armistice qui avaient précédé. Tout a commencé quand j'ai fait remarquer, avec une extrême nonchalance : « Je t'ai vu regarder Sonja pendant notre réunion ce soir. » Nous venions d'arriver à mon appartement, ébouriffés après avoir traversé Vienne à moto. « Non pas que ça ait de l'importance, me suis-je empressée d'ajouter, mais tu la déshabillais des yeux, même s'il faut reconnaître que, quand elle se penche en avant, il n'y a plus grand-chose à dénuder.

– Apparemment, ça a de l'importance, sans quoi tu n'en parlerais pas. » Kim a haussé une épaule. « Énoncé du délit ? Elle est très b-b-belle. »

Je lui ai renvoyé ses paroles à la figure : « *Si nous faisons l'amour, je suis presque sûr de prendre la chose au sérieux.*

– Mais je prends notre relation très au sérieux.

– Qu'est-ce que tu fais de la monogamie ?

– Nous ne sommes pas m-m-mariés.

– On couche ensemble tous les soirs, ce qui, tant que ça dure, revient à être » – là, j'ai commis l'erreur d'imiter son bégaiement – « m-m-mariés. »

Il a réagi comme un taureau devant une cape – on aurait dit qu'il grattait le sol avant de charger. Je ne l'avais jamais vu aussi furieux. « Tu enfonces des portes ouvertes, Litzi. Je fantasme sur Sonja quand elle se p-penche en avant et que j'aperçois ses seins. Tous les types autour de la table fantasment sur elle. C'est pour ça qu'elle se p-penche en avant. J'ai fantasmé sur toi quand la pluie a p-plaqué ton putain de chemisier contre ton p-putain de corps. »

Moi aussi, j'étais de mauvaise humeur – avant Sonja, c'était sur moi que tous les garçons autour de la table fantasmaient. J'ai donc enfoncé la porte ouverte devant moi. « En fait, vous êtes bien tous les mêmes, vous les hommes. Quiconque provoque chez vous une érection devient un objet de fantasme. Dis-moi, Kim, où s'arrête le fantasme et où commence la réalité ? Ou, pour le dire autrement : le fantasme s'arrête-t-il et la réalité commence-t-elle jamais ?

– Ça dépend de la situation. Il y a un peu des deux dans toutes les situations, qu'elles soient sexuelles ou pas.

– Donc, chaque fois que tu as une érection, tu réagis à un peu de réalité et à un peu de fantasme ?

– J'ai l'impression que tu souffres d'envie d'érection. » Il a secoué la tête, dégoûté. « Putain, ce que les femmes sont injustes.

– Comment ça, injustes ? Pourquoi ?

– Écoute, dans un couple hétérosexuel, c'est le mâle

de l'espèce qui doit p-produire l'érection pour qu'il puisse y avoir un rapport sexuel. Tout ce que vous avez à faire, vous, les filles, c'est d'écarter les cuisses. Et si vos lèvres ne sont pas lubrifiées par le désir, on peut arranger ça avec de la salive.

– Je vois que tu as fait du chemin en matière de sexe.

– Grâce à toi.

– Fous le camp, Kim !

– C'est ce que j'ai fait. J'ai foutu le camp de Cambridge. J'ai foutu le camp d'Angleterre. J'ai foutu le camp loin de mon saint père. J'ai atterri à Vienne. J'ai atterri dans ton appartement. J'ai atterri dans ton putain de lit. Je foutrai le camp d'ici aussi si ça me chante. »

Je balançais mes vêtements par terre à mesure que je me déshabillais. « Pourquoi est-ce que les femmes sont injustes, bon sang ? Qu'est-ce qu'on fait de mal ? »

Kim a fait le tour de la pièce, ramassant mes vêtements qu'il posait sur le dos d'une chaise. « En fin de compte, a-t-il dit, vous nous reprochez nos érections sous prétexte que, si on peut en avoir avec vous, on peut aussi en avoir avec quiconque nous plaît. *Sans qu'on y soit pour rien*, on produit des érections utiles quand on est attirés par le corps d-de la femme en question. Pas d'attirance, pas d'érection. Même avec toute ton expertise mécanique, pas d'attirance, pas d'érection. Les femmes d-détestent la simple vérité : les hommes peuvent apprécier votre intellect ou votre charme ou votre cuisine ou votre courage p-politique ou votre humour, mais ils ne peuvent pas b-bander s'ils n'apprécient pas votre putain de corps. Je p-pourrais me retrouver au lit avec – comment elle s'app-ppelle, déjà ? – la directrice du département de philosophie à l'université…

– Tu ne te souviens même pas de son nom, comment pourrais-tu trouver le chemin de son lit ? Elle s'appelle Frau Voggel. »

Sa voix est devenue rauque et il s'est mis à faire les cent pas dans la chambre en brandissant une cigarette qu'il avait oublié d'allumer. « Frau Voggel, oui, c'est ça. Je p-pourrais me retrouver au lit avec *cette grosse vache de Frau Voggel*, à discuter de ce défenseur notoire du célibat qu'était Emmanuel Kant, sujet de notre conversation après le concert la semaine dernière, mais je ne p-pourrais pas bander même si ma putain de vie en dépendait.

– Et alors ?

– Alors, le fait que je fantasme sur Sonja devrait être considéré comme un signe de santé sexuelle. C'est comme… comme faire des pompes ou des tours de piste. Pour rester en forme, pour garder la libido en état de marche, les hommes ont b-besoin de fantasmer. Écoute, Litzi, les femmes ont un énorme avantage. Vous êtes capables de faire l'amour à un gros poivrot de plus de soixante ans, qui a une p-petite bite et un gros compte en banque et un revenu annuel vous permettant de mener le style de vie auquel vous aimeriez bien vous habituer, *qu'il vous attire ou pas*. »

L'abcès avait été percé. Il a eu besoin de trois allumettes avant de réussir à allumer la cigarette s'agitant entre ses lèvres. Quand il a approché la flamme de l'extrémité, j'ai vu que ses mains tremblaient. Fumer a calmé sa colère. S'installant sur le lit, il a remarqué que j'étais adossée aux oreillers. Nue. « C'était quoi, le problème, déjà ? m'a-t-il demandé.

– Quelque chose me dit que ça avait à voir avec ton père. »

Il y a réfléchi. « Désolé d'avoir piqué ma crise. Mon saint père a commis l'erreur de prendre pour légitime épouse une femme qui considérait le mariage comme une cage dorée. Si elle l'avait pu, elle se serait enfermée à l'intérieur avec son mari et aurait jeté la clé. Bon sang, c'était tellement victorien ! Son idée du bonheur ressemblait fort à l'attitude de l'autruche. Elle haïssait tout ce que mon père aimait : l'infini du Quart Vide d'Arabie, les campements de B-bédouins au milieu de nulle part, les galettes de pain cuites dans un four de sable, la puanteur des humains qui n'ont pas assez d'eau pour la gâcher à se laver, les puits où les chameaux sont les premiers servis et où ceux qui les montent ne passent qu'après. Oh, Dora a bien plongé son gros orteil dans le désert une fois ou deux, se joignant à Saint John quand il dégonflait un peu les pneus de son break Ford et se mettait en route sur la piste de sable vers un horizon qui restait hors de sa portée. C'est bien le propre des horizons, non ? De vous attirer vers des endroits que vous ne p-pouvez pas atteindre, de vous faire miroiter l'inaccessible. Ah, mon saint père a des défauts – qui n'en a pas ? –, mais il apprécie la beauté sous toutes ses formes : les couchers de soleil dans le désert, les tempêtes de sable aveuglantes, les femmes voilées aux yeux mystérieux, la soie tissée à la main qui colle au corps féminin et fait rêver au corps auquel la soie se colle, les guerriers bédouins qui lancent leurs chameaux au galop vers une oasis. Un jour, Saint John a croisé la route d'un Bédouin qui avait lancé son chameau au galop vers une oasis – c'était Abd al-Aziz Ibn Séoud, le sultan wahhabite du Nedjd, au centre de l'Arabie. J'ai eu l'occasion de le rencontrer, un gaillard d'un mètre quatre-vingts qui reçoit ses hôtes avec une hospitalité princière. Ma tente est la tienne, et ce genre de chose, sauf que quand il le dit, il le pense. Saint John a déclaré un jour qu'Ibn

Séoud était le plus grand prince arabe depuis le prophète Mahomet. Bon, ça en dit long sur les autres Arabes, mais qu'importe. Quand les Turcs ont été chassés de Bagdad, père a convaincu le Foreign Office de p-placer son copain sur le trône d'une entité inventée appelée l'Arabie Saoudite – le bonhomme lui était tellement reconnaissant qu'en récompense il a donné à Saint John une épouse arabe, grâce à laquelle j'espère avoir bientôt des demi-frères et des demi-sœurs. Comme mon père s'est converti à l'islam, il a légalement le droit d'avoir deux femmes de plus. Pourquoi pas ? Quatre me paraît un nombre raisonnable. Pendant que mon saint père parcourt le Moyen-Orient en essayant d'atteindre des horizons qui lui échappent, ma mère est toujours chez nous à Londres, merci, à s'occuper de ses roses thé dans sa cage dorée.

– C'est pour cela que tu es venu à Vienne, Kim ? Pour t'approcher d'un horizon que ton père n'a pas réussi à atteindre ? »

Tandis qu'il retournait mes questions dans sa tête, j'ai repris : « Eh bien, je ne vois pas notre relation comme une cage, dorée ou non. Je n'ai pas non plus à me plaindre de tes érections. Et tu peux regarder dans le décolleté de Sonja jusqu'à plus soif. »

Chaque jour apportait son lot de rumeurs : un ami de Dietrich, qui travaillait à un poste-frontière, a annoncé que les troupes de choc de Hitler avaient franchi les Alpes bavaroises et marchaient vers Linz (faux) ; une femme, qui livrait des œufs au chef cuisinier de Dollfuss, a entendu qu'il comptait sur l'Italie de Mussolini pour empêcher une éventuelle annexion de l'Autriche par l'Allemagne (vrai) ; ma directrice soviétique savait de source sûre que les membres du Schutzbund socialiste avaient été mobilisés en secret avec l'ordre de renverser Dollfuss et de créer une république socialiste autrichienne (faux). « Restez à l'écoute, m'avait ordonné Arnold. Et tenez-moi au courant si vous entendez quoi que ce soit. »

Tout ce que j'entendais, c'était la neige qui en tombant assourdissait les bruits de la circulation sous ma fenêtre. En se concentrant assez fort sur les flocons qui passaient dans la lumière jaune des nouveaux réverbères électriques, on avait la sensation de s'élever à travers la neige dans le ciel nocturne. Et puis, comme un sombre présage, un soir de février, l'eau du robinet a cessé de frémir dans les verres. Kim et moi avons échangé un coup d'œil. (Quand nous en avons reparlé plus tard, nous nous sommes aperçus que nous avions eu la même pensée : la Terre avait peut-être cessé de tourner sur son axe.) À peine avions-nous remarqué l'immobilité de l'eau dans les verres que toutes les lumières de l'appartement, ainsi que la radio à ondes courtes branchée sur le service étranger de la BBC, se sont éteintes. Kim s'est approché de la fenêtre à pas feutrés et a regardé d'un bout à l'autre de la rue. « L'électricité est coupée dans tout le p-pâté de maisons, a-t-il dit doucement. Même les réverbères sont éteints.

– À ton avis, ça veut dire quoi ?

– Ça veut dire que les génératrices ont arrêté de produire de l'électricité. »

Je dois préciser que les coupures d'électricité étaient monnaie courante à Vienne, et que nous avions des bougies à portée de main. J'en ai allumé plusieurs. Quand le téléphone a sonné, Kim a dit : « J'y vais. » Il a porté le combiné à son oreille et écouté. « *Woher wissen Sie das ?* a-t-il demandé.

– Comment *qui* sait *quoi* ? ai-je voulu savoir avec impatience.

– C'est Dietrich, m'a-t-il expliqué. Il dit que l'électricité a été coupée au Karl-Marx-Hof. Des groupes de la Heimwehr de Dollfuss déploient des barbelés pour barrer les routes menant aux cités ouvrières.

– La révolution a commencé, ai-je murmuré, le souffle court. Les travailleurs vont se soulever et balayer les capitalistes et les fascistes. Vienne va devenir la seconde Commune de Paris. C'est mon rendez-vous avec l'histoire. »

Kim, plus lucide que moi, a dit : « La Commune de Paris a été écrasée en six semaines. Si c'est vraiment la révolution, les ouvriers à Vienne ne t-tiendront pas six jours – les gars de la Heimwehr sont armés jusqu'aux dents, nos camarades du Schutzbund vont se replier dans les cités, mais je ne vois pas comment ils p-pourraient résister longtemps. »

J'ai composé le numéro de téléphone que ma directrice m'avait obligée à mémoriser. Une femme a répondu : « Si vous appelez pour des roses, nous ne livrons pas en hiver.

– Mais on est déjà le 12 février, l'hiver est presque fini », ai-je répondu.

Les mots de passe ayant été échangés, ma directrice a ordonné : « Au rapport. » Je l'ai informée de la coupure de courant et des barbelés.

« C'est tout ?

– Ce n'est pas assez ? »

Elle m'a raccroché au nez.

« C'était quoi, ça ? m'a demandé Kim.

– Je fais des rapports.

– À qui ?

– À une femme au prénom d'homme qui ne livre pas de roses en hiver. »

Kim a eu la brillante idée d'appeler Eric Gedye, le

correspondant qui couvrait l'Autriche pour le *Daily Telegraph*. « Il semble que l'électricité soit coupée en ville, a-t-il dit à Gedye. Une idée de ce qui se passe ? »

J'ai vu Kim fermer les yeux en collant le récepteur à son oreille. « Ça a donc commencé », a-t-il murmuré. Il a écouté pendant un instant. « Je ne sais pas ce que nous allons faire. J'imagine que nous allons attendre les instructions. »

Il s'est tourné vers moi après avoir raccroché. « Les partisans de Dollfuss font courir le bruit d'un soulèvement armé du Schutzbund. Gedye dit que c'est une p-provocation – Dollfuss s'en sert comme Hitler s'est servi de l'incendie du Reichstag – pour se débarrasser des socialistes et des communistes. Ton petit comte a interdit le parti social-démocrate et décrété l'état d'urgence. Ses soldats ont occupé le siège des sociaux-démocrates à Linz et commencé à tirer sur des immeubles en ville. Les ouvriers de la centrale électrique ici, à Vienne, se sont mis en grève p-pour protester. L'armée fait venir des obusiers vers la capitale pour attaquer les cités ouvrières. »

Le téléphone a sonné de nouveau. Était-ce mon imagination, ou la sonnerie était-elle devenue plus stridente et l'intervalle entre les sonneries plus court ? J'ai arraché le combiné de son socle avant que Kim ait pu l'atteindre. C'était Dietrich. Il criait pour se faire entendre par-dessus le vacarme en fond sonore. « On part tout de suite, ai-je crié en réponse, surprise par ma propre voix, qui a paru se réverbérer à travers l'appartement.

– Pourquoi tu hurles ? m'a demandé Kim quand j'ai raccroché.

– Parce que Dietrich hurlait », ai-je répondu. Dans mon excitation, je me rappelle avoir trouvé cette explication parfaitement rationnelle. « On doit le rejoindre au Herenhoff et attendre les ordres. »

Nous avons enfilé caoutchoucs et manteaux et avons dévalé l'escalier. J'ai voulu prendre la moto, mais Kim a dit qu'elle attirerait trop l'attention, aussi sommes-nous partis à pied. Marchant sous la neige, alors que les flocons fondaient sur mon visage et étouffaient le bruit de nos pas sur le trottoir, on avait peine à imaginer que Vienne était au bord de la guerre civile. Le Herenhoff était bondé. Les clients se serraient sur les bancs et lisaient les journaux à la lueur des bougies. D'autres s'époumonaient pour se faire entendre de leurs voisins de table. (Je m'étais toujours imaginé que les gens chuchoteraient durant un soulèvement civil. Quand j'ai fait la remarque à Kim, il a éclaté de rire. Il n'allait plus rire pendant des semaines. Le rire, semble-t-il, a été la première victime de la petite guerre de Dollfuss.) Les serveurs en spencer noir se faufilaient entre les tables, portant haut les plateaux chargés de chopes de bière en équilibre sur leur paume. Dietrich avait réussi à nous garder deux chaises autour d'une table minuscule dans le fond, près des toilettes. « Où est Sonja ? ai-je crié.

– Elle monte des barricades dans les rues autour du Karl-Marx-Hof avec ses amis sociaux-démocrates, qui ne sont plus si sûrs que Staline soit une plus grande menace que Hitler, Hitler une plus grande menace que Dollfuss. Écoute, Litzi, notre chef de cellule nous a donné l'ordre d'installer un poste de mitrailleuse sur le toit de l'université sur le Ring. » Dietrich a regardé Kim. « Tu es le bienvenu si tu veux te joindre à nous, Philby. »

Mon Anglais n'a pas hésité. « Sûr, que je veux me joindre à vous, a-t-il crié. Ça me donne une longueur d'avance sur mon saint p-père. Ma première révolution, et je n'ai que vingt-deux ans. Lui, il avait déjà trente ans quand il a bouté les Turcs hors de Mésopotamie.

– Sergius va passer nous donner la clé d'une cave à charbon où sont cachés des fusils et des munitions, a dit Dietrich.

– Bien. L'un de vous deux sait-il se servir d'une mitrailleuse ? »

Dietrich et moi, nous avons évité de nous regarder. « Ce n'est pas difficile, a dit Dietrich. L'un de nous va charger la bande de cartouches. Le deuxième pressera la détente. Le troisième mouillera la toile à sac permettant de refroidir le canon.

– Tu as dû apprendre ça dans *À l'Ouest rien de nouveau »*, a fait remarquer Kim. Il a extrait une pastille pour la digestion d'une petite boîte en fer-blanc et l'a enfournée dans sa bouche.

« Je l'ai appris dans un camp d'entraînement où des instructeurs communistes nous ont montré comment utiliser des armes à feu », a rétorqué Dietrich.

Les filaments des ampoules électriques au plafond ont clignoté, se sont éteints de nouveau avant de s'illuminer. Les conversations se sont tues dans le café, et nous avons tous observé les lampes, retenant notre souffle en attendant de voir si les lumières allaient rester allumées. Ça a été le cas. Kim a haussé les épaules. « Je devrais être capable de charger les cartouches », a-t-il dit sur le ton de la conversation.

Un gros gentleman viennois, à la table voisine, est intervenu : « On ne plaisante pas avec les cartouches, jeune homme, surtout dans un moment comme celui-là. »

Dietrich, soudain ému, a entouré la main de Kim sur la table. « Je te considère comme un des nôtres, Philby », a-t-il déclaré.

Quand Sergius a fini par arriver, nous en étions à

notre troisième tournée de café. Essoufflé, les yeux humides à cause du froid du dehors, il a tiré une chaise et essayé d'attirer l'attention d'un des serveurs.

« Tu as la clé ? a demandé Dietrich.

– Quelle clé ? »

À voir son expression, Sergius trouvait la situation comique. À moins qu'il ait seulement tenté de masquer sa nervosité. « La clé de la cave à charbon », ai-je précisé.

Un serveur est passé. Sergius l'a retenu par la manche. « Une bière », a-t-il commandé. Il a souri à Dietrich. « Pourquoi as-tu besoin de charbon dans des circonstances pareilles ? »

Dietrich s'est penché par-dessus la table. « Ce n'est pas le moment de faire l'idiot. On est censés récupérer une mitrailleuse et des munitions dans une cave à charbon dont tu as la clé.

– J'ai bien la clé de la cave au… » Sergius a mentionné une adresse dans une petite rue non loin du café. « La mauvaise nouvelle, c'est que tout ce qu'il y a là-dedans, c'est du charbon. On n'a pas de mitrailleuse.

– Pourquoi es-tu ici ? ai-je demandé au camarade.

– On m'a envoyé vous dire qu'on n'avait pas de mitrailleuse. Vous pouvez aller voir par vous-mêmes si vous voulez. Il y avait plusieurs fusils et des pistolets cachés dans la cave, avec quelques cartons de feux d'artifice italiens, mais ils ont déjà été distribués aux ouvriers.

– Qui t'a donné l'ordre d'installer un p-poste de mitrailleuse sur le toit ? a demandé Kim à Dietrich.

– Notre chef de cellule.

– Appelle-le.

– Je ne peux pas. Il est sur la liste des personnes

recherchées par la police. Il ne dort jamais dans le même lit deux nuits d'affilée.

– Qu'est-ce qu'on fait, maintenant ? » ai-je demandé à Kim.

Son regard est allé de Sergius à Dietrich, avant de revenir à moi. « Nous devrions nous diriger vers l'épicentre.

– Les cités ? » ai-je demandé.

Mon Anglais a hoché la tête.

Nous avons entendu le grondement de camions qui roulaient sur les pavés dehors. Kim et moi nous nous sommes précipités à la porte du café. Une demi-douzaine de camions à plateau, chargés de rouleaux de barbelés, passaient lentement devant le Herenhoff, les phares de chaque véhicule illuminant le chargement de celui qui le précédait. Plusieurs remorquaient des obusiers aux canons couverts de toile. Je dois admettre que la vue de cette artillerie de campagne m'a beaucoup inquiétée. Pour ce qui est de Kim, je n'ai jamais détecté la moindre trace de peur sur son visage ou dans sa voix. Derrière son sourire enfantin, il avait des nerfs d'acier. Je le revois, sensé comme toujours, comptant les engins qui passaient dans la rue, puis hochant la tête comme s'il avait enregistré l'information et compris sa signification. L'*Homo erectus* d'une timidité maladive qui avait atterri sur le seuil de mon appartement dans une précédente incarnation n'existait plus.

C'est fou, ce que cent jours peuvent faire.

Mes souvenirs des quelques jours suivants, soit le temps qu'il a fallu à Dollfuss pour éradiquer le socialisme en Autriche, me reviennent sous forme d'images fugaces. (Kim prétend que ce sont des fragments assemblés pour étayer mes ruines. Jolie expression. Il dit qu'il l'a piquée à un poète. J'ai oublié son nom. Des fragments. Les ruines. Pourquoi pas ?) Quand je croise un landau à Hyde Park, je revois des garçons de salle en blouses blanches souillées transportant les blessés dans des voitures d'enfant vers des infirmeries improvisées. Un nid-de-poule à Piccadilly Circus me fait penser aux trous d'obus qui constellaient les rues autour de la cité Karl-Marx-Hof quand les gros bras de la Heimwehr ont ouvert le feu avec leurs obusiers. J'aperçois une chaussure jetée dans une poubelle de Maida Vale, et je *vois* la petite montagne de souliers dans l'allée derrière l'infirmerie de Karl-Marx-Hof. Certains – Dieu du ciel ! – ont encore un membre humain à l'intérieur. Oui, oui, j'ai bien dit un *membre*. Je repère des touristes espagnols marchant en rangs par deux vers Harrods – le fragment qui surgit dans mon esprit, c'est une colonne sans fin de prisonniers, les mains attachées derrière la nuque, que l'on fait avancer, deux par deux, à travers les rues jonchées de débris, vers ce que les Anglais appelaient, pendant la guerre des Boers, un camp de concentration.

Oh, mes yeux ont vu des horreurs que mon cerveau donnerait tout pour ne plus se rappeler.

J'y travaille.

Parfois, les fragments se rejoignent en un déluge de souvenirs.

La nuit du 12 février : les dirigeants ayant été arrêtés, les factions révolutionnaires décapitées, nos amis socialistes et communistes parcouraient les rues, en pleine confusion, ne sachant où résister, ne sachant quelle forme la résistance devait prendre si résistance il devait y avoir. Les miliciens armés du Schutzbund s'étaient repliés dans les cités ouvrières pour défendre les barricades. Il devait être presque minuit quand Kim,

Dietrich et moi avons atteint l'épicentre. Je me souviens d'avoir escaladé des barricades faites de voitures, de fourgons de livraison, de charrettes à bras, de monceaux de pneus et d'une montagne de meubles. Nous avons fini par arriver à la cité aux allures de forteresse qu'était le Karl-Marx-Hof. Dietrich a retrouvé Sonja derrière la deuxième barricade. Avec d'autres filles, elle déchirait des draps pour en faire des bandes, qu'elles pliaient et rangeaient dans des cartons. Une centaine de jeunes communistes, le bras ceint d'un ruban rouge, tenaient la barricade. Quelques-uns étaient équipés de fusils, les autres d'un assortiment de pieds de table en guise de matraques. Un jeune homme, vêtu d'une capote à col de fourrure, paraissait armé d'un balai mécanique. Beaucoup s'étaient jetés sur des canapés qu'on avait descendus des appartements et qui faisaient partie du système de défense mis en place à la hâte pour bloquer la rue. Un jeune camarade, sa barbe en pointe teinte en rouge vif, a grimpé sur une table de cuisine et, utilisant un mégaphone fabriqué avec du carton, a prononcé un discours enfiévré. Je n'ai entendu qu'une partie de ce qu'il disait, comme quoi c'était ici, à Vienne, qu'étaient tirés les premiers coups de feu de la prochaine grande guerre. Les hommes qui tenaient la barricade l'ont acclamé. Oh, oui, un souvenir absolument indélébile : Sergius a commencé à jouer *L'Internationale* sur un piano droit coincé au milieu des meubles entassés sur la barricade. Plusieurs communistes se sont mis à chanter. Des gens, qui regardaient par les fenêtres des immeubles, ont joint leur voix. Bientôt la rue entière résonnait des paroles glorieuses de notre hymne. À ma grande surprise, je dirai *à mon grand plaisir*, j'ai les larmes aux yeux quand j'y repense aujourd'hui, tout le monde chantait en russe.

Vstavaï, prokliat'iem zakleimionnyi
Ves'mir golodnykh i rabov
Kipit nach razoum vozmoushchionnyi
I v smertniiy boï vesti gotov.

Mon Anglais et moi, nous avons essayé de nous réchauffer au feu de meubles qui brûlait au milieu de la rue. Je ne me souviens pas de l'heure à laquelle l'attaque a commencé, seulement qu'il faisait encore trop sombre pour distinguer le cadran de la petite montre que mon grand-père m'avait offerte pour mes quinze ans. Nous avons entendu un grondement au loin, comme des moteurs qui pétaradaient en s'allumant de l'autre côté des barricades. Ce fragment suivant – il n'est pas impossible que je l'aie inventé, et qu'à force de me le repasser, j'aie fini par me persuader qu'il était vraiment arrivé. Dans mon imagination, Dietrich, entendant les moteurs se rapprocher, propose à Kim un revolver. Kim regarde l'objet comme s'il ne savait pas trop ce que c'était, puis dit : « Je ne p-pourrais jamais tirer sur un autre être humain.

– Même si l'autre être humain te tire dessus ? » demande Dietrich.

Kim secoue lentement la tête et je l'entends déclarer : « Il doit y avoir un autre moyen de se battre pour la juste cause. » Dietrich dit : « Trouve-le. » Kim hoche la tête. « C'est ce que je vais faire. »

Non, je n'ai jamais évoqué cette scène avec Kim. Peut-être avais-je peur d'entendre que j'avais tout inventé. J'étais tombée amoureuse de mon Anglais et je voulais que ce fragment particulier – cette preuve d'humanité – soit une réalité et non pas un fantasme.

Je peux encore reproduire dans ma tête les hurlements

sortant par les fenêtres des immeubles quand les bulldozers géants sont arrivés à la première barricade et s'y sont attaqués. Plusieurs jeunes communistes ont tiré des feux d'artifice qui ont sifflé en fusant puis explosé en cercles étincelants lorsqu'ils se sont fracassés contre les cabines des bulldozers. On entendait des balles de fusil ricocher sur les pelles des engins. Kim m'a saisi la main et m'a entraînée dans une entrée. Je me souviens d'un étroit escalier en colimaçon qui montait, montait, et de l'odeur de déchets, d'urine ou de pétrole domestique à chaque étage. Puis un souffle d'air froid m'a frappée en plein visage. J'étais sur le toit, à regarder par-dessus le parapet. Tout en bas, comme dans le trou d'un lavabo, je distinguais des automobiles qu'on soulevait comme des jouets pour les balancer sur le côté. Une épaisse fumée noire montait des pneus qu'on avait arrosés de pétrole et enflammés. Des chars s'engouffraient par les brèches ouvertes par les bulldozers ; leurs chenilles écrasaient les meubles, et les mitrailleuses dans leurs tourelles crachaient des étincelles dans toutes les directions. Une silhouette s'est précipitée vers un des tanks en portant un bidon de pétrole avec une mèche de lampe à huile brûlant dans son goulot. Au moment où l'homme levait le bras pour le lancer, il a été fauché par une rafale de balles. Une deuxième silhouette est sortie de nulle part pour ramasser le bidon, qui lui a explosé dans les mains avant qu'il ait pu le lancer. L'espace d'un instant, l'explosion a illuminé la rue comme un éclair. Je crois avoir reconnu le camarade avant qu'il soit englouti par les flammes, c'était mon ancien amant, c'était Dietrich qui s'était levé d'un bond pour dire au professeur hongrois que ses théories marxistes l'ennuyaient à mourir. Et une idée idiote m'a traversé l'esprit : *au moins, il n'est pas mort d'ennui.*

Quand les chars ont franchi la deuxième barricade, repoussant de côté le piano droit et le mobilier mutilé, les communistes qui étaient avec nous sur le toit se sont mis à lancer des briques sur les ombres qui avançaient, courbées, derrière les blindés. Les camarades dans la rue se battaient héroïquement. Pendant un bref instant, il m'a semblé que les attaquants hésitaient, mais ça aussi, c'était peut-être mon fantasme qui prenait le pas sur la réalité. Des soldats vêtus de capotes et coiffés de casques se sont engouffrés dans les trous de la barricade et se sont dispersés dans la rue, tirant sur tout ce qui bougeait dans les entrées ou aux fenêtres, fracassant à coups de crosse les portes des immeubles puis se lançant dans ce qui s'est révélé être une fouille en règle des appartements. L'un des camarades sur le toit a éclaté en sanglots. Un autre l'a secoué par les épaules. « Il faut qu'on sauve notre peau ! » a-t-il crié.

Kim a collé ses lèvres à mon oreille : « Nous aussi, nous devons sauver notre peau. »

J'ai entendu une voix que j'ai reconnue comme étant la mienne. « Pour quoi faire ?

– Pour combattre le fascisme. »

J'ai le vague souvenir d'avoir été poussée par-dessus des parapets vers d'autres toits. Des draps blancs s'agitaient au-dessus des cheminées en signe de reddition, mais les gangsters de la Heimwehr ne faisaient pas de prisonniers. Des obusiers ont commencé à bombarder les rez-de-chaussée derrière nous, afin que les immeubles s'effondrent. Je me souviens d'escaliers en spirale, je me souviens de tunnels suintants traversés par de gros tuyaux d'évacuation rouillés, je me souviens de conduits d'aération si étroits qu'il fallait marcher de profil, je me souviens de caves où des médecins tentaient d'arrêter le flot de sang des blessés, des femmes tentaient d'arrêter le flot de morve des nez des enfants en pleurs. Kim a retrouvé une connaissance, un écrivain anglais, je crois qu'il s'appelait Spender – nous avions pris un verre ensemble un jour à la terrasse du Herenhoff –, errant telle une âme égarée dans un sous-sol rempli d'âmes égarées. Kim l'a secoué pour essayer de le sortir de sa torpeur, mais Spender a dégagé son bras en criant : « Ils pleurent pour leurs maisons, qui s'écroulent autour de leurs têtes.

– *Sunt lacrimae rerum*, a murmuré Kim. Ils pleurent à cause des événements, pas pour des choses matérielles. »

Au bout d'une éternité, les caves et les tunnels ont laissé place à de l'air d'un froid mordant, à un ciel nocturne saturé d'étoiles, à des ruelles remplies de cartons de chaussures, dont certaines contenaient encore des membres, à des rues imprégnées d'une puanteur de poudre, à des barrages tenus par des soldats nerveux qui braquaient sur nous des fusils et des torches, alors que mon Anglais agitait frénétiquement son passeport. *Un citoyen britannique et sa petite amie pris dans une guerre, laissez-nous passer, bon sang !* Mon appartement. Le grondement sourd, mais pas désagréable, des obus d'artillerie qui explosaient à travers la ville – ça me rappelait le tonnerre sec, qui n'apportait pas de pluie, au-dessus de la propriété de mon grand-père. Je me souviens que mon Anglais a regardé par la fenêtre les nuages bas à l'horizon que les incendies en dessous teintaient de rouge sang. Il buvait du schnaps à la bouteille quand il a tourné le dos aux incendies et m'a dit tout à trac, sans crier gare, qu'il s'était un jour fait enf-fifrer par un camarade de classe.

Qu'est-ce que ça avait à voir avec les brutes qui se déchaînaient dans les cités ouvrières à travers la ville ?

Tout.

Kim m'a interdit de quitter l'appartement – les rues grouillaient de patrouilles de la Heimwehr qui traquaient les socialistes et les communistes. Lui s'aventurait à l'extérieur deux ou parfois trois fois par jour. Je le voyais de ma fenêtre, courbé sur le guidon de sa moto, agitant son passeport britannique pour franchir les barrages ou les patrouilles. Il s'était assigné une mission – récupérer de vieux manteaux, costumes et cravates encore portables auprès de Gedye, le journaliste, de Spender, l'écrivain, et de leurs amis anglais, et apporter les vêtements aux camarades du Schutzbund bloqués dans les caves et les égouts, dont beaucoup étaient blessés ; leur seule chance de s'échapper était de réussir à se faire passer pour des civils pris entre des feux croisés, et pour ça ils avaient besoin d'habits qui n'aient pas été déchirés au cours des combats et ne soient pas couverts de sang.

Dans les jours qui ont suivi les trois jours de guerre civile, des camarades, dont plusieurs avaient été blessés par des éclats d'obus, et qui tous étaient exténués, sont arrivés à mon appartement. Certains sont restés juste le temps de désinfecter leurs plaies à l'alcool, d'autres, n'ayant nulle part où aller, se sont installés. Le professeur hongrois et trois étudiants ont occupé la chambre d'amis, deux dans le lit, deux sur le tapis plié pour faire un matelas. Trois jeunes communistes qui avaient traversé les égouts en rampant pour fuir l'épicentre campaient dans le salon. Kim et moi partagions le peu de nourriture que nous avions avec les autres, et nous tous faisions cercle autour du poste de radio à ondes courtes pour tenter de saisir les bulletins de la BBC malgré les parasites. Je traduisais les nouvelles en allemand pour les camarades. D'après la BBC, quinze mille personnes avaient été tuées et cinq mille blessées quand Dollfuss avait écrasé une insurrection communiste à Vienne. (Vous parlez d'une insurrection communiste !) Dans ce qui apparaissait comme une opération méticuleusement planifiée, les dirigeants socialistes et communistes étaient raflés. Ceux qui réussissaient à échapper à l'arrestation fuyaient à l'étranger. Les quartiers généraux de l'opposition avaient été fermés. Le mouvement ainsi décapité, les milices ouvrières ont sombré dans le désordre. Le correspondant de la BBC rapportait avoir vu des femmes creuser frénétiquement les jardins du Engels-Hof quand la rumeur avait couru que des armes y avaient été cachées. Les cités ouvrières, longtemps considérées comme des forteresses socialistes imprenables, étaient occupées par l'armée et la milice de la Heimwehr. La police avait fermé les maisons de repos et les camps de vacances des ouvriers dans toute l'Autriche. Vienne vivait dans la terreur. Les civils surpris avec des fusils ou des pistolets étaient fusillés sur-le-champ.

Dans mon appartement, nous existions dans une sorte d'animation suspendue. Assis près de mon gramophone, la tête dans les mains, Kim écoutait des disques rayés des sonates de Beethoven, dont il pouvait identifier chacune par son numéro d'opus, à la grande consternation du professeur. Quand nous avons été à court de charbon, nous avons commencé à débiter les meubles pour alimenter le fourneau. Les pieds et les dossiers des chaises sont partis les premiers, suivis des tringles à rideaux, des tiroirs des commodes, puis des commodes elles-mêmes, et même les cuillères en bois y sont passées. Nous avons brûlé les cadres des peintures de mon grand-père que j'avais enroulées et mises en gage afin de rassembler de l'argent pour les réfugiés allemands qui avaient afflué à Vienne après l'incendie du Reichstag. Nous avons brûlé les cadres de deux petits dessins au fusain que j'avais achetés à Paris – je les aurais bien mis au clou eux aussi, mais ils étaient signés d'un certain Modigliani, dont le prêteur sur gages n'avait jamais entendu parler ; ils n'avaient sans doute aucune valeur.

Sonja a fait une apparition tard un soir, le visage maculé de boue, les paupières gonflées de ne pas avoir pleuré. Il faisait tellement froid qu'elle a gardé son manteau, si bien que les garçons n'ont pas pu voir si elle portait toujours son chemisier décolleté. Dommage. Cela les aurait réchauffés un peu. Quand je lui ai raconté que Kim et moi avions regardé l'attaque des barricades depuis le toit, elle m'a affirmé que le camarade que j'avais vu lancer un bidon d'essence sur un char n'était pas Dietrich, contrairement à ce que j'avais cru. Le pauvre Dietrich, m'a-t-elle dit, ainsi que le jeune Sergius, qui n'avait pas arrêté de railler ses bourreaux, avaient été extirpés d'une cave à charbon et emmenés dans un parc de la ville où ils avaient été fusillés, devant une tranchée fraîchement creusée, par un peloton d'exécution formé de femmes fascistes. Quand je lui ai demandé comment elle savait cela, elle a eu un sourire bizarre et m'a répondu : « Dietrich m'est apparu en rêve et me l'a dit. »

Une nuit, une semaine environ après les événements de février, Kim m'est apparu en rêve – du moins l'ai-je cru avant de sentir son haleine dans mes cheveux. Je ne voyais pas son visage, mais je sentais la tension dans son corps. On entendait encore des tirs sporadiques dans la ville et j'ai cru qu'il allait me dire que ça l'empêchait de dormir. « On doit partir » : voilà ce qu'il m'a dit.

« Quitter l'appartement ?

– Quitter l'appartement. Quitter Vienne. Quitter l'Autriche.

– Avec ton passeport britannique, tu pourrais t'en aller. Moi, je ne passerais jamais la frontière.

– On va t'obtenir un p-passeport britannique.

– Comment ?

– Les épouses des citoyens britanniques reçoivent des p-passeports britanniques. J'ai fait un saut à l'ambassade cet après-midi pour vérifier.

– Nous ne sommes pas mariés.

– Les choses se calment à Vienne. Les magasins, les bureaux commencent à rouvrir. De même que la mairie. J'y suis allé après être p-passé à l'ambassade. J'ai parlé à l'employé qui s'occupe des mariages. Je lui ai glissé cinq livres et lui en ai promis cinq de plus après la cérémonie. Il m'a dit qu'il p-pouvait nous marier en trois minutes – le temps de signer et de tamponner un bout de p-papier. Nous pourrions y être à l'ouverture à huit heures. On serait à l'ambassade à huit heures trente. Avec un certificat de mariage signé et tamponné, on p-pourrait t'obtenir un passeport britannique et être en route vers l'Italie à neuf heures. »

Comme je ne répondais pas tout de suite, il a repris : « Quelqu'un vient juste de te demander en mariage. Tu p-pourrais avoir la décence de réagir.

– Et le professeur, et les autres ?

– Ils ont plus de chances de survivre si tu n'es pas là quand la police défoncera la porte.

– Je ne suis pas contre le fait de t'épouser, Kim, mais je préfère rester à Vienne.

– Tu ne peux pas, Litzi. Tu as déjà été arrêtée, donc ils savent que tu es communiste. Ils savent peut-être même que tu fais des rapports à une femme au prénom d'homme qui ne livre pas de fleurs en hiver. Ton nom est forcément sur des listes. Tôt ou tard, ils viendront te chercher. En plus, tu es juive. Tout le monde sait que Hitler a l'intention d'annexer l'Autriche. L'Anschluss n'est plus qu'une question de temps. Il veut avoir la peau des juifs qui l'ont empêché d'entrer à l'académie des Beaux-Arts de Vienne. Ah, si seulement ils l'avaient accepté, qui sait s'il ne serait pas un artiste crevant la faim dans une mansarde à Vienne, plutôt que le chancelier allemand à B-berlin. Litzi, si Dollfuss ne te tue pas parce que tu es communiste, Hitler te tuera parce que tu es juive. »

Dans le noir, Kim m'a embrassée. Je me souviens distinctement que ses lèvres ne tremblaient pas. Contrairement aux miennes. Il avait pris en charge sa vie et la mienne. Nous avons été mariés le lendemain matin, à huit heures et quart, par un employé de mairie qui avait cruellement besoin des talents d'un dentiste. J'ai signé le registre dans lequel j'étais présentée comme une étudiante sans affiliation religieuse. Kim a déclaré être un touriste anglais. À côté du mot « Religion » il a marqué, en anglais, « aucune à ma connaissance ». À neuf heures, le consul britannique m'a tendu un passeport flambant neuf, à l'intérieur duquel était collée une vieille photo de moi – je l'avais ressortie du fond de la boîte en métal rangée sous le lit ; c'était moi avant que j'aie vu des monceaux de chaussures encore attachés à des membres. On ne pouvait pas ne pas remarquer l'innocence dans mes yeux de dix-huit ans. Sur la photo, j'avais les cheveux aux épaules et décolorés par le soleil. Le consul, un gentil gentleman qui comptait les jours avant de pouvoir rentrer en Écosse, m'a demandé si le blond était ma couleur naturelle. Je lui ai répondu que je m'étais teint les cheveux si souvent que je n'en étais plus sûre. Il m'a dit de ne pas m'inquiéter, que si la police des frontières remarquait la différence, ils ne trouveraient pas extraordinaire que je me sois décolorée en rousse. Toutes les jeunes filles faisaient ça de nos jours, a-t-il dit. Il nous a souhaité bonne chance et à la grâce de Dieu. Je lui ai dit que je ne croyais pas en Dieu. Kim a toussé pour dissimuler son éclat de rire et dit qu'il croyait à la grâce. Le consul a dit que lui aussi. Il a salué les jeunes mariés du petit balcon surplombant l'entrée aux cuivres polis de l'ambassade alors que nous grimpions sur la moto dans la cour. Kim portait son sac à dos sur la poitrine, je portais le mien sur mon dos, il contenait des vêtements et mes deux petits Modigliani (dans l'espoir qu'ils vaudraient un jour quelque chose). Je me suis accrochée aux lanières du sac de Kim quand il a démarré.

Était-ce le courant d'air sur mon visage qui m'a fait venir les larmes aux yeux tandis que nous parcourions les boulevards douloureusement familiers de mon bien-aimé Vienne pour prendre le chemin de l'Angleterre, un pays situé à environ mille quatre cents kilomètres, que j'avais peine à imaginer ?

2

Londres, avril 1934

Où un ancien de Cambridge a la brillante idée d'espionner pour les Rouges

Du diable si je me rappelle qui a eu l'idée d'organiser la petite sauterie pour le retour de Kim. Le bruit a couru que ce couillon était rentré, flanqué d'une épouse magyare, et soudain, la soirée a été au programme. L'un des copains de Philby à Cambridge a proposé l'appartement de sa mère à Cadogan – on racontait qu'elle était partie en voyage sur le continent avec son mari et l'amant de celui-ci. Don Maclean est arrivé à l'heure dite. Un brave type, ce Maclean. Il avait grossi depuis Cambridge, d'où il était sorti avec mention en langues étrangères. D'une normalité désespérante, sexuellement parlant, mais je n'en tiens rigueur à personne. Kim et lui avaient été brouillés à l'université, je n'ai jamais su pourquoi ; je crois que c'était lié au fait que Maclean avait rejoint la cellule communiste naissante à Cambridge, tandis que Kim, pour des raisons de lui seul connues, n'a jamais eu la carte du parti. Ce connard d'Anthony Blunt a débarqué à la fête sans avoir été invité. Il portait un *col cassé** amidonné, le crétin, on aurait dit le roi d'Angleterre ; il ne se gênait pas pour claironner partout qu'il était un cousin éloigné de la reine et s'habillait en conséquence. Je l'aurais éconduit s'il n'avait pas été cramponné à une bouteille d'un whisky tout à fait convenable. Anthony était devenu une petite sommité à Cambridge dans le domaine de l'art français, et on pouvait compter sur lui pour relever le niveau de la conversation si jamais je l'avais trop rabaissé. Bob Wright, le copain des mines de Kim – Kim avait habité avec Wright à Huthwaite quand ils suivaient tous deux les cours d'économie – a fait son entrée avec deux dames de la ligue malthusienne, une à chaque bras. Il les avait ramassées dans une papeterie de Kensington High Street, elles sortaient d'un forum sur la constipation, ou était-ce la contraception ? Avec leurs petits badges jaunes, les membres de la ligue malthusienne, comme les suffragettes avant elles, étaient des proies rêvées pour qui était hétérosexuel. Il était de notoriété publique qu'elles prêchaient le contrôle des naissances pour pouvoir pratiquer l'amour libre. (Lors de nos soirées poker, à Cambridge, la question de savoir si les malthusiennes portaient des culottes était souvent et âprement discutée. Aucun d'entre nous n'ayant pu fournir de preuve oculaire, la querelle n'avait jamais été tranchée.) Deux filles de Newnham, empestant le parfum de W.-C. (c'est-à-dire de la classe ouvrière), sont apparues sur le seuil en prétendant avoir été invitées par quelqu'un dont le nom leur était sorti de la tête. J'ai vaguement reconnu celle qui s'est présentée sous le nom de Mildred ; elle avait l'air en cloque et a paru excédée qu'une des dames malthusiennes lui demande pour quand était la naissance. « Foutez-moi la paix, je suis pas enceinte, a-t-elle répliqué. Je commence le régime pamplemousse de Hollywood demain matin au petit déjeuner. » Je devrais dire ici que la simple vue de filles de Newnham remplissait les anciens de

Cambridge de nostalgie pour leur folle jeunesse – en chemisiers blancs et jupes plissées, elles occupaient les premiers rangs aux cours sur l'idéalisme dialectique de Hegel à Trinity College. Une longue tradition, dans ces salles bénies, voulait que les filles de Newnham soient idiotes, et nul garçon de Trinity soucieux de sa réputation ne daignait leur adresser la parole. Mais puisque la fête de bienvenue se tenait loin du campus, aussi bien temporellement que géographiquement, je me suis dit que je pouvais décemment papoter avec Mildred avant qu'elle se transforme en pamplemousse.

J'ai brisé la glace d'un : « Vous ne trouvez pas curieux que les hommes se serrent la main avec celle-là même qui leur sert à s'essuyer les fesses ?

– Mais c'est l'intérêt, justement », a-t-elle répondu gaiement.

Je lui ai demandé si elle avait lu *Pornographie et obscénité* de Lawrence.

« Lawrence d'Arabie a écrit un livre sur la pornographie ?

– C'est D.H. Lawrence, très chère. »

Quand elle a avoué ne pas connaître l'ouvrage en question, je lui ai exposé la théorie en vogue dans les pubs londoniens, selon laquelle la pornographie était de la littérature faite pour être lue d'une seule main. Encouragé par la rougeur qui se répandait sur les joues campagnardes de Mildred – réaction typique des jeunes filles dotées d'une modeste formation universitaire –, je lui ai confié ma sincère conviction que Mussolini était homosexuel. Et j'ai suggéré que si l'on voulait vraiment le détourner de ses desseins voraces sur l'Éthiopie, il suffisait d'envoyer quelque éphèbe parader sur les marches du Capitole, à Rome. Mildred a voulu savoir si j'étais prêt à me sacrifier.

« Je suis aussi patriote que n'importe laquelle de vos tantes, ai-je répondu, froissé.

– Bravo, a-t-elle dit. Puis-je proposer votre nom si on réclame des volontaires ? Et d'ailleurs, quel est votre nom ?

– Guy Burgess.

– *Le* Guy Burgess ? Oh, mon Dieu, je suis gênée d'être vue en train de parler avec vous. Ce que vous avez risquerait de déteindre sur moi. »

Pendant que je parlais à Mildred, j'avais remarqué un garçon des plus délectables, qui montait l'escalier en spirale menant au salon. Anthony, qui avait déjà parlé audit garçon en bas, m'a glissé à l'oreille que c'était un acteur au chômage qui travaillait comme ouvreur dans le West End. Le pauvre bougre semblait complètement esseulé. L'ouvreur-acteur, les cheveux lissés en arrière par une pommade au parfum sucré, a fini par graviter dans ma direction, comme par inadvertance. Nous avons tourné autour du pot le temps qu'il fallait.

« Guy, ai-je dit.

– Jeffrey, a-t-il répondu. Qu'est-ce que vous faites ?

– Je me fais tous ceux que je veux.

– Je veux dire, comme travail.

– Ah, le travail. En ce moment, j'étudie plusieurs possibilités. J'espère me dégoter une place aux Affaires étrangères. Comme presque tout le monde à Trinity College, j'ai étudié l'économie, avant de bifurquer vers les sciences politiques quand elles sont devenues à la mode. Et vous, où avez-vous fait vos études ?

– Nulle part. Je n'ai pas dépassé l'école primaire.

– Une bénédiction, si vous voulez mon avis, ai-je dit. Trop de connaissance peut endommager le cerveau.

– La connaissance au sens biblique est sûrement l'exception à votre règle.

– Tout dépend de qui vous connaissez bibliquement, ai-je répondu. Seriez-vous par hasard socialiste ?

– Je suis plus un libéral au cœur tendre qu'un socialiste.

– Je saisis le terme « cœur tendre » de l'équation. Mais expliquez-moi, je vous prie, ce que vous entendez par libéral ?

– Très simple. Un libéral, c'est quelqu'un qui n'est pas choqué de découvrir que son meilleur ami est un hétérosexuel qui s'ignore. » Il m'a donné une bourrade amicale à l'épaule, un encouragement largement suffisant pour que je garde les yeux braqués sur lui bien qu'il eût renversé du gin sur le revers de mon nouveau blazer.

« Je ne suis pas non plus du genre à dénigrer l'hétérosexualité, ai-je avoué. M'est même arrivé de sauter une fille, à l'occasion, quand son compagnon était assez joli garçon.

– Les femmes se plaignent que les hommes pensent avec leur queue. C'est votre cas ?

– Bien obligé. J'ai vingt-trois ans ce mois-ci et le cerveau déjà endommagé par un excès de connaissance biblique. »

À la fin, j'ai esquissé un certain sourire ; il a acquiescé d'un rictus et m'a suivi dans la salle d'eau au bout du couloir, où j'ai tenu la promesse du sourire en lui faisant une pipe. Dans mon empressement, j'avais oublié de verrouiller la porte. Nous étions en pleine action dans la cabine de douche quand une des dames de la ligue malthusienne est entrée. Elle n'a pas cillé en me voyant accroupi afin de ne pas salir mon pantalon, mes doigts entourant la queue que j'avais dans la bouche. (J'appartiens à cette école de fellation qui soutient qu'un bon jeu de main est aussi indispensable qu'un bon jeu de langue. Avaler est une partie incontournable de mon éthique.)

« Vous auriez tout de même pu frapper, a dit mon ouvreur-acteur avec humeur à la suffragette.

– *Mea maxima culpa*, a répondu la fille d'une voix sirupeuse, épaissie par le whisky d'Anthony Blunt, mais j'ai très envie de faire pipi. »

L'acteur-ouvreur, refermant sa braguette, et moi, me tapotant les lèvres avec un mouchoir de soie, sommes sortis de la douche et nous sommes plantés devant la ligueuse malthusienne dans l'intention d'observer sa réponse à ce besoin naturel.

« Ne me faites pas croire que vous n'avez jamais vu une fille uriner ! s'est-elle exclamée en soulevant l'arrière de sa jupe et en se parachutant sur le siège des toilettes.

– Besoin de conclure une vieille controverse.

– Quelle controverse ? a-t-elle demandé, fermant les yeux de plaisir alors que la pression sur sa vessie se relâchait.

– Les piliers de la ligue portent-elles, oui ou non, des culottes.

– Nous pratiquons la libre pensée, et les vêtements que nous choisissons de ne pas porter le reflètent, a-t-elle expliqué.

– Pas de culotte ? a conclu l'ouvreur-cum-acteur.

– Pas de culotte », a confirmé la fille, arrachant une poignée de papier toilette et s'essuyant si promptement que c'est à peine si nous avons aperçu sa chatte libre pensante. « Pas de soutien-gorge non plus », a-t-elle ajouté en se dirigeant vers la porte, sans s'être donné la peine de tirer la chasse d'eau. Elle a fait volte-face, la main sur la poignée. « Non pas que ça change quoi que ce soit pour des invertis comme vous, mais nous, les membres de la ligue malthusienne, avons recours à une forme révolutionnaire de contraception féminine – serrer fermement un exemplaire de *Ce que chaque fille devrait savoir*, de Margaret Sanger, entre les genoux. »

L'acteur-ouvreur a rejeté la tête en arrière, admiratif. « Ça, c'est une sortie », a-t-il dit.

J'ai enfin pu rencontrer la fameuse Magyare Litzi Friedman, quand Kim a fini par arriver à l'appartement de Cadogan avec elle. Les vêtements et les cheveux en bataille après le trajet à moto depuis Maida Vale, elle avait les paupières gonflées à cause du vent et les lèvres si gercées que le rouge à lèvres n'aurait pu lui être d'aucun secours.

« Tu aurais pu au moins l'équiper d'une paire de lunettes d'aviateur, mon vieux, ai-je dit.

– C'est ce que j'ai fait, mais elle les a p-perdues quelque part entre Vienne et la frontière italienne. Je me suis dit que ça ne valait p-pas le coup de faire demi-tour pour les retrouver. »

Anthony a tenté de s'immiscer dans la conversation. « Quelqu'un a-t-il vu *Le Sacrifice d'Abraham*, de Gaspard Dughet, à la National Gallery ? »

Mais nous n'avions d'oreilles que pour la Magyare. « Dis, est-ce qu'elle parle anglais ? a demandé Maclean à Kim.

– Je le parle suffisamment bien pour savoir ce que se faire enfifrer veut dire », a répliqué Litzi Friedman.

Forcément, sa réplique a décontenancé les camarades de Cambridge de Kim. « Quoi de mieux que "se faire enfifrer" pour commencer l'apprentissage de la langue vernaculaire parlée dans cette île porte-sceptre ? » me suis-je exclamé.

Litzi a passé les doigts dans ses cheveux, qui étaient

de la couleur du bitume. Rassemblant le surplus qu'elle avait dans la nuque, elle a fait glisser un élastique de son poignet pour emprisonner la petite touffe qu'elle a passée trois fois dans l'élastique. Le geste, à la fois si simple et si élégant qu'aucun homme n'aurait pu l'effectuer, m'a fasciné. Si elle avait été un garçon, j'aurais eu envie de me laisser pousser les cheveux pour lui demander de me donner un cours particulier. J'ai rapporté deux verres de gin, pur, pour Kim et sa Hongroise. « Sacrément généreux de ta part de sauver une juive des griffes du fascisme, lui ai-je dit. Moi aussi, je serais tout à fait prêt à en épouser une, tant qu'on ne me demande pas de consommer l'union. » J'ai fait un clin d'œil à Jeffrey. « Rien contre la connaissance au sens biblique, si l'individu ainsi connu est pourvu d'un anus adéquat.

– Je ne sauvais pas une juive, a répliqué Kim, manifestement irrité. Il se t-t-trouve que nous sommes tombés amoureux. »

Comme toujours à cette époque-là, la conversation a vite dérivé vers le Führer allemand.

« Il y a une rumeur qui court comme quoi Hitler se serait fait refiler la syphilis par une prostituée juive à Vienne, a déclaré Don Maclean.

– Si seulement c'était vrai », a dit Litzi Friedman.

Blunt rôdait à la marge du groupe. « À mon avis, Dughet a plus de talent que Poussin, qui se trouvait être son beau-frère et professeur.

– Fous-nous la paix avec ton Dughet et ton Poussin, Anthony, l'a rabroué Bob Wright. Tu ne vois pas qu'on parle de choses plus importantes que l'art de tes bouffeurs de grenouilles ? »

En sirotant notre gin glacé, nous avons fait un tour du sinistre horizon, tel qu'on le voyait depuis les fenêtres à petits carreaux d'un appartement de Knightsbridge. Nous étions tous d'accord pour dire que l'incendie du Reichstag avait été déclenché sur ordre de Herr Hitler, pour servir de prétexte à l'écrasement du grand parti communiste allemand. Mais aucun de nous ne se rappelait le nom du jeune communiste néerlandais qui avait écopé pour ce délit.

« C'est Marcus quelque chose, a dit Maclean.

– Il s'appelle Marinus, pas Marcus, l'a corrigé Litzi Friedman. Marinus van der Lubbe.

– C'est ça, a acquiescé Bob Wright, contemplant l'épouse magyare de Kim avec un nouveau respect. Marinus. Un type courageux.

– C'est le moins qu'on puisse dire, a acquiescé la fille. Il a été condamné par un tribunal fantoche et décapité dans la cour de la prison.

– Et ce communiste bulgare qui a été accusé avec le Hollandais… », ai-je dit.

À l'évidente satisfaction de Kim, sa femme a fourni le nom de celui-là aussi. « Dimitrov. Georgi Dimitrov.

– J'ai lu son adresse au juge dans le *Times*, a dit Maclean. Un miracle que les Allemands l'aient jugé non coupable.

– Le procès était truqué, a dit Kim. Les Russes gardaient deux ou trois pilotes allemands en otage en échange de la libération de Dimitrov.

– À moins que Herr Hitler ne tire pas encore toutes les ficelles du corps politique allemand, a dit Bob Wright.

– Il tire les ficelles importantes, a répondu Litzi Friedman. Il n'avait que la majorité relative au Bundestag avant d'exclure les députés socialistes et communistes. Maintenant, il a la majorité absolue. Ne vous trompez pas : rien ne l'arrêtera sauf la guerre.

– J'ai l'impression que tu as épousé une amazone, a dit Don Maclean à Kim.

– Lui a-t-on retiré un sein, afin qu'elle puisse mieux bander son arc ? ai-je demandé, avec une innocence moqueuse.

– Mes deux seins sont intacts, merci. Vous voulez vérifier ? »

Et elle a posé les doigts sur le bouton du haut de son chemisier. Je suis persuadé qu'elle aurait été capable de le dégrafer ici et maintenant, ne serait-ce que pour me déstabiliser devant mes amis.

« Burgess n'est pas grand amateur de seins, a fait observer Don Maclean avec un sourire désabusé. Je me trompe, Guy ? »

La fille paraissait exaspérée par nous tous. « Vous avez l'air de prendre à la légère ce qui se passe en Europe – ce qui s'est passé à Vienne. Kim, lui, prend la situation au sérieux. Il était à Berlin cinq jours après la destruction du Reichstag par le feu. Il a vu de ses yeux le monstre s'élever des cendres.

– Je ne savais pas que tu étais allé à Berlin, Kim, ai-je dit.

– J'évite d'en p-parler parce que je ne suis pas fier de la façon dont je me suis comporté, a-t-il répondu.

– Tu n'as aucune raison d'avoir honte, a déclaré la fille avec une soudaine passion. Si vous l'aviez vu à Vienne, sillonnant la ville à moto, franchissant les barrages à coups de bluff, apportant des faux papiers et des vêtements aux miliciens du Schutzbund piégés dans les égouts, dont certains avaient des blessures purulentes. Nombre de ceux qui ont réussi à échapper aux brutes fascistes doivent leur vie à Kim.

– Elle exagère b-beaucoup ma contribution », a dit Kim.

Bob Wright a regardé Kim. « Qu'est-ce qui s'est passé à Berlin ? a-t-il demandé à voix basse.

– Crache le morceau, Kim, a renchéri Don Maclean.
– Allez, dis-leur », a ajouté la fille. (Elle avait manifestement plus d'influence sur lui que n'importe lequel d'entre nous.) « Ils auront une meilleure idée de ce que Hitler et l'Allemagne réservent au reste du monde. »

Kim a haussé ses maigres épaules. « Un jour, j'étais dans une pharmacie. Un camion s'est arrêté, rempli de chemises brunes. Ils ont sauté de l'arrière du vehicule et p-peint *Jude* sur la vitrine. Ils se sont p-postés à l'entrée et ont éloigné les clients. Le pharmacien était un petit homme au nom juif. Il restait là, respirant avec peine, comme s'il avait couru un cent mètres. Il avait tellement honte qu'il n'arrivait pas à me regarder dans les yeux. Est-ce qu'il avait honte pour lui-même, pour l'Allemagne, ou pour les deux, je ne p-peux pas vous dire.

– Et ensuite ? a demandé Bob Wright, l'incitant doucement à poursuivre.

– Raconte la suite, Kim », a dit la fille.

Kim aussi semblait avoir du mal à respirer. « Alors que je sortais de la pharmacie, a-t-il poursuivi d'une voix hésitante, les chemises brunes ont exigé de voir mes p-papiers. Quand j'ai montré mon p-passeport britannique, l'un d'eux m'a demandé ce que je faisais dans un magasin juif. J'ai voulu dire à ces salauds d'aller se faire foutre. J'ai honte d'admettre que j'ai manqué de cran. Je savais qu'ils allaient me molester. Je déteste la violence. La vue du sang me donne envie de vomir. Même les sports de contact me répugnent. J'ai donc marmonné quelque chose, comme quoi les juifs étaient leur p-problème, pas le mien. Et je suis reparti comme si de rien n'était. Je me suis éloigné sans même un regard au pharmacien dans sa boutique. »

La Magyare a pris Kim par la taille et l'a attiré

contre elle. Bob Wright a dit : « Tu es trop dur avec toi-même. Lequel d'entre nous pourrait jurer qu'il aurait réagi différemment ?

– Toi, a répondu Kim. Que ce soit à la mine ou à Cambridge, tu n'as jamais esquivé la bagarre.

– Tu as eu le cran d'aller à Vienne, a dit Bob Wright. Tu as eu le cran d'aider ces pauvres gens dans les égouts.

– Je n'ai p-pas aidé le pharmacien juif dans son officine. »

Pour dire la vérité, j'ai trouvé la petite histoire de Kim touchante. Elle incitait à regarder en soi-même, une chose que je faisais rarement par crainte de ce que je risquais d'y trouver. « Tu ne pouvais rien pour le pharmacien, ai-je dit. Si tu avais mis ton grain de sel, tu n'aurais réussi qu'à rendre les choses encore plus difficiles pour lui.

– Tout le monde aura pris note, je présume, a dit Don Maclean. Guy Burgess vient d'être pris en flagrant délit de sérieux.

– J'apprécierais que ça reste entre nous, ai-je dit. Pas envie de ruiner ma mauvaise réputation. »

Quinze jours plus tard, j'ai déjeuné avec Kim dans un pub de Holborn. Il travaillait dans le quartier, comme secrétaire de rédaction, à quatre livres sterling la semaine, pour la *Review of Reviews*, un mensuel médiocre bourré d'articles ennuyeux chapardés à des revues anglaises ou américaines. La seule chose qui le rendait à peu près lisible, c'était la page automobile, ainsi que l'occasionnelle lettre de lecteur qui, dans la mesure où la revue ne recevait pas de courrier de ses lecteurs, était écrite par Kim sous un pseudonyme. « Ah, ce qu'il ne faut pas faire pour gagner sa croûte », a-t-il dit avec un soupir alors que nous nous glissions dans un box. Une femme à large poitrine a essuyé la bière renversée sur la table avec un chiffon mouillé qui, si on l'avait essoré, aurait pu remplir une chope. Elle a sorti un bloc et un crayon de couleur d'enfant et nous a regardés l'un après l'autre, bouche ouverte. « Qu'est-ce qui vous ferait plaisir, messieurs ?

– Vous », ai-je répondu.

Elle a ravalé le rire las de celle qui l'a déjà entendu. « Pas de ça avec moi, vous serez gentils.

– Commandons, a dit Kim.

– Qu'est-ce que vous nous proposez comme tourte ? ai-je demandé.

– Nous avons la tourte maison, mon chou. Tout est là-haut sur le tableau en lettres capitalistes. »

Nous avons tous deux pris la tourte maison et une pinte de bière.

« Comment ton amazone magyare survit-elle à son exil à Maida Vale ? ai-je demandé.

– La vie ici est bien trop routinière pour son goût, a dit Kim.

– Sûr qu'après Vienne, Londres allait lui paraître ennuyeux. Est-ce qu'elle est communiste ?

– Et comment, a-t-il répondu. C'est ça qui lui manque, Guy. Elle a l'impression d'avoir été mise au p-pré. À Vienne, elle était au cœur des événements. Elle appartenait à un comité de district. Des camarades importants venaient chez elle pour des réunions. Elle allait chercher des tracts dans une imprimerie clandestine pour les livrer à des cellules communistes dans les cités ouvrières.

– Tu devrais lui trouver une occupation. Elle pourrait distribuer des tracts à Hyde Park rappelant aux autochtones que la fin est proche.

– On a participé au défilé du 1er Mai tous les deux hier. Je dois dire que c'était comme un retour à Vienne. Il d-devait y avoir trente mille personnes dans les rues. Litzi irradiait de bonheur. C'est son anniversaire aujourd'hui. Je n'ai p-pas encore trouvé de foutu cadeau.

– Quel âge a-t-elle ?

– Vingt-quatre ans.

– Oui, enfin, son corps a peut-être vingt-quatre ans, mais ses yeux en ont le double.

– Tout juste. Elle a vu des choses qu'elle p-préférerait se sortir de la tête.

– Et que devient ton vieux en ce moment ? » Les derniers exploits de Saint John occupaient toujours un bon quart d'heure de conversation.

« Ahh, il va faire le trajet de Djeddah jusqu'ici, via la Transjordanie et l'Afrique du Nord, dans son break Ford. Il a l'intention de t-traverser la Méditerranée au niveau des Colonnes d'Hercule. J'essaie de le convaincre de livrer un récit de voyage à la *Review*. Je me propose de l'intituler « De La Mecque à Maida Vale ». P-percutant, tu ne trouves pas ? »

Nos bières sont arrivées. Les tourtes n'ont pas tardé. Pendant un moment, nous avons mangé en silence.

« Dis-moi, Kim, est-ce que ton père travaille pour les services secrets de Sa Majesté ? Tout le monde en est convaincu.

– Pas que je sache. Il connaît b-bien un ou deux des dirigeants depuis leur jeunesse, mais il refuse catégoriquement de d-donner des noms. Pourquoi me poses-tu la question ?

– Toutes ces pérégrinations dans le désert saoudien, c'est louche. On dirait qu'il passe la moitié de son temps à cirer les babouches d'Ibn Séoud. Écoute, Kim, j'ai une idée du tonnerre. On devrait devenir espions.

– Tu as bien dit espions ?

– J'ai bien dit espions. Regarde les avantages. Tu recevrais un traitement, non ? Utile pour joindre les deux bouts. Tu boirais du vrai bordeaux, au lieu de la piquette servie ici. Ce serait grandiose. Pense à tous ces gens qu'on mettrait dans notre lit sous prétexte de les baiser pour leurs secrets.

– On espionnerait pour qui ?

– Pas pour Adolf, évidemment. Ni pour Benito. Au pire du pire, on pourrait toujours espionner pour l'équipe nationale. » J'ai eu une soudaine inspiration. « Ou les Rouges. Pourquoi pas pour les Rouges ?

– Les Russes ? Tu plaisantes, n'est-ce pas ?

– Mais enfin, Kim, ils sont du côté des bons – la dictature du prolétariat et toutes ces âneries. J'étais en vacances à Moscou il y a quelques semaines. Je dois dire que j'en suis reparti impressionné.

– Ce qui t'a impressionné, à tous les coups, c'est un des petits mecs que tu as ramassés au Métropole.

– Tu commets la grossière erreur de tout réduire au sexe, Kim. C'est l'économie qui m'a impressionné. Ça marche. Pas trace de crise chez Mère Russie. Pas de chômage. Pas de soupes populaires. Système de santé universel. Pas de grèves. Enfin, pas de grèves parce qu'il n'y a pas de syndicats, mais pas de syndicats parce que le prolétariat possède les moyens de production, ou je ne sais quoi. Rends-toi compte, Moscou est même en train de construire un métro. Ils prétendent qu'on pourra régler sa montre sur les trains qui entreront dans les stations toutes les minutes à la minute. Qu'à côté de leurs nouvelles stations, Covent Garden aura l'air d'une fosse d'aisances. Ils prétendent qu'avec le plan quinquennal de Staline, ils auront rattrapé l'Allemagne et la Grande-Bretagne en, eh bien, en cinq ans, précisément.

– Ils ont sacrément intérêt à rat-trapper l'Allemagne. Dans cinq ans, il y a tout à parier qu'ils seront en guerre contre les B-boches.

– Raison de plus pour espionner pour eux. » Je me suis penché sur la table, malgré la puanteur de bière éventée qui s'en dégageait. « Le NKVD est l'aristocratie de l'Union soviétique, ai-je dit, d'un ton que, théâtralement, on aurait qualifié de *sotto voce*. Ses espions sont l'aristocratie du NKVD.

– C'est très bien de rejoindre une aristocratie, mais qu'est-ce qu'on pourrait bien leur raconter ?

– Eh bien, pour commencer, on pourrait étoffer cette conversation. *Déjeuner avec le principal assistant d'un jeune ministre qui a dit ça et ça.* Ce genre de baratin.

– Tu plaisantes ? » Le sourire a disparu du visage de Kim. « Tu ne plaisantes pas. Écoute, Guy, tu nages en plein délire. Si nous espionnions pour les Rouges, nous espionnerions la Grande-Bretagne.

– Pas du tout. Nous aiderions le seul pays d'Europe qui se dresse contre Hitler. Nous contribuerions à la défaite du fascisme, et ainsi au sauvetage de la Grande-Bretagne. »

Kim a balayé ma suggestion d'un éclat de rire. « Un espion peut être torturé, a-t-il dit. Tu as pensé à ça ?

– Il faudrait d'abord qu'il se fasse prendre. Nous, on ne se ferait jamais prendre. Qui irait imaginer que deux anciens de Cambridge comme nous espionneraient pour les Rouges ?

– Qui, je te le demande ? J'imagine que tu as trouvé comment on fait pour offrir ses services ? On envoie une lettre à l'ambassade soviétique, peut-être ? Mieux, on alpague l'ambassadeur Maïsky pendant sa petite promenade matinale à Kensington Gardens.

– C'est ici que ton *pater familias* entre en jeu, ai-je dit à Kim. S'il travaille vraiment pour le Secret Intelligence Service, comme tout le monde le pense, il connaît forcément l'identité du représentant du NKVD à Londres. Tu pourrais la lui extorquer d'une manière ou d'une autre, en lui disant que tu écris un article pour ta revue sur les espions soviétiques en Grande-Bretagne. Bon Dieu, si on connaissait le nom de l'homme du NKVD à Londres, ce serait un jeu d'enfant d'entrer en contact avec lui.

– Tu es dingue, Guy.

– Le moins que tu puisses faire, c'est accepter d'y réfléchir.

– Je m'y refuse absolument. »

Kim a agité la main pour attirer l'attention de la serveuse et lui demander l'addition.

En attendant qu'elle arrive, j'ai rassemblé mon courage pour aborder un sujet délicat entre nous depuis des années. « Kim, nous n'en avons jamais parlé…

– Qu'est-ce qu'il y aurait à en dire ? Ce qui est arrivé est arrivé. C'est à classer dans la rubrique des choses regrettables.

– Nous étions tous les deux très imbibés…

– Je ne t'en ai jamais voulu, Guy. Si j'en veux à quelqu'un, c'est à moi. Toi, tu étais fidèle à toi-même.

– Je tiens tout de même à m'excuser de t'avoir entraîné plus loin que tu n'étais prêt à aller.

– J'ai accepté tes excuses bien avant que tu les p-présentes.

– Ta Magyare est au courant ?

– Elle sait qu'il s'est passé quelque chose. Elle connaît le sens de l'expression se faire enfifrer. Elle ignore que c'était toi.

– C'est aussi bien. » Un souvenir m'a fait sourire. « Oui, alors, effectivement, il y avait bien un garçon au Métropole.

– Je m'en doutais. Cette soudaine dévotion pour la Russie soviétique. Cette lubie d'espionner pour le NKVD.

– Il s'appelait Igor. En tout cas, c'est le nom qu'il m'a donné. Un gars bien. On a couché ensemble, bien sûr.

– Était-ce bien raisonnable ? Ils vont p-peut-être essayer de te faire chanter…

– À qui pourraient-ils le dire qui n'est pas déjà au courant ?

– Effectivement.

– Après, je l'ai invité dans un boui-boui au fond d'une ruelle en face du Kremlin, de l'autre côté du fleuve, où l'on servait de la nourriture, ou ce qui passait pour tel. Igor a sorti un sac en papier que lui avait donné sa mère. Il était rempli d'oignons nouveaux. Nous les avons partagés quand on nous a apporté ce qui se prétendait du bortsch. Il a parlé de Staline et du métro que construisait un certain Khrouchtchev, et des grands barrages qui alimentent en énergie électrique des usines géantes. Ce n'était pas de la propagande, Kim. C'était authentique. Il était patriote. Fier d'être russe, fier de contribuer à la construction du communisme. Quand nous nous sommes quittés, il m'a appelé camarade. *Tovarich*, en russe. *Tovarich Guy*, m'a-t-il murmuré alors que nous passions devant le mausolée de Lénine, *juste pour que tu saches, je cueille des étrangers au Métropole et je rapporte ce qu'ils disent à la police secrète.*

– C'est comme ça qu'Igor contribue à la construction du communisme ?

– Tu vas rire, mais la réponse est oui. Igor fait ce qu'il peut. *À chacun selon ses capacités*. Et je me suis rendu compte – comment t'expliquer ? – que nos nuits passées à faire l'exégèse de *Das Kapital* au café

Matthew, nos week-ends à distribuer des tracts pour les candidats socialistes de l'autre côté du pont ferroviaire à Romsey Town – tout ça, c'était du vent. Tu es le seul à être allé voir sur place, là où nos idéaux socialistes ont été mis en application. Je t'admire pour ça, Kim. Sincèrement. Je n'ai rien fait de comparable.

– Tu n'as pas encore dit ton dernier mot. » Il a regardé tout autour pour s'assurer que personne ne l'entendait. « Entre toi et moi et le microphone caché dans le mur, Guy, j'essaie de rejoindre le p-parti communiste anglais.

– Tu leur as envoyé ta candidature ?

– J'ai économisé le timbre. Je me suis présenté au QG du comité central à King Street. »

J'étais intrigué. « Tu as juste poussé la porte comme ça ? Sans lettre de recommandation, sans mot de passe, ni rien ? Qu'est-ce qu'ils ont bien pu te dire ?

– Le seul être humain en vue, c'était un standardiste très corpulent. Il a copié mon nom, grade et numéro de matricule. Union socialiste de Cambridge. Vienne. Marmonnant quelque chose comme quoi ils devaient me situer, il m'a demandé le nom de trois p-personnes qui pourraient se porter garantes. J'espère que tu ne vas pas le prendre mal, Guy, mais j'ai donné ton nom, ainsi que celui de Don Maclean et d'Anthony Blunt.

– Et ensuite, qu'est-ce qui s'est passé ? »

Apparemment, la tourte lui était restée sur l'estomac. Il a sorti de sa poche une boîte de pastilles Arm & Hammer, m'en a proposé une et, comme je refusais, en a enfourné une lui-même. « Il n'a pas eu l'air p-particulièrement impressionné par ma candidature, m'a-t-il répondu, avalant ses mots à moitié à cause de la pastille. Ils m'ont dit qu'ils reviendraient vers moi dans six semaines. »

Je crois que j'ai sifflé. « Six semaines ! Je ne suis pas sûr que tu te sois rendu service en me citant comme référence. Enfin, ce qui est fait est fait. » Un petit panier en paille avec l'addition dedans a été déposé sur la table. J'ai regardé le total et divisé en deux. « Et si on payait la note, vieux ? »

Je me rappelle sa réponse. « Le truc, c'est d'éviter d'avoir à p-payer la foutue note, pas vrai ? »

3

Londres, juin 1934

Où un Anglais accepte une proposition qu'il n'est pas sûr de comprendre

Je suis le Teodor Stepanovitch Maly, cryptonyme Mann, dont vous avez très certainement beaucoup entendu parler. La plupart de ce qu'on vous aura raconté relève de l'invention malveillante. Permettez-moi de rétablir la vérité. J'ai été nommé à la *Rezidentura* de Londres en 1933, d'abord en tant que principal adjoint du *rezident* (cryptonyme Marr) puis, après son rappel soudain à Moscou et son exécution, en tant que *rezident*. Dans ces deux fonctions, j'ai tenté de convaincre le Centre d'abandonner, ou au moins de réduire, ses efforts pour recruter des diplomates ou hommes politiques britanniques de haut rang – ce que, dans le métier, nous appelons *recrutement en poste* – et de se concentrer plutôt sur une pénétration à long terme : il existait toute une génération d'intellectuels britanniques qui avaient été déçus par les classes dirigeantes après la Grande Guerre, qui avaient commencé à douter de ce conte de fées capitaliste du gâteau en expansion constante quand le chômage avait explosé à la suite du krach de 1929, qui avaient été très attirés par l'analyse qu'avait faite Marx de l'inévitable déclin du capitalisme industriel et qui, avec la montée de Hitler en Allemagne, en venaient à considérer l'Union soviétique comme le rempart contre le fascisme. J'avais même localisé l'épicentre de ce séisme politique : il se trouvait dans les sacro-saints couloirs de l'université de Cambridge, dans la ville médiévale de Cambridge, plus précisément dans l'un des collèges de Cambridge, Trinity. Au cours des premières années de la décennie, tout ce que faisait le mouvement socialiste naissant, sur le campus, c'était lire le *Daily Worker* à des meetings, rédiger des pamphlets, participer à des groupes de discussion où, avec un peu de chance, les membres de la Socialist Society parvenaient, à force de discussion, à convaincre les filles socialistes de coucher avec eux. Avec l'arrivée d'une poignée de véritables prolétaires, à savoir six mineurs de fond qui mangeaient le trognon quand ils mangeaient une pomme, une cellule communiste locale est née ; ces gueules noires, qui attachaient des tonnelets de charbon à leur taille et les tiraient dans des tunnels étouffants, avaient pris part à l'âpre grève générale de 1926, qui avait duré trente semaines, avant de se faire acheter avec des bourses pour aller étudier à Cambridge. Mais les mineurs ne m'intéressaient pas vraiment. Mon idée, c'était de recruter de jeunes intellectuels de gauche issus des classes supérieures, gagnés aux idées socialistes et communistes et prêts à transférer leur loyauté au mouvement international antifasciste. Nous orienterions ensuite leur carrière professionnelle dans l'espoir qu'ils finissent comme journalistes à Fleet Street ou jeunes employés du Foreign Office. Si nous réussissions à choisir des recrues de talent, celles-ci, avec le temps, graviraient les échelons jusqu'à des postes importants, nous donnant accès à la pensée de l'État, voire même aux secrets d'État.

Telle était la proposition à laquelle réfléchissait le Centre, avec son habituel manque d'enthousiasme pour les idées originales, quand Harold Adrian Philby m'est littéralement tombé du ciel.

Je dois dire tout de suite que le nom de Philby ne m'était pas inconnu. Son potentiel pour un recrutement avait été suggéré à Vienne par une jeune camarade juive hongroise qui travaillait pour le Centre. Elle s'appelait Litzi Friedman. L'un des rapports bimensuels de son directeur, cryptonyme Arnold, mentionnait un jeune socialiste anglais de la haute société, tout juste sorti de Trinity College, à Cambridge ; Litzi Friedman le décrivait comme un fervent antifasciste qui avait fait le voyage de Grande-Bretagne jusqu'en Autriche à moto pour participer à la lutte contre le dictateur Dollfuss. Le Centre avait été suffisamment intrigué pour assigner à l'Anglais le cryptonyme Söhnchen (Sonny en anglais) et pour m'envoyer à Vienne assister à un des rendez-vous d'Arnold avec Friedman. J'ai pris soin de me poster dans un coin de la pièce plongée dans l'obscurité. J'entends encore Litzi Friedman faire l'éloge de l'Anglais, qu'elle présentait comme un marxiste engagé, qui apprenait vite et serait capable de garder secret ce qui devait l'être, si le Centre décidait de le recruter comme agent. À Vienne, Sonny a fini par partager le lit de Litzi Friedman où, on le suppose – et on l'espère pour elle –, il était aussi ardent comme amant que comme antifasciste. Après l'écrasement de l'opposition socialiste autrichienne par Dollfuss, Sonny a épousé Litzi Friedman à l'hôtel de ville de Vienne afin qu'elle puisse obtenir un passeport britannique, puis s'est enfui avec elle pour retrouver la sécurité de Londres. Le Centre, dans son infinie sagesse, m'a ordonné de reprendre contact avec Litzi Friedman et de la sonder quant à la possibilité de recruter comme agent actif le gentleman anglais devenu son époux légitime.

C'est ce que j'ai fait. Je l'ai rencontrée trois fois à Londres. Lors de notre premier rendez-vous, elle m'a observé avec une curiosité non déguisée. « Nous sommes-nous déjà rencontrés ? m'a-t-elle demandé.

– Qu'est-ce qui vous fait croire ça ?

– La moustache triangulaire. L'homme qui a assisté à une de mes rencontres avec Arnold à Vienne était grand et mince comme vous et avait une moustache triangulaire. C'était vous, n'est-ce pas ?

– Je ne suis jamais allé à Vienne », ai-je répondu.

Elle a ri. « Si, c'était vous », a-t-elle dit d'un ton catégorique. Elle a agité la main. « Peu importe. »

La seule chose qui avait changé en elle depuis que nos chemins s'étaient croisés à Vienne, c'étaient ses cheveux – couleur rouille dans mon souvenir, ils étaient à présent gris perle. Litzi Friedman m'a fait l'effet d'être une jeune femme inconstante qui, à chacun de nos rendez-vous, est arrivée avec une couleur de cheveux différente. Elle m'a avoué que les Anglais et leurs distinctions de classes l'ennuyaient à mourir. J'en ai conclu qu'elle était très désireuse de reprendre du service pour l'Internationale, mais assez fantasque dans son comportement (elle était tout à fait capable de gaspiller en chaussures le peu d'argent que gagnait son mari) et, d'après ce que je pouvais en juger, assez immature dans son endoctrinement marxiste. Oh, elle connaissait bien l'argumentation générale : le matérialisme dialectique, la lutte des classes en tant que moteur du changement social, l'histoire comme science fondée sur la thèse, l'antithèse et la synthèse. Mais elle était inapte à l'analyse qui exigeait de gratter sous la surface des événements politiques. Sa principale priorité semblait être de me convaincre qu'elle soutenait passionnément l'Union soviétique. Comme je l'ai écrit dans les rapports que j'ai transmis au Centre de Moscou après chacun de nos entretiens, je ne considérais pas qu'elle pût potentiellement contribuer de manière importante à notre cause. Son mari, cet Harold Adrian Philby, était (pour reprendre l'idiome britannique) bien plus notre tasse de thé.

Les éloges de Philby que m'avait faits Friedman ont résonné dans ma tête quand la note du comité central du parti communiste britannique a atterri sur mon bureau. Ce même Philby avait déposé une demande d'adhésion au parti. Dans la perspective d'en faire un agent de pénétration à long terme, il était taillé sur mesure : jeune, passionné, idéaliste, iconoclaste, dégoûté par le gâchis que les grandes puissances avaient fait de l'Europe après la Grande Guerre, ancien élève de Cambridge, tendance socialiste, grand bourgeois nourrissant (comme j'en suis venu à m'en rendre compte) juste ce qu'il fallait de culpabilité de ne pas avoir d'honnête crasse ouvrière sous les ongles. Il était de ces aristocrates gâtés qui jetaient les trognons quand ils mangeaient des pommes. Ajoutez à cela que c'était le fils d'un Anglais excentrique, Harry Saint John Philby, qui s'était converti à l'islam et était parti vivre en Arabie, où il était connu comme un des confidents du monarque saoudien Ibn Séoud. On supposait que Saint John avait, comme il se doit, de vieilles relations à Fleet Street et peut-être même à Caxton House, le centre nerveux du SIS, aussi connu sous le nom de MI6. Pour ce qui était du jeune Philby, il y avait un bonus : comme de nombreux étudiants de sa génération, Philby avait appartenu à la Socialist Society de l'université de Cambridge, participé à des réunions dans les vapeurs de bière du café Matthew, débattu jusqu'à l'aube de l'utilité de distribuer le *Daily Worker* à des ouvriers éreintés, vivant du mauvais côté du pont ferroviaire à Romsey Town ; Philby, qui d'après Litzi Friedman se considérait déjà comme un marxiste à sa sortie de l'université, avait gravité autour de la cellule communiste de Cambridge quand elle était née, mais par un heureux coup du sort n'en avait pas fait partie, ce qui signifiait que son nom apparaîtrait aussi immaculé qu'un penny neuf au moment de l'inévitable vérification d'antécédents à laquelle donnerait lieu sa candidature à un poste au gouvernement ou à Fleet Street.

J'ai demandé, et reçu par retour de télégramme, l'autorisation du Centre d'essayer de recruter Harold Adrian Philby afin qu'il travaille pour le renseignement soviétique. Il va sans dire que j'avais donné à Litzi Friedman des instructions détaillées pour m'assurer que le jeune Philby et elle ne seraient pas suivis quand elle me l'amènerait à ce premier rendez-vous à Regent's Park. Elle devait seulement le prévenir qu'il allait voir quelqu'un d'important. Rien de plus. Elle devait prendre trois taxis différents et en descendre chaque fois avant d'arriver à la destination donnée au chauffeur. Elle devait emprunter des rues à sens unique et marcher face à la circulation pour déjouer toute filature motorisée. Elle devait passer par chez Harrods, entrer par une porte, monter par un ascenseur, redescendre par les escaliers et ressortir par une autre porte sur Brompton Road, qui grouillait toujours de monde. Toute l'opération ne devait pas prendre moins de trois heures.

Quant à moi, j'ai utilisé ma technique habituelle pour éviter d'être suivi. L'ambassade soviétique faisait l'objet d'une surveillance de jour comme de nuit. J'avais même repéré des hommes, équipés de jumelles et de caméras de cinéma montées sur des trépieds, dissimulés derrière un store vénitien, à une fenêtre située de l'autre côté de la rue, en diagonale par rapport à notre entrée principale. Avec mon chauffeur et mon secrétaire (qui s'est caché dans le coffre), j'ai pris place dans l'une de nos berlines dans la cour, et nous avons franchi le portail pour nous mêler à la circulation. Mon chauffeur, qui avait l'expérience des techniques d'évasion, a immédiatement identifié deux automobiles qui nous suivaient à une distance prudente. Obéissant à la lettre à mes instructions, il n'a rien fait pour les semer dans les rues embouteillées. Au contraire, nous avons suivi tranquillement le flot de voitures de ce milieu de matinée, roulant dans la direction générale de Hampstead Heath. Arrivé en vue de cette lande, mon chauffeur s'est engagé à contresens dans une rue étroite. Un policier anglais, un peu plus loin, nous a fait signe de nous arrêter puis, remarquant la plaque diplomatique, nous a simplement ordonné de faire demi-tour, ce que nous avons fait. Mon chauffeur a tourné dans une ruelle et s'est garé à l'arrière d'un restaurant chinois, juste le temps que mon secrétaire prenne ma place sur la banquette arrière et que je récupère un parapluie et un chapeau melon dans le coffre. Ma voiture est partie d'un côté. Coiffé du chapeau melon, je suis parti à pied de l'autre. Je n'ai eu aucun mal à me fondre dans la foule de la fin de la matinée. J'ai pris le métro, changé de rame plusieurs fois en revenant sur mes pas, jusqu'à ce que je sois sûr de ne pas être suivi. Alors seulement, j'ai pris la direction de la station Regent's Park. Sortant du métro, j'ai déambulé tranquillement dans le parc, marchant vers le zoo au nord. Je me suis assis sur un banc, le long d'un sentier peu fréquenté, et j'ai consulté ma montre. Il était précisément onze heures trente-trois. J'ai vu Litzi Friedman avancer vers moi en provenance de Round House, qui avait été ouverte l'année précédente pour accueillir un couple de gorilles. Oh, ces Anglais – s'ils traitaient leurs ouvriers aussi bien que leurs gorilles, on pourrait presque les apprécier. Un jeune homme svelte, mesurant une tête de plus que Litzi Friedman, marchait quelques pas derrière elle et légèrement de côté. Lorsqu'ils ont été à une dizaine de mètres environ, j'ai levé l'index – un signal convenu lui demandant si elle était sûre qu'ils n'étaient pas suivis. Elle a retiré son chapeau de paille (j'ai remarqué que ses cheveux étaient blond platine) et s'est éventée avec – un signal convenu m'assurant qu'elle avait pris les précautions nécessaires et n'avait repéré personne derrière elle. Elle s'est arrêtée pour échanger un mot avec le jeune homme. Lui souriant, elle a hoché la tête dans ma direction puis est repartie vers le zoo. Le jeune homme s'est approché. Je me suis levé et lui ai tendu la main. « Bonjour », ai-je dit.

Il l'a serrée. « Bonjour.

– Vous devez être Harold Philby, dont Litzi Friedman a tant vanté les mérites.

– Quoi qu'elle vous ait dit, c'était sûrement exagéré. Et elle a omis de mentionner votre nom.

– Otto », ai-je dit. J'ai montré le banc et nous nous sommes assis tous les deux. « Vous permettez que je vous appelle Harold ?

– Je préfère mon surnom, Kim.

– Va pour Kim. » J'ai sorti un paquet de cigarettes anglaises. « Vous fumez ? »

Il en a pris une dans le paquet cartonné. J'ai porté la flamme de mon briquet à l'extrémité de sa cigarette puis de la mienne. La fumée des deux cigarettes s'est entremêlée tandis que nous nous observions. Philby a dit : « P-puis-je supposer que notre rencontre a un rapport avec ma demande d'adhésion au p-parti communiste ? »

Litzi Friedman n'avait pas parlé du bégaiement. « Vous êtes libre de supposer ce que vous voulez, ai-je répondu avec un rire enjoué, même si, dans le cas présent, vous vous tromperiez complètement.

– Ahh, oui. Je vois.

– Que voyez-vous ?

– Je vois que ce rendez-vous cache p-peut-être plus de choses qu'il n'y paraît. »

Le soir précédant ma rencontre avec Philby, je m'étais donné la peine d'écrire ce que j'allais dire, comme s'il s'agissait d'un scénario pour une pièce radiophonique. Je n'avais pas oublié le conseil que feu mon prédécesseur m'avait donné un jour, eu égard au recrutement des agents : le ton était tout aussi important que les mots prononcés. Assis sur un banc de Regent's Park, plissant les yeux face à mon interlocuteur à cause du soleil aveuglant, il ne me restait plus qu'à jouer le rôle que je m'étais assigné : je devais lui donner le sentiment qu'il avait trouvé une âme sœur et un ami pour la vie. « Si vous voulez rejoindre le parti, ai-je commencé, ils vous accueilleront à bras ouverts, bien sûr.

– Oui, je veux rejoindre le parti. Je veux p-prendre part à la lutte contre le fascisme et le capitalisme corporatif.

– La lutte se déroule à de nombreux niveaux. Vous pouvez, si tel est votre choix, passer vos journées à vendre le *Daily Worker* dans les quartiers ouvriers. Mais d'après ce que m'a rapporté Mlle Friedman, ce serait perdre votre temps et gâcher vos talents. »

Söhnchen – comme la scène que je décris se passait en Grande-Bretagne, je devrais m'en tenir à la traduction de son nom de code, Sonny – Sonny a paru stupéfait par mes paroles. « Quels sont mes talents ? » a-t-il voulu savoir.

Une femme bien habillée, portant une jupe longue qui lui descendait aux chevilles, parcourait le sentier en promenant son chien au bout d'une laisse argentée. J'ai attendu qu'elle soit hors de portée de voix. « Aussi bien par vos origines que votre éducation, dans votre apparence que dans vos manières, vous êtes un intellectuel. Vous êtes capable de vous fondre parmi les bourgeois et de vous faire passer pour l'un d'eux. Si vous voulez vraiment apporter une contribution significative au mouvement antifasciste, vous ne pouvez pas vous contenter d'adhérer au parti communiste britannique. L'alternative clandestine que je vous propose n'ira pas sans difficulté, sans danger même. Mais les récompenses seront immenses, en termes d'accomplissement personnel et d'amélioration concrète du sort des classes laborieuses dans le monde. »

Je me souviens qu'il fixait ses chaussures pendant que je débitais mon discours. Soudain, il a levé vers moi des yeux bleus métalliques. « Qui êtes-vous ?

– Je vous l'ai dit, je m'appelle Otto.

– Je ne suis p-pas né d'hier. Si vous voulez vous faire appeler Otto, je vous appellerai Otto. *Mais qui êtes-vous ? Qui représentez-vous ?*

– Est-ce important ? »

Il a pris le temps de digérer ces mots. Le moment était gênant. Sa question flottait entre nous, sans réponse puisqu'il était impossible d'y répondre.

Je peux vous dire honnêtement que c'est à cet instant précis que j'ai commencé à apprécier Sonny en tant que personne ; en tant que camarade. Il aurait pu répéter sa question. Il aurait pu laisser le silence se prolonger, ce qui aurait été une autre façon d'insister pour avoir une réponse. Je lui serai à jamais reconnaissant d'avoir haussé les épaules. « Je suppose que je vais devoir me contenter de deviner », a-t-il dit.

J'ai continué mon boniment. « Vous sortez de Cambridge – cela seul suffira à vous ouvrir des portes dans le journalisme, les affaires étrangères et même dans les services secrets de Sa Majesté. Je vous propose de lier votre destin au projet bolchevique visant à substituer l'ordre prolétaire au chaos capitaliste. Allez-vous nous rejoindre dans la lutte contre l'hitlérisme et le fascisme international ?

– Vous devez savoir que la violence me terrifie. La vue du sang me donne envie de vomir.

– Lequel d'entre nous n'est pas terrifié par la violence ?

– Vous ne comprenez pas. Je vais vous le dire franchement : je ne suis pas courageux. Si on me menaçait de me torturer, j'admettrais tout. Je donnerais des noms. Le vôtre en premier. Je mourrais de peur si je devais être arrêté.

– Une arrestation peut être une expérience merveilleusement libératrice. Elle vous libère de la crainte de vous faire arrêter. »

Sonny m'a regardé intensément. « Vous parlez d'expérience, n'est-ce pas ? »

Je parlais de l'expérience merveilleusement libératrice de mon prédécesseur, bien sûr, mais je ne pouvais pas le dire à Sonny. Ignace Reiss, cryptonyme Marr, avait vécu dans l'angoisse de se faire arrêter par le NKVD. Ses mains tremblaient quand il m'avait montré le télégramme du Centre le rappelant à Moscou pour des consultations. « N'y va pas, bon Dieu », avais-je murmuré. Nous étions dans les toilettes d'un pub, en train d'uriner dans des urinoirs adjacents. « Je suis un loyal staliniste, avait-il murmuré en réponse. Ne pas y aller ne ferait que confirmer leurs soupçons, au cas où ils en auraient. » Un mois après son retour en Russie, Ignace avait réussi à me faire parvenir un message par l'intermédiaire de la femme d'un employé du chiffre qui se trouvait être la nièce de la sœur de sa femme. *Être arrêté est une expérience merveilleusement libératrice*, disait-il. *Elle vous libère de la crainte de vous faire arrêter.* Le message n'était pas signé, mais j'avais reconnu l'écriture de mon ami. Le télégramme du Centre en provenance de Moscou qui annonçait ma promotion au poste de *rezident* m'informait également qu'Ignace Reiss avait été condamné à mort et exécuté pour espionnage au profit de l'Allemagne.

Ignace, avec son visage rond de Polonais, son accent polonais et ses costumes russes brillants toujours un peu trop larges pour son corps trapu de Polonais, détestait tout ce qui était allemand, à commencer par la langue et jusqu'à Adolph Hitler et son Reich de mille ans.

En réponse à sa question, j'ai dit à Sonny : « Je parle de la longue et douloureuse expérience russe sous les tsars.

– On raconte que Staline arrête des gens en grand nombre, a-t-il fait remarquer.

– Ne croyez pas tout ce que vous lisez dans la presse capitaliste. Le camarade Staline ne fait arrêter que les coupables. » J'ai essayé d'orienter la conversation vers un terrain plus sûr. « Écoutez, Kim, si vous étiez en danger, nous vous exfiltrerions avant que vous puissiez vous faire arrêter.

– Où ça ?

– Eh bien, en Union soviétique, évidemment.

– Je ne suis jamais allé en Union soviétique.

– Ça vous plairait. » J'ai souri. « Vous lui plairiez. »

Je l'ai vu hocher la tête avec ce qu'on peut seulement décrire comme de l'empressement. Il n'a pas hésité. « Oui », a-t-il dit.

J'étais pris de court. Je m'étais attendu à ce qu'il pose des questions supplémentaires, qu'il cherche des éclaircissements que j'avais l'ordre strict de ne pas lui fournir. « Oui ? ai-je demandé, d'un ton un peu incrédule. Vous acceptez ma proposition ? »

Il a ri. « Pour être honnête, je ne suis pas très sûr de ce que vous p-proposez, mais je ne suis pas du genre précautionneux. J'accepte. »

J'ai pris sa main et la lui ai serrée pour sceller l'accord qui allait changer sa vie.

Et la mienne.

4

Londres, juillet 1934

Où le Hajj admet avoir une carte dans sa manche

Mon nom ne vous dira rien. Grand Dieu, pourquoi sauriez-vous qui est Mlle Evelyn Sinclair ? Je ne suis personne. Je suis ici parce que je suis la fille de quelqu'un, c'est-à-dire de quelqu'un d'important. Mon père, Hugh Sinclair, retraité, est le chef du Secret Intelligence Service britannique. Père, béni soit-il, est vieux jeu jusqu'au bout de ses guêtres de Savile Row. Il a la manie du secret. Il communique avec ses quelques agents par le biais de ce que les professionnels du renseignement appellent curieusement des « boîtes aux lettres mortes ». (Comment diable peut-on *tuer* une lettre ?) Quand père a trop bu ou qu'il est mal fichu, il me charge de relever ces boîtes postales. Attention, je ne suis pas membre du SIS, mais comme nos dirigeants du Foreign Office nous serrent la ceinture cela économise un salaire. Père, universellement connu sous le surnom Quex en raison de la rapidité avec laquelle il exécutait les ordres lorsqu'il était dans la marine, porte sa manie pour le secret jusqu'à l'extrême. Il garde les états de service des agents et du personnel dans sa poche de poitrine, une fiche par personne. On l'a déjà vu s'asseoir dos à l'individu qu'il interrogeait afin de dissimuler ses traits. C'est seulement parce que le Hajj (ainsi que père appelait Saint John Philby depuis que cet orientaliste barbu et débraillé s'était converti à l'islam) et lui avaient été camarades de classe à Westminster et Trinity qu'il consentait à s'asseoir face à lui. Le rendez-vous particulier que je suis en train de raconter s'est tenu dans un salon, à un étage supérieur de Caxton House, l'immeuble décrépit proche de la gare Victoria, qui sentait le travail de nuit et servait de QG au SIS. Les épais rideaux étaient tirés sur les fenêtres, bloquant toute lumière. Des portraits des généraux de Wellington, leurs joues roses illuminées par les petites appliques de cuivre au-dessus des cadres, se penchaient du mur comme pour écouter la conversation. Une carafe remplie d'un honnête bordeaux et quatre verres avaient été disposés sur un plateau d'argent. En plus du Hajj et de père, deux autres personnes étaient présentes : les adjoints de père, le colonel Valentine Vivian, qui avait connu Philby en Inde avant la Première Guerre, et le colonel Stewart Menzies, un Horse Guard qui, à en croire les rares personnes que ne troublait pas l'absence de preuve, était le bâtard d'Édouard VII. (Ce cher colonel Menzies avait l'habitude de piquer une colère quand on ne prononçait pas son nom à l'écossaise, en disant *Miniz*.) Ce qui distinguait les deux adjoints de père, c'était qu'ils se détestaient. Aucun habitué de Caxton House ne se rappelait les avoir vus s'adresser la parole ; ils communiquaient via des mémos qui étaient régulièrement brûlés dans des cendriers, parfois même, d'après la rumeur, avant d'avoir été lus. Père aimait l'atmosphère ainsi créée. Cela maintenait les troupes en alerte, avait-il coutume de dire. Comme toujours, j'étais là pour produire un compte rendu sténographique de la conversation – on a dit de moi, et c'est assez juste, que je suis la mémoire institutionnelle du SIS. Aucun verre n'avait été prévu à mon intention. C'était aussi bien. Non seulement je n'ai jamais bu d'alcool, mais je suis vice-présidente de la ligue antialcoolique de Camden. Trois minutes avant l'heure, Saint John (prononcez Sin-Jin) Philby s'est matérialisé à la porte. Il portait un costume blanc froissé, dont le revers était taché de nourriture, et des chaussures de tennis blanches. Aussitôt assis, il a défait ses lacets. « Je peux passer des semaines à arpenter les dunes du désert, a-t-il marmonné, mais bon Dieu, j'ai les pieds qui enflent au bout de cinq minutes dans votre jungle d'asphalte. »

Un mot, peut-être, à propos du Hajj : à sa perpétuelle contrariété, il vivait dans l'ombre de T.E. Lawrence – notre Lawrence d'Arabie, comme auraient dit les journalistes de la presse à sensation. Philby et Lawrence avaient tous deux contribué à chasser la horde ottomane d'Arabie et de Palestine. Lawrence, tout particulièrement, avait enflammé l'imagination populaire lorsqu'il avait réussi à convaincre le chérif Hussein de La Mecque de se rebeller contre les Turcs, qu'il avait fini par repousser au nord à travers le Sinaï et la Syrie. En partie sur la foi d'arguments avancés par Lawrence (éhontément parfois dans des interviews à la presse), le fils du chérif, Fayçal, avait été couronné roi à Damas en 1920. Lawrence voulait aller jusqu'au bout et installer des princes de la maison hachémite sur le trône d'Irak et de Transjordanie, et le Foreign Office avait fini par se ranger à ses vues. Philby estimait que Lawrence faisait fausse route (même si père aurait utilisé une expression plus imagée.) Le Hajj soutenait que les Anglais pariaient sur le mauvais cheval, qu'ils devraient miser sur Ibn Séoud et ses nomades wahhabites du désert d'Arabie, qui vivaient dans des tentes au-dessus d'un océan de pétrole. « Les usines qui fonctionnent au charbon sont en train de passer au pétrole, a un jour dit le Hajj à mon père, sa barbe à peine soignée frémissant d'agacement. Ai-je tort de penser que les navires actuellement en chantier seront propulsés par du mazout ?

– Je crains que ce ne soit un secret d'État, a répondu père d'un ton égal. Si je te le disais, mon vieux, je serais obligé de te tuer. »

Ce jour-là, Saint John Philby avait récompensé d'un sourire ce rare trait d'humour chez père. Tel que je me rappelle la scène, père avait haussé les épaules aimablement. Dans la querelle entre les deux rats du désert, Philby et Lawrence, Quex s'était toujours demandé si son camarade de Trinity n'avait pas raison.

Pour ce qui est de l'entretien en question : une fois échangées les civilités d'usage, le colonel Vivian, qui détenait le portefeuille du contre-espionnage dans l'organisation de père, a donné une petite tape sur la rotule de Philby. « Vous êtes probablement au courant, a-t-il dit.

– J'ai aperçu les gros titres en traversant la gare Victoria, a répondu Philby. Vous en savez davantage que ce qu'il y a dans les journaux ?

– C'est le boulot de Valentine d'en savoir plus que ce qui est imprimé dans la presse, a dit père.

– Il en invente la moitié », a commenté le colonel Menzies sous cape.

Il n'était jamais difficile de faire enrager le colonel Vivian. « Je vais faire comme si je n'avais rien entendu, a-t-il dit, mais il avait entendu et le ton de sa voix n'était plus exactement le même. L'assassinat de Dollfuss qui a eu lieu hier a été perpétré par dix nazis autrichiens du régiment 89 de la SS. Ils ont réussi à s'introduire dans la chancellerie et lui ont tiré dessus quand il s'est levé pour les accueillir. Il s'agissait, bien sûr, d'une tentative de putsch. Herr Hitler est probablement derrière tout ça. Les meurtriers ont été arrêtés par la gendarmerie autrichienne. Je sais de source sûre que ces crapules doivent être exécutées. Le complot a échoué grâce à la Heimwehr, qui est restée loyale au gouvernement et a attaqué les formations nazies avant qu'elles puissent déclencher le coup d'État.

– Ton fils n'est pas parti traîner ses guêtres à Vienne ? a demandé père à Philby.

– Il a filé en Autriche à la sortie de Cambridge pour aller améliorer son allemand. Et il est rentré dare-dare en Angleterre quand Dollfuss a écrasé ces émeutes communistes en février dernier.

– Comment s'appelle-t-il, déjà ?

– Kim.

– C'est ça, Kim. Surnommé d'après le Kim de Kipling, si ma mémoire est bonne.

– Oui.

– Tu penses qu'il deviendra espion, comme le Kim de Kipling, n'est-ce pas ?

– Je peux imaginer des sorts bien pires. »

Père a répondu : « Pas moi. » Les deux colonels ont ri comme il se devait. Père a poursuivi : « Ton fils a bien fait de rentrer. D'après moi, un putsch raté ou deux n'empêcheront pas Hitler de s'emparer de l'Autriche.

– La Grande-Bretagne commet l'erreur monumentale de considérer Hitler comme l'adversaire principal, a dit Philby.

– Avez-vous eu l'occasion de lire *Mein Kampf* ? l'a questionné le colonel Vivian.

– Avez-vous eu l'occasion de lire le traité de Versailles ? a répliqué Philby. Quoi de plus normal pour les Allemands que de vouloir réarmer et occuper leur juste place en Europe ? L'Autriche est leur arrière-cour, leur "espace vital", comme ils disent.

– Le traité de Versailles, c'est le prix qu'a dû payer l'Allemagne pour avoir fait la guerre.

– C'est le prix qu'a dû payer l'Allemagne pour avoir perdu la guerre, a rectifié Philby.

– Encore un peu de vin ? » a demandé père.

Voyant le Hajj accepter, le colonel Vivian a fait remarquer : « Il me semblait que les musulmans ne buvaient pas.

– Il n'y a aucune interdiction de consommer des boissons alcoolisées dans le Coran », a dit Philby. Il n'était pas facile de le faire dévier de son idée. « Tu connais mon exaspération à l'égard de la politique étrangère britannique, Hugh, a-t-il repris à l'intention de mon père. Je considère qu'elle persiste dans l'erreur, surtout en soutenant cette déplorable Déclaration Balfour, qui encourage l'illusion sioniste d'un retour en Palestine.

– Vous voudriez que nous considérions ce clown qu'est Hitler comme un égal en Europe ? » a demandé le colonel Vivian. Il a regardé mon père et levé les mains, paumes ouvertes, comme s'il venait d'assener l'argument décisif.

« Que ça vous plaise ou non, Herr Hitler est un égal, a dit Philby. Si la bonne société britannique voit en lui un clown, c'est parce que la presse britannique l'a présenté comme un personnage ridicule. Le gouvernement britannique est tout aussi responsable que Hitler de la tension qui règne en Europe.

– Tu ne vois pas de solution ? » a demandé père. Il paraissait sincèrement stupéfait par la hargne du Hajj. Connaissant mon père, je le soupçonnais d'apprécier les opinions qui prenaient leur source dans un tempérament excentrique.

« Il y aurait une solution si le Foreign Office n'était pas trop idiot pour l'explorer. Ce qu'il faut, c'est un règlement chrétien du conflit.

– En tant que chrétiens, ne devrions-nous pas nous soucier de l'attitude de Hitler à l'égard des juifs ? a demandé le colonel Menzies.

– En tant que militant antisioniste, a répliqué le Hajj, je me fiche comme d'une guigne de la façon dont Herr Hitler traite ses juifs, tant qu'il ne les envoie pas en Palestine. Après tout, ce sont *ses* juifs, Stewart. » Philby a regardé père droit dans les yeux. « Le grand ennemi de la civilisation occidentale, ce n'est pas Hitler et l'Allemagne, c'est le généralissime Staline et la Russie soviétique. »

Père a dit : « Je ne vois pas du tout les choses comme toi, mon vieux. Tu es obsédé par la Russie soviétique. Tu l'étais déjà du temps de Trinity, où je me souviens que tu pérorais à propos de ce Trotski et de son soviet de Petrograd. Ce devait être en quelle année, déjà, Evelyn ?

– En 1905, père.

– En 1905, bien sûr. Mon prédécesseur au SIS, Smith-Cumming, était lui aussi obsédé par le communisme. Il a essayé de renverser les bolcheviks après leur petite révolution de palais – et, bon sang, il a même failli réussir. Je vous parle de cette farce de Bruce Lockhart, qui ne nous a rien rapporté d'autre qu'une mauvaise publicité. Smith-Cumming a consacré une grande partie des ressources extrêmement limitées du SIS à ce qu'il percevait comme une possible menace soviétique de révolution mondiale. Quand Smith-Cumming a été rappelé par son créateur et que j'ai repris les rênes – diantre, c'était en quelle année, Evelyn ?

– 1923, père.

– C'est ça, 1923. L'impossibilité de se rappeler les

dates est un symptôme de gâtisme précoce. Quoi ? Je disais… Qu'est-ce que je disais ? Ah, oui, nos travaux d'espionnage plus ou moins orthodoxes sont restés concentrés sur les Soviétiques jusqu'au moment où Herr Hitler est apparu sur le devant de la scène. Vu la pression qu'exerce le Foreign Office sur les cordons de notre bourse, sans parler de sa conviction inébranlable que Herr Hitler est devenu notre adversaire principal, nous avons été obligés de nous adapter.

– Parfaitement vrai », a dit le colonel Vivian.

Père n'appréciait pas les interruptions. « Comme je le disais, nous avons été obligés de nous adapter, c'est-à-dire de réorienter nos ressources vers l'Allemagne fasciste.

– Parfaitement faux », a dit le Hajj.

Philby était l'un des rares à pouvoir contrecarrer père de manière aussi directe. « Comment ça ? » a demandé Quex assez aimablement.

« L'avenir est perceptible à ceux qui n'ont pas peur de regarder dans la boule de cristal, a répondu le Hajj. L'Europe ne pourra pas éviter une nouvelle Grande Guerre. La Russie soviétique, avec sa main-d'œuvre illimitée, avec la soif de conquête inextinguible de Staline, émergera du conflit pour conquérir l'Europe. Les Soviétiques, désireux de récupérer les territoires perdus, vont parer les vieux appétits tsaristes de l'idéologie communiste. Des mouvements révolutionnaires financés et encouragés par les Soviétiques et qui, en dernier ressort, seront fidèles aux Soviétiques vont jaillir dans les endroits les plus improbables. L'Empire sera menacé. L'Inde sera la première à partir. »

Le colonel Menzies avait suivi l'échange attentivement. « Que voudriez-vous que nous fassions de plus que nous ne faisons déjà, Saint John ? a-t-il demandé.

– Peut-on supposer que vous avez une carte dans votre manche ? » s'est enquis le colonel Vivian.

Le Hajj : « Je serais bougrement idiot de me présenter ici si je n'en avais pas. »

Père : « Peux-tu nous en parler ? »

Le Hajj : « Je serai obligé de vous tuer aussitôt après. »

J'ai ici une didascalie qui dit : *Rire général.*

Père : « Tu n'as pas interrompu ton exploration du Quart Vide de l'Arabie pour venir nous faire des cachotteries, mon vieux. Allez, parle. »

Il s'ensuit une demi-page de notes en sténo qui ont été barrées par mon père.

Mon compte rendu reprend au moment où père tapotait du bout des doigts de sa main droite les jointures de sa main gauche, un signal secret visant à me faire savoir que l'entretien était arrivé à son terme. « Excusez-moi de vous interrompre, père… »

Quex s'est tourné vers moi avec une irritation feinte. « Quoi encore, Evelyn ?

– Il est presque quatre heures. Vous êtes censé être sur la sellette au ministère des Affaires étrangères à quatre heures quarante-cinq précises, pour discuter des réductions prévues dans la dotation du SIS. » Je crois me souvenir que le chronomètre de marine de père sur le mur derrière son bureau a carillonné huit coups délicats à l'instant où je prononçais ces mots.

Père s'est retourné vers le Hajj. « Pouvons-nous nous accorder sur le fait que cet entretien n'a jamais eu lieu ?

– Quel entretien ? » a dit le Hajj, avec un sourire de conspirateur qui, à la réflexion, le faisait paraître presque humain. On percevait alors ce qu'une femme pouvait trouver à ce personnage non conventionnel.

Père s'est levé avec raideur. « Très aimable à toi

d'être passé partager tes vues avec nous, Saint John. Toujours fascinant de découvrir à quoi le monde peut bien ressembler vu de Djeddah.

– Tout à fait d'accord, a acquiescé le colonel Menzies.

– On ne saurait mieux dire », a renchéri le colonel Vivian.

Saint John Philby s'est penché pour nouer les lacets de ses tennis. « Oui, donc, vous me renvoyez aux rigueurs de votre jungle d'asphalte, n'est-ce pas ? »

Père a dit : « Absolument. »

Là, mon compte rendu reprend le mot qui apparaît sur un écran de cinéma quelques instants avant que la dernière bobine d'un film ne tourne à vide : *Fin*.

5

Londres, automne 1936

Où l'on fait d'une pierre trois coups

Si l'on peut dire que la phase de recrutement relève du domaine de l'art – la séduction, que ce soit d'une future amante ou d'un futur agent d'espionnage, est indéniablement un art –, ce qui a suivi s'apparentait plus à de l'artisanat. Ou, plus précisément, à un « savoir-faire », comme on dit dans le métier. Première priorité : fixer des rendez-vous. Le savoir-faire nécessaire était assez simple. Harold Adrian Philby, surnom Kim, cryptonyme Sonny, et votre dévoué Teodor Stepanovitch Maly, le *rezident* londonien que Sonny ne connaissait que sous le nom d'Otto, se retrouveraient à des intervalles de neuf ou onze jours (l'irrégularité était une précaution) dans différents endroits en alternance, sachant que nous disposions de lieux de repli si l'un de nous, pour une raison ou pour une autre, ne se présentait pas, et de numéros de téléphone où l'on pouvait laisser des messages en apparence anodins sur un de ces nouveaux répondeurs téléphoniques suisses à bande magnétique, dont j'ai dû justifier l'utilité avant que le Centre m'autorise à l'inclure dans le budget de la *Rezidentura*. D'après mes souvenirs, les premiers rendez-vous ont été consacrés à la création d'une *persona*, que l'auguste *Oxford English*

Dictionary, deuxième édition, 1934 (dont, grâce à moi, la bibliothèque de l'ambassade soviétique possédait un exemplaire), définissait comme un rôle endossé en public, par opposition au moi intérieur. Le rôle qu'endosserait dorénavant Sonny en public serait celui d'un aristocrate anglais instruit qui, comme nombre de ses condisciples, avait flirté avec le socialisme pendant ses années à Cambridge, allant jusqu'à rallier Vienne à moto pour aider les réfugiés à fuir l'Allemagne nazie, puis s'était marié à une jeune juive afin de lui obtenir un passeport britannique et de la mettre à l'abri en Angleterre. Avec le temps, ce même jeune homme était revenu à des positions politiques plus raisonnables, c'est-à-dire qu'il s'était mué en un conservateur bon teint, qui ne désirait rien de plus que faire carrière, fonder une famille et tourner la page. Nous avons défini les grandes lignes lors de nos premières conversations et peaufiné les détails dans les suivantes. J'ai découvert que Sonny apprenait vite – il arrivait souvent que je commence une phrase et que, comprenant où je voulais en venir, il la finisse à ma place.

Il me tenait informé de ses progrès dans la construction de sa *persona*. Il a fait le tri dans ses livres et s'est débarrassé de ceux qui auraient pu désigner leur propriétaire comme un sympathisant de gauche. Il a résilié son abonnement au *Daily Worker* au profit du *Times of London*, à l'orientation vaguement pro-allemande. Pour ajouter à la crédibilité de sa nouvelle *persona* conservatrice, Sonny a rejoint l'Anglo-German Fellowship, un groupe organisé pour favoriser les bonnes relations entre la Grande-Bretagne et l'Allemagne, allant (avec mes encouragements) jusqu'à fréquenter l'ambassade d'Allemagne à Londres. Faisant usage de la carte de presse à laquelle lui donnait droit son poste de secrétaire de rédaction à la *Review of Reviews*, il a eu plusieurs conversations avec l'ambassadeur allemand, Herr Ribbentrop, au cours desquelles il a pris soin de répéter le credo de son père sur la nécessité d'un règlement chrétien des différends germano-britanniques. Plus important, Sonny a commencé à rompre les liens avec ses amis de gauche de Cambridge.

J'ai donné l'ordre à Sonny de s'efforcer d'améliorer ses rapports avec l'homme qu'il appelait invariablement son *saint père*, Saint John Philby, qui n'avait pas été ravi de voir son fils revenir à Londres marié avec une Hongroise juive et communiste. Kim lui a écrit une longue lettre décousue, dans laquelle il justifiait ses sympathies de gauche comme de l'idéalisme juvénile mal placé et lui relatait ses conversations avec Ribbentrop. Cela a si bien marché que Kim et sa femme ont été invités à loger dans l'appartement londonien de son père. C'est à ce moment-là que j'ai confié à Sonny sa première mission d'espionnage : fouiller dans les papiers paternels pour voir s'il existait un lien quelconque entre Saint John et le chef du Secret Intelligence Service britannique, le mystérieux amiral Sinclair. Sonny a réussi ce test initial avec brio : il m'a apporté des duplicatas de trois lettres, qu'il avait recopiées d'une écriture minuscule, toutes signées par un certain Hugh, que je savais être le prénom de l'amiral Sinclair. Apparemment, Saint John et lui se connaissaient depuis Westminster et Trinity College à Cambridge. Dans l'une de ces lettres, Hugh donnait à Saint John des nouvelles d'amis communs de cette période. Hélas, les missives ne révélaient aucun secret d'État. Dans la troisième, qui portait une date récente, l'amiral Sinclair invitait Saint John à venir prendre un verre à Caxton House la prochaine fois qu'il se trouverait à Londres.

À la façon dont l'invitation était formulée, j'en ai déduit que Saint John n'était pas vraiment un membre du SIS, mais plutôt, compte tenu de ses proches relations avec le monarque saoudien Ibn Séoud, une sorte de consultant occasionnel.

La deuxième mission de Sonny – l'une des tâches les plus importantes dans le métier – a été de suggérer lesquels de ses vieux amis de Trinity College pourraient être recrutés afin de travailler pour l'Internationale communiste et, à la fin, pour le Centre lui-même. Kim s'est présenté à notre rendez-vous suivant avec une liste qu'il avait écrite au dos d'une enveloppe en utilisant le code-livre simple (numéro de page, numéro de ligne, numéro de lettre) que je lui avais enseigné. Le code était impossible à décrypter si l'on ne connaissait pas l'ouvrage à partir duquel il travaillait. Dans ce cas particulier, il s'agissait de l'exemplaire du roman de Hilton *Horizon perdu*, que son père lui avait offert à sa sortie de Cambridge. Sonny et moi avions tous deux été fascinés par le récit de cette utopie himalayenne mythique appelée Shangri-La. (Je me rappelle l'avoir entendu dire en plaisantant que si un jour il était démasqué, il voulait être exfiltré à Shangri-La. Étant un communiste loyal, je l'avais assuré que la Russie soviétique de Staline était ce qui se rapprochait le plus d'un Shangri-La sur terre.) J'ai toujours l'enveloppe de Kim qui, une fois déchiffrée, indique :

Donald Maclean
Guy Burgess
Anthony Blunt
John Cairncross

Sonny les connaissait tous du cercle socialiste de Cambridge. Lorsque nous avons passé la liste en revue au cours d'une de nos séances, il a décrit Maclean – qui s'est tout de suite vu attribuer le cryptonyme Orphan (« orphelin ») – comme un fervent marxiste et l'un des fondateurs de la cellule communiste de Cambridge. Sonny avait l'air de croire que Maclean était notre meilleure chance : âgé de vingt-deux ans, ayant passé sa jeunesse sur l'île de Tiree au large de la côte écossaise, il était sorti de Cambridge, où il avait étudié les langues étrangères, avec la meilleure mention et semblait destiné à une brillante carrière au Foreign Office.

J'ai discuté du cas Maclean avec mon adjoint à la *Rezidentura*, Anatoli Gorski, cryptonyme Kapp, puis envoyé un mémorandum au Centre présentant le pedigree du jeune homme et notre avis selon lequel, en accord avec ma stratégie de pénétration à long terme, nous devrions essayer de le recruter. Comme le Centre ne répondait pas, j'ai commencé à me demander si mon télégramme ne s'était pas égaré. Je l'ai envoyé une seconde fois. La réponse, parvenue ce soir-là, était d'un laconisme frisant la grossièreté.

De : Centre de Moscou
À : Teodor Stepanovitch Maly
Sujet : recrutement d'Orphan par le rezident *de Londres*
Référence : votre télégramme du 12 novembre 1936
Autorisation accordée. Essayez, mais si le lait tourne, vous devrez le boire.

Personne, à ma connaissance, n'avait laissé entendre que travailler pour le Centre était une partie de plaisir.

J'ai assigné à Sonny la tâche de recruter Maclean. Au début, il n'était pas très chaud. « Et comment diable voulez-vous que j'aborde le sujet d'une manière qui ne me compromette pas s'il dit non ?

– D'après ce que vous m'avez raconté, c'est un marxiste suffisamment convaincu pour oublier que la conversation ait jamais eu lieu s'il décide de refuser.

– Je n'ai jamais fait une chose pareille. Qu'est-ce que je dis ?

– Dites ce que je vous ai dit : tu peux vendre le *Daily Worker* aux coins des rues ou tu peux rejoindre le combat commun contre le fascisme.

– Bon Dieu, je vais essayer », a dit Sonny.

Et c'est ce qu'il a fait. Il s'est rendu à Cambridge et a emmené Maclean dîner dans un bistrot. Le travail d'approche s'est révélé plus facile que ne l'avait imaginé Sonny. Maclean soupçonnait Philby d'avoir été recruté par les Soviétiques et l'a dit. Comment expliquer sinon qu'il ait récemment rompu le contact avec les gars de Cambridge ? Sonny a joué ses cartes « près de sa veste », comme disent les Anglais. Il n'a rien admis, mais il n'a pas nié non plus. Et quand il en est venu au fait – quand il a demandé à Maclean s'il voulait rejoindre la lutte contre le fascisme –, Orphan (comme je l'appelais maintenant dans mes rapports au Centre) s'est contenté de sourire. « Pour qui travailles-tu ? a-t-il demandé. Le Komintern ? La Troisième Internationale ? Le NKVD ? Ce que les gazettes de Fleet Street appellent le Centre de Moscou ? »

Sonny m'a raconté qu'il avait souri en retour et dit : « Tout cela à la fois », comme s'il répondait à une question à choix multiple dans un devoir à Cambridge.

Apparemment, ils ont tous deux éclaté de rire.

Et c'est ainsi que Maclean a été recruté.

Avec Guy Burgess, le deuxième nom sur la liste originelle de Sonny, il en est allé tout autrement. Sonny lui-même avait exprimé de sérieuses réserves quant au recrutement de Guy Burgess. Lorsqu'il était étudiant, Burgess (qui s'est vu attribuer le cryptonyme Maiden, « jeune fille ») avait ébloui ses condisciples autant que ses professeurs par la puissance de son intelligence, à tel point qu'il avait été élu à la société des Apostles, qui rassemblait l'élite de Cambridge. Curieusement, au cours d'un récent déjeuner avec Kim, Burgess était allé jusqu'à proposer qu'ils deviennent, Sonny et lui, des espions soviétiques.

« Que lui avez-vous dit ?

– Je lui ai dit qu'il était dingue.

– C'est le cas ?

– Connaissant Guy, il est t-tout à fait possible qu'il ait exprimé une idée sérieuse sous couvert de plaisanterie.

– Supposons qu'il soit désireux de travailler pour le Centre, se soumettrait-il à la discipline ?

– Je suis forcé d-de vous dire que Guy est un *enfant terrible**, a répondu Sonny. Il lui est arrivé d'aller à des manifestations de gauche dans son roadster, et de monter sur le trottoir en faisant ronfler son moteur pour disperser les contre-manifestants. C'est un miracle qu'il ne se soit pas fait arrêter. Le cœur du p-problème, c'est que Guy affiche son homosexualité dès qu'il en a l'occasion. Il faudrait un directeur soviétique expérimenté pour l'encadrer.

– Il pourrait y avoir des avantages à être homosexuel.

– Je ne suis pas sûr de vous suivre.

– On prétend qu'un grand nombre d'Anglais de la haute société – au gouvernement, au Parlement, dans la banque ou la presse – sont homosexuels, ou au moins bisexuels. Un agent du renseignement homosexuel pourrait aussi bien réussir à séduire des cibles que, disons, une belle espionne. Les professionnels appellent ça un piège à miel. Je vais discuter de Burgess avec mon adjoint à la *Rezidentura*. »

Avant que nous ayons pu prendre une décision, ce Burgess nous avait forcé la main. Il possédait manifestement un sixième sens pour les subtilités du travail clandestin, parce qu'il a vite saisi que Sonny et Orphan coupaient les ponts avec leurs camarades socialistes de Cambridge. Il a abordé directement le sujet avec Orphan, disant à Maclean qu'il soupçonnait quelque chose. « On ne me la fait pas, les gars – jouer aux socialistes repentants devenus conservateurs. Philby et toi, vous manigancez quelque chose. » Exaspéré, Maclean lui a dit : « Ferme-la, veux-tu ? Je suis toujours le même. Je ne peux pas t'en dire plus. » Burgess a répliqué : « Inutile d'en dire plus. Kim et toi, vous travaillez pour Moscou. » Et, après avoir tiré les vers du nez de Maclean, il est reparti voir mon Philby à Londres. « Je vous ai percés à jour ! s'est-il exclamé, selon le rapport détaillé de la conversation fourni par Sonny.

– Et la lumière a jailli ?

– Absolument, a répondu Burgess. Il aurait fallu être aveugle pour ne pas le voir. Don Maclean et toi avez été recrutés par les Soviétiques. Avoue, Kim. Tu te souviens, n'est-ce pas, que j'ai été le premier à suggérer que nous espionnions pour les Russes ? Comment, au nom de notre longue amitié, peux-tu traverser ce Rubicon sans m'emmener avec toi ? Permets-moi de te dire que je trouve ça extrêmement déloyal de ta part de me laisser sur la berge. »

Et c'est ainsi que Guy Burgess a été recruté.

Une fois Philby embarqué, les premiers mois – je pourrais dire les deux premières années – ont été consacrés à sa formation d'espion. Chez nous, en Union soviétique, les futurs agents reçoivent un enseignement intensif de quatre ans dans un camp d'entraînement secret, avant d'être envoyés sur le terrain. Initier un agent dans un environnement hostile, ce que la Grande-Bretagne représentait pour nous, est un défi gigantesque, aussi bien pour le professeur (moi, en l'occurrence) que pour l'élève ; j'ai dû couvrir un programme de quatre ans lors de rendez-vous bimensuels de quarante-cinq minutes chacun. En plus d'apprendre différentes techniques de chiffrement simple et d'écriture invisible (le Centre préférait utiliser de l'urine en guise d'encre, contrairement aux Anglais qui privilégiaient le jus de citron), il lui a fallu maîtriser l'art de se perdre dans une foule même en l'absence de foule, l'art de passer inaperçu. Il était naturellement doué pour ça : dans n'importe quel groupe de gens, Sonny était le dernier qu'on aurait pris pour un agent secret. Il a dû parfaire l'art de s'assurer qu'il n'était pas suivi, sans alerter la personne qui le suivait peut-être qu'il était en train de s'assurer de n'être pas suivi. Toutes les ficelles du métier, pour ainsi dire. Des trucs assommants, mais indispensables pour un agent d'espionnage soviétique opérant dans un environnement capitaliste, et tentant, dans le cas particulier de Philby, de faire passer les traces laissées à gauche pour de l'exubérance de jeunesse et de se présenter comme un citoyen britannique résolument conservateur.

Pendant cette période d'incubation, Philby a postulé à différents postes administratifs subalternes, en particulier au Foreign Office, et plus tard à Fleet Street, dans l'espoir de se voir proposer un emploi qui le mènerait à une carrière dans le journalisme. Aucune de ces candidatures n'a débouché sur un entretien.

Quand j'ai analysé la situation avec les camarades de la *Rezidentura*, nous avons conclu que Philby devait figurer sur une espèce de liste noire. Nous avons exclu la possibilité que le service de renseignement britannique sache que nous l'avions recruté, sans quoi il aurait été arrêté. Nous avons aussi exclu la possibilité que son passé de gauche à Cambridge fasse obstacle à une carrière ; aussi bien Maclean que Burgess, en dépit de curriculum vitæ similaire, semblaient avoir mis un pied au Foreign Office. Le problème se réduisait donc à la participation de Philby au mouvement socialo-communiste à Vienne durant l'affaire Dollfuss, et plus particulièrement à son mariage à une juive hongroise connue comme militante communiste (et peut-être soupçonnée d'être un agent du Narodnyi Komissariat Vnoutrennikh Del – le Commissariat du peuple aux affaires intérieures).

C'est vers la fin de l'année 1936 que j'ai élaboré un plan d'action qui nous permettrait de surmonter ces deux obstacles d'un coup.

« Mince, alors ! Je vous ai bien entendu ? Vous voulez que j'aille où ?

– En Espagne.

– Mon saint père m'a emmené visiter l'Espagne mauresque quand j'étais jeune. C'est p-peut-être un peu risqué d'y retourner maintenant, en pleine guerre civile, non ?

– Mais c'est précisément pour cela qu'il faut y aller, Kim. Quoi de plus naturel pour un jeune diplômé de Cambridge, coincé dans un poste de secrétaire de rédaction d'un mensuel, que de vouloir sortir de l'impasse en se lançant dans le journalisme indépendant ? Vendez vos livres et vos disques pour expliquer comment vous vous êtes payé le voyage. Vous pourriez peut-être demander un petit prêt à votre père – il a financé votre séjour à Vienne, non ? Vous pourriez écrire des articles en provenance du front. Si vous savez y faire, l'un des grands journaux – peut-être même le *Times* – vous engagera comme correspondant permanent. Votre carrière sera lancée. Qui peut dire alors jusqu'où vous irez ? Ils sont nombreux au Foreign Office, et même dans les services secrets britanniques, qui ont débuté comme journalistes. »

Philby a commencé à voir les avantages de mon idée. « Ce peut être excitant de couvrir une guerre. Je reconnais que je suis de tout cœur avec les républicains – beaucoup de mes camarades de Cambridge se sont enrôlés dans les B-brigades internationales et se battent contre la *Falange* fasciste en Espagne. Ce serait carrément formidable de publier leur histoire dans les journaux.

– Vous ne couvririez pas le camp républicain, Kim. Vous couvririez le camp de Franco.

– Vous voulez que j'écrive sur les fascistes !

– Absolument. Il y a des dizaines de journalistes célèbres qui suivent les républicains – cet Américain, Hemingway, le Hongrois Capa, l'Anglais Orwell. Vous auriez du mal à rivaliser avec eux. Mais comme il y a très peu de journalistes qui travaillent du côté nationaliste, vos dépêches auraient toutes les chances de paraître en première page. Elles seraient objectives, impartiales, équilibrées, même légèrement pro-Franco ; de quoi dissiper tout soupçon quant à la profondeur de vos sympathies communistes et prosoviétiques. Votre loyauté vis-à-vis du gouvernement britannique serait imprimée noir sur blanc. Croyez-moi, Kim : cela vous ouvrira des portes. »

Philby a réfléchi à mes propos. « Et Litzi ? a-t-il demandé.

– Quoi, Litzi ?

– Est-ce qu'elle m'accompagnerait en Espagne ?

– Il vaudrait mieux qu'elle reste à Londres.

– Mais cela impliquerait une séparation. »

Comme je ne répondais pas immédiatement, Philby a dit : « Ahh. Je suis idiot de ne p-pas voir ce que vous manigancez.

– Qu'est-ce que je manigance ?

– D'une façon ou d'une autre, vous voulez que je quitte Litzi. En m'envoyant couvrir la guerre d'Espagne, vous faites d'une p-pierre deux coups. Vous dissimulez mon passé socialiste sous un vernis de centre-droit et mettez fin à mon mariage avec une communiste notoire.

– D'une pierre trois coups, Kim. Nous avons des informateurs du côté républicain, mais presque personne du côté de Franco. En tant qu'Anglais réputé pour être un ami de l'Allemagne, le principal soutien de Franco, vous seriez dans une position idéale pour obtenir des informations sur son ordre de bataille, les mouvements de troupes, sur le matériel et les pilotes que Hitler et Mussolini fournissent aux fascistes. »

Je me souviens que nous étions assis sur le banc face à la nouvelle station électrique de Battersea, à Kirtling Street, quand cette conversation a eu lieu. C'était l'heure du déjeuner. Des hommes, le même chapeau melon vissé sur la tête, passaient sur le trottoir. Un garçon en knickers vendait des journaux au coin de la rue, criant les titres en modulant sa voix aiguë. *Edward veut abdiquer pour épouser Wallis Simpson, une Américaine divorcée. Défiant la Société des Nations, Hitler resserre son emprise sur la Rhénanie.* Je portais mon chapeau melon et tenais mon parapluie en équilibre sur mes genoux. L'image de Kim, décortiquant des cacahouètes pour nourrir les pigeons dans le caniveau, est gravée dans ma mémoire, indélébile. Pendant un long moment, il s'est concentré sur les oiseaux. Finalement, il a dit : « Comment croyez-vous qu'ils apprennent à manger les cacahouètes et pas les gousses ?

– Par de douloureuses expériences.

– Quelle coïncidence – c'est mon *alma mater*. L'école de la d-douloureuse expérience. » Il a hoché la tête, comme s'il venait de prendre une décision. « Il va bien sûr falloir que je parle à Litzi.

– Je lui ai déjà parlé. »

Il s'est tourné vers moi, surpris. « Quand ? Elle ne m'en a pas soufflé un mot.

– Elle est encore sous l'autorité du Centre. Je lui ai donné l'ordre de ne pas le faire. Nous nous sommes retrouvés la semaine dernière au salon de thé de l'hôtel de Brook Street. Je lui ai expliqué le projet que j'avais pour vous. Litzi est un bon soldat, une bonne communiste. Il y a un vers de poésie anglaise qui la décrit parfaitement : *Ils le servent aussi qui debout savent attendre*. Au fil de la conversation, elle m'a dit qu'elle avait su comment ça allait se terminer dès que vous lui aviez dit avoir accepté d'être recruté – elle a compris qu'un jour ou l'autre, vous devriez vous séparer. Elle se rend compte qu'elle est pour vous un handicap, un frein à votre carrière. Elle se rend compte que cette histoire doit s'arrêter si vous voulez être utile à l'internationale antifasciste. Les gens comprendraient que vous épousiez une juive pour la sauver de la persécution. Les gens comprendront votre décision de la quitter, maintenant qu'elle est en sécurité en Grande-Bretagne.

– Je vais avoir besoin d'y réfléchir, a-t-il dit.

– Mais je vous en prie, réfléchissez.

– Ai-je le choix ? »

J'ai agrippé son bras « Vous avez le choix – vous

pouvez sauter le pas et devenir un important contributeur de la cause, ou vous pouvez rejoindre le parti communiste anglais… » Là, j'ai montré le garçon qui vendait les journaux au coin de la rue. « … et vendre à la criée le *Daily Worker* à des mineurs illettrés. »

Quand Sonny est arrivé à notre rendez-vous, onze jours plus tard, il tenait un dictionnaire anglo-espagnol. Il l'a feuilleté pour retrouver la page qu'il avait cornée et il a lu ce qu'il avait inscrit dans la marge : « *Voy a España para informar sobre una guerra.*

– *Muchas gracias* », ai-je répondu.

Au début de l'année 1937, j'ai considéré que Sonny avait acquis suffisamment de savoir-faire pour partir en Espagne. Lors de notre dernier rendez-vous, sur le banc de Regent's Park où nous nous étions rencontrés la première fois, je lui ai donné une feuille de papier de riz très fin. À gauche, sur une colonne, j'avais noté la liste des choses qui nous intéressaient : *chars*, *camions*, *chantiers de réparation*, *aéroports*, *bombardiers*, *chasseurs*, *artillerie*, *mortiers*, *mitrailleuses*, *bataillons*, *régiments*, *divisions*, *conseillers allemands ou italiens*, *pilotes allemands ou italiens*. À droite, j'avais inscrit une liste de mots anodins : *parce que*, *finalement*, *temps*, *incroyable*, *savoureux*, *crépuscule*, *déjeuner*, ce genre de chose. Je lui ai donné l'ordre d'envoyer chaque semaine une lettre d'amour à Mlle Dupont, au 79, rue de Grenelle à Paris. Il placerait un mot codé tous les cinq mots de la lettre. S'il voulait faire savoir qu'il avait vu dix-huit chars dans un chantier de réparation, le cinquième mot de la missive serait *18*, le dixième serait *parce que*, le quinzième, *temps*. De temps en temps, il serait convoqué dans une des villes françaises jouxtant la frontière, où allaient les correspondants étrangers pour éviter la censure lorsqu'ils envoyaient des articles. Il y rencontrerait son traitant, Alexandre Orlov, cryptonyme le Suédois. Orlov serait installé au café de la gare quand l'église sonnerait midi. Il porterait un panama dont il aurait baissé le bord pour se protéger les yeux et lirait un numéro du nouveau magazine américain appelé *News-Week*. Philby ferait son rapport au Suédois, et ce dernier lui donnerait de nouvelles feuilles de code, de l'argent liquide et des instructions. « Je peux vous garantir qu'il s'agit d'une mission prioritaire pour le Centre, ai-je dit. Des camarades haut placés dans la capitale soviétique observeront la façon dont vous vous en sortez.

– Ils ont dit ça ?

– Ils n'en ont pas eu besoin. Le fait qu'ils envoient Orlov, l'un de nos agents de terrain les plus expérimentés, pour être votre officier traitant parle de soi-même. Je connais personnellement Orlov. C'était un héros de la guerre – il s'est distingué au sein de la 12ᵉ Armée rouge dans les combats sur le front polonais après la révolution bolchevique. Ne soyez pas rebuté par ses manières. C'est un dur, qui va droit au but, mais aussi un fidèle membre du parti et un camarade solide. Vous pourriez lui confier votre vie en toute confiance. »

Je me souviens que Sonny a suivi du pouce la liste sur le côté gauche de la feuille de papier de riz. « J'ai l'impression que je vais y être obligé. »

6

Salamanque, Espagne, décembre 1937

Où l'Anglais découvre qu'il n'y a d'issue que par le haut

Il y a un inconvénient à être une actrice et comédienne célèbre, ce qui est ma dénomination professionnelle – les messieurs s'imaginent qu'on joue un rôle aussi bien à la ville qu'à la scène. C'est ce qu'a dû penser l'Anglais, ainsi que je l'ai baptisé à la seconde où j'ai entendu son bégaiement britannique snob. Je l'avais repéré à la table du déjeuner au Grand Hôtel de Salamanque, le QG militaire de Franco, parlant peu, mangeant moins encore, suçant des pastilles qu'il sortait d'une petite boîte en fer-blanc tout en fumant ces abominables cigarettes françaises qu'affectionnait la classe ouvrière. Il paraissait fasciné par les conseillers militaires allemands tout parés de breloques à la Gilbert et Sullivan, installés à la longue table qui leur était réservée au centre de la salle à manger. Le colonel Wolfram von Richthofen, cousin du légendaire as des as de la Grande Guerre Manfred von Richthofen, s'adressait à un groupe de jeunes pilotes de Messerschmitt de la légion Condor, mimant avec les mains deux avions engagés dans un combat aérien mortel. À intervalles réguliers, l'un des pilotes de Fiat italiens, à une table voisine, se levait d'un bond pour porter un toast à ses camarades allemands. Faisant glisser la capote posée sur ses épaules, Richthofen, le chef d'état-major de la légion Condor, répondait au salut en décollant à moitié de sa chaise. C'est seulement au moment du café et du brandy que l'Anglais a paru remarquer ma présence. Il a levé ses magnifiques yeux bleu canard et les a fixés sur moi, comme s'il existait déjà une connivence entre nous ; comme s'il était écrit que nous deviendrions intimes. Quand nous nous sommes enfin retrouvés seuls après le repas – notre hôte, Randy Churchill, était parti renégocier l'addition en comptant sur la supériorité de la livre sterling par rapport à la peseta – l'Anglais m'a interpellée par-dessus le brouhaha du restaurant : « Alors, quel rôle t-teniez-vous aujourd'hui ?

– Pardon ?

– Quel rôle ? Qui t-tentiez-vous d'incarner ?

– Voilà une question sacrément arrogante à poser à quelqu'un qu'on ne connaît pas. »

Remarquant la lueur espiègle dans ses yeux, j'ai haussé les épaules pour montrer mon irritation. « Je m'efforçais d'être l'actrice canadienne qui maintient les hommes à une distance respectueuse grâce à un soupçon de froideur dans la voix et un sourire légèrement ironique.

– Vous avez répété devant le miroir ?

– Mais qui êtes-vous, à la fin ?

– Vous faites ça très bien, la voix glaciale, la moue ironique déformant un sourire sinon délicieux. J'ai la désagréable impression qu'une distance respectueuse risque d'être encore trop proche pour ma sécurité. Bon, merci. Je dois partir.

– Qui était-ce ? ai-je demandé à mon hôte quand il est revenu. L'Anglais, assis en diagonale par rapport à moi.

– C'est Philby, ma chère. Le correspondant du *Times* en Espagne. Il n'a encore pas su tenir sa langue ? Les Orientaux disent qu'il faut tourner sept fois sa langue dans sa poche avant de parler, mais notre Philby n'est pas un adepte de cette philosophie. Il a la très mauvaise habitude de dire ce qu'il pense. »

J'ai de nouveau croisé l'Anglais quelques jours plus tard. Je me souviens que je portais un pull à col roulé moulant et un pantalon de lainage épais, à taille haute, comme Marlene Dietrich dans le *Vogue* d'Edna Chase. Vêtu d'un costume sport en velours côtelé et d'une cravate, il jouait *Let's Do it, Let's Fall in Love*, de Cole Porter, sur le piano droit du bar aménagé au sous-sol du Grand Hôtel. Une petite troupe de correspondants étrangers et leurs amies s'était massée autour de lui. Ceux qui connaissaient la chanson en chantaient des mesures. *Moths in your rugs do it, what's the use of moth-balls ?* Une brèche s'est ouverte dans la digue de corps et il m'a aperçue. La musique s'est arrêtée net. L'Anglais s'est frayé un chemin à travers la foule pour venir se planter devant moi. « Il paraît que je réussis une b-bonne imitation de notre seigneur et monarque, George VI. Nous b-bégayons tous les deux. Ça vous plairait de l'entendre ?

– Non.

– Ah, gare aux actrices rancunières ! Vous n'avez pas apprécié *la distance respectueuse encore trop proche pour ma sécurité*.

– Non.

– Puis-je me faire pardonner ? Vous offrir une mort subite ?

– Une mort subite ?

– Un cocktail. Dans un verre. Avec une paille. » Il m'a tendu la main. « Philby. Kim Philby. »

J'ai regardé sa main comme si je risquais la mort

subite puis, en riant, j'ai cédé et l'ai saisie. « Randy Churchill m'a dit qui vous étiez. Vous couvrez l'Espagne pour le canard de Geoffrey Dawson. Je me rappelle avoir lu votre compte rendu dans le *Times* quand Franco a pris Gijón – j'ai supposé que *De notre envoyé spécial en Espagne*, c'était vous. Il était question de serviettes de toilette accrochées aux fenêtres en signe de reddition, de magasins vides, d'une population silencieuse. On avait presque l'impression que vous y étiez.

– J'y étais. Je décrivais ce que je voyais. » Il s'est aperçu qu'il serrait toujours ma main et l'a lâchée brusquement. « Moi aussi, je sais qui vous êtes, a-t-il déclaré, un peu embarrassé. Frances Doble, Bunny pour ses amis, autour des trente-cinq ans, mais personne ne sait de quel côté, enfant gâtée d'un banquier canadien, ex-femme gâtée d'un p-petit baronnet, comédienne et actrice gâtée qui a donné la réplique à la vedette Ivor Novello dans *Sirocco* de Noel Coward. D'après *Picture Show*, vous auriez une silhouette exquise. » L'impertinent s'est offert une longue inspection de mon corps. « *P-picture Show* n'avait pas tort.

– Je vois que vous avez fait vos devoirs. »

Il m'a gratifiée d'un sourire. De nous deux, c'était l'Anglais qui possédait le sourire le plus délicieux – capable de faire fondre la rancune la plus tenace. « Je réponds toujours à l'appel du devoir. »

Dans mon empressement à lui donner la réplique, j'ai bien peur de m'être mise à babiller. « Dans *Sirocco*, Ivor Novello me courait après autour d'une table, jusqu'à ce qu'il me plaque par terre et s'étende sur moi en jouant frénétiquement des hanches. Dieu du ciel, on m'avait dit qu'Ivor préférait les garçons, mais sur scène, j'aurais presque pu me laisser abuser. Je sentais son manche de poêle me rentrer dans l'aine.

– Je veux tout savoir sur le manche de poêle d'Ivor Novello », a dit l'Anglais, me prenant par le coude pour m'entraîner vers une table libre au fond du bar.

Un homme que je n'avais jamais vu avant a soudain accosté l'Anglais, lui bloquant le passage et posant une paume tremblante sur sa chemise. « Vous êtes une ordure, Philby, a-t-il dit d'une voix sonore et pâteuse, son haleine empestant l'alcool. J'ai lu vos dépêches insinuant que c'étaient des mines républicaines qui avaient détruit Guernica, et pas des bombes incendiaires fascistes. Vous avez trahi vos camarades de Cambridge qui sont morts en défendant les tranchées républicaines, vous avez trahi la grande cause démocratique de notre siècle. Vous êtes du mauvais côté de l'histoire. »

J'ai vu l'Anglais serrer le poing comme s'il allait frapper l'homme. « Vous êtes ivre », a-t-il dit, prenant sur lui. Il a poussé le type d'un coup d'épaule et m'a entraînée à sa suite. Puis il s'est retourné une seconde. « Je suis ce que j'ai toujours été, a-t-il déclaré.

– À savoir ? s'est exclamé l'homme dans notre dos.

– Le fils de mon saint père », a répondu l'Anglais, mais si doucement que je suis sûre d'être la seule à l'avoir entendu. Alors que nous nous installions dans un box, l'un en face de l'autre, il s'est excusé.

« Ça arrive souvent ? ai-je demandé.

– Les guerres civiles déchaînent les passions. C'est ainsi que des hommes par ailleurs tout à fait raisonnables finissent par s'entre-tuer pour quelques arpents de terre.

– Cette guerre déchaîne votre passion ?

– Je ne p-prends pas parti. On me paie pour décrire ce que je vois. Et vous ?

– Je ne suis pas nationaliste. Je suis royaliste. Je suis pour la victoire de Franco dans l'espoir qu'il restaurera la monarchie des Bourbon.

– Foutaise. Si *el Caudillo de la Última Cruzada*, comme il se qualifie lui-même, restaure la monarchie, ce sera pour poser son propre cul sur le trône.

– Je peux seulement espérer que vous vous trompiez sur ses intentions.

– Qu'est-ce qui vous a amenée en Espagne ?

– Un vent de hasard. J'ai rencontré le roi Alfonso à Londres, ce devait être peu de temps après son départ en exil, en 1931. Il est venu à une de mes soirées champagne d'après représentation. Il avait une tête d'animal, mais un cœur d'Espagnol. Il n'a pas arrêté de parler des taureaux espagnols, de la musique espagnole, des femmes espagnoles. Ma fascination pour l'Espagne date de mon amitié avec Alfonso. Quand le sujet est revenu sur le tapis l'année dernière, il m'a suggéré d'aller voir par moi-même. Je lui ai fait remarquer que le pays était en pleine guerre civile. À cela il a ri et m'a répondu que la violence aussi était typiquement espagnole. Bref, j'ai suivi son conseil et suis venue voir par moi-même. Je ne suis plus repartie. Et vous ? Comment avez-vous échoué sur ce rivage ?

– De la même façon que j'ai échoué à Vienne il y a quelques années – p-plusieurs amis de Cambridge m'ont mis au d-défi de partir. J'ai vendu mes livres et mes disques p-pour payer le voyage, j'ai travaillé en freelance pendant quelques mois, jusqu'à ce qu'un de mes papiers attire l'attention de mes p-patrons au *Times*. Ils m'ont proposé le poste. Voilà comment j'en suis arrivé à traîner au quartier général de Franco à Salamanque. » L'Anglais m'a regardée comme on m'avait rarement regardée avant. « Voilà comment j'en suis arrivé à partager une table avec la plus belle femme d'Espagne. »

Je me suis entendue murmurer : « Je parie que vous racontez ça à toutes les filles. »

Il a souri innocemment. « Je le dis à la plupart. Dans votre cas, il se trouve que c'est la vérité. »

Des cocktails sont apparus sur la table comme par magie. Il m'est venu à l'esprit que l'Anglais les avait commandés avant que j'aie accepté de prendre un verre avec lui. Le sourire timide cachait un homme plein d'assurance. Je me souviens d'avoir demandé : « Puis-je en déduire que vous n'avez plus peur de vous brûler à ma flamme ?

– J'ai toujours p-peur de votre flamme, mais j'aime vivre dangereusement.

– C'est ce que m'a dit Randy. D'après lui, vous avez failli vous retrouver face à un peloton d'exécution à Cordoue.

– Randolph en a rajouté, comme toujours.

– Qu'est-il arrivé à Cordoue ?

– Je suis parti là-bas sur un coup de tête en voyant une affiche pour une corrida. J'ai commis l'erreur de ne pas solliciter un laissez-passer pour une zone à l'accès réglementé. Tard ce soir-là, deux types de la Guardia Civil, armés de fusils à b-baïonnette, ont fait irruption dans ma chambre. Ils ont fouillé ma valise et la pièce pendant que je m'habillais. Puis ils m'ont emmené à la prison du coin. Un officier, qui en voulait manifestement aux Anglais d'avoir décliné l'honneur d'établir des relations diplomatiques avec les nationalistes de Franco, m'a ordonné de vider mes p-poches. C'est alors que je me suis rappelé la feuille de papier de riz couverte de codes, pliée dans une boîte de pastilles pour la digestion Arm & Hammer dans ma poche. S'ils l'avaient t-trouvée, j'aurais vraiment été dans de sales draps.

– Qu'avez-vous donc fait ?

– J'ai tiré mon p-portefeuille de ma p-poche-revolver et l'ai lancé sur la table. Les deux soldats et leur chef se sont précipités dessus. Pendant qu'ils examinaient ma carte de presse, j'ai réussi à rouler le papier de riz du bout des doigts. Puis j'ai mis la boulette dans ma bouche comme si c'était une pastille pour la digestion et je l'ai sucée jusqu'à ce qu'elle se dissolve. »

J'ai pris une gorgée de cocktail. « Évidemment, je ne crois pas un mot de votre histoire. »

L'Anglais a souri. « J'essayais de vous impressionner pour vous attirer tôt ou tard dans mon lit. »

J'avoue avoir un faible pour les hommes qui n'y vont pas par quatre chemins. « Mission accomplie. *Let's do it*, ai-je fredonné sur l'air de Cole Porter.

– Magnifique. Allons-y.

– Ma chambre ou la vôtre ?

– La mienne se trouve juste sous le contingent allemand. Les ascenseurs ne fonctionnent pas la nuit. Les pilotes des Heinkel 45 se lèvent à quatre heures du matin pour aller bombarder les lignes républicaines.

– La mienne est à côté des pilotes italiens, qui ne décollent pas avant six heures. »

L'Anglais a dit : « Vers six heures, nous devrions juste être en train de nous endormir. »

Il n'était pas loin du compte. À six heures, je ne savais plus combien de fois nous avions fait l'amour. Nous étions assis au lit, en train de fumer (mes Old Gold, car je ne supportais pas l'odeur de ses Gauloises bleues), quand nous avons perçu les pas feutrés des pilotes italiens qui descendaient le couloir en chaussettes vers la cage d'escalier. En les entendant chuchoter en italien, nous avons tous deux pouffé de rire. « Tu es un bon conteur, ai-je dit. Ton histoire de codes à Cordoue – plus j'y pense, plus elle sonne vrai.

– Je peux être très convaincant quand je m'en donne la peine.

– Ce n'est pas tellement que tu sois convaincant, c'est plutôt que tout le monde pense que les correspondants du *Times* travaillent pour les services secrets britanniques. Randy Churchill est persuadé que tu fais partie du SIS. Es-tu un espion, l'Anglais ?

– Non.

– Tu me le dirais si c'était le cas ?

– Non.

– Ce qui nous ramène à notre point de départ.

– On ne pourra jamais revenir au point de départ, Frances. »

De tout ce qu'il m'a jamais dit, c'est ce qui se rapprochait le plus d'une déclaration d'amour.

Cette histoire de feuille de codes qu'il avait sucée comme une pastille pour l'estomac me trottait dans la tête. Alors que, le temps passant, nos lignes de vie s'entrelaçaient – chacun avait gardé sa chambre au Grand Hôtel, mais il passait la plupart de ses nuits dans la mienne quand il n'était pas sur les routes –, j'ai commencé à comprendre que l'Anglais avait bel et bien une vie secrète. C'est le genre de chose qu'une femme sait intuitivement à propos d'un homme. Oui, c'est vrai, il buvait énormément, même s'il tenait bien l'alcool – il fallait partager un lit avec l'Anglais pour savoir qu'il était ivre. Non, non, cela allait bien au-delà de sa dépendance à la boisson. Ce n'était pas moi qui le maintenais à distance respectueuse, c'est lui qui me maintenait à distance. Il arrivait toujours un moment où je butais sur ce que j'en étais venue à considérer comme son mur invisible.

J'ai essayé de le franchir, de l'escalader ou de le contourner, mais sans succès. Quelques semaines après le début de notre liaison, j'ai tenté une nouvelle approche. « Qui est-ce que tu admires ? lui ai-je demandé.

– Pourquoi tu me poses cette question ?

– Parce qu'elle permet d'en apprendre beaucoup sur quelqu'un. Admires-tu les hommes d'État ? Les sportifs ? Les marins ? Les hommes d'affaires ? Les joueurs ? Les écrivains ? Les gigolos ? »

Il a réfléchi un instant, sirotant son énième gin, passant l'index sur le bord du verre jusqu'à ce qu'il produise un doux gémissement. « J'admire les alpinistes, a-t-il fini par dire.

– Ça, c'est original. Et pourquoi les alpinistes ?

– Une fois qu'ils attaquent une paroi rocheuse, je crois comprendre qu'il n'y a pas de retour en arrière possible, pas d'autre issue que vers le haut. Si on n'a plus de force, si les bras ou les nerfs lâchent, on n'a pas le choix, on doit continuer à escalader.

– C'est comme ça que tu vois la vie en général ? »

Ma question a paru le surprendre, presque comme s'il venait d'entrevoir une facette de lui-même qu'il n'avait pas remarquée auparavant. « Maintenant que tu le dis, j'imagine que oui. »

Vers le mois de décembre 1937, la guerre dont on disait qu'elle ravageait la péninsule Ibérique était devenue assez abstraite pour moi. N'ayant jamais entendu un coup de feu tiré dans l'intention de tuer ou de blesser un être humain, j'étais incapable de me représenter les soldats dans les tranchées qui fauchaient des rangées d'autres soldats montant à l'assaut. J'avais beau essayer, je n'arrivais pas à voir la guerre à travers les yeux de l'Anglais. Je dois reconnaître qu'il a tenté de m'éduquer. Il m'a raconté des épisodes épouvantables de massacres commis des deux côtés. Je me souviens de l'histoire de la femme d'un dirigeant communiste qui s'était fait violer par tous les membres du peloton d'exécution avant d'être fusillée. On s'est même disputés là-dessus – je soutenais que l'Anglais n'avait aucun moyen de savoir si c'était le récit d'atrocités réelles ou de la propagande. Il a rétorqué que sa source était sûre, tout en refusant, évidemment, de la nommer.

L'Anglais avait l'habitude de boire du gin pour se donner du courage avant d'assister à la séance d'information quotidienne organisée par le responsable de la presse de l'état-major au quatrième étage de l'hôtel, et il ne prenait jamais ce qui s'y disait pour argent comptant. Il jouait à la *pelota* deux fois par semaine avec le chef de la censure militaire, Pablo del Val, dans l'espoir d'obtenir une information inédite. Tout ce que ça lui a jamais rapporté, c'étaient des crampes. Il a réussi à faire quelques sorties sur le terrain quand les nationalistes ont lâché la bride aux journalistes, mais ses collègues et lui étaient escortés partout par une équipe d'attachés de presse de Franco et n'avaient le droit d'interviewer que des soldats ou des officiers nationalistes triés sur le volet. L'Anglais échangeait des histoires de guerre avec plusieurs de ses amis du quatrième pouvoir, à la table réservée aux correspondants étrangers au bar de l'hôtel. J'étais souvent présente, mais j'avais du mal à suivre une conversation émaillée de jargon militaire et de références à une géographie que je ne connaissais pas. J'ai cependant compris, comme Ernie Sheepshanks, de l'agence Reuters, l'a dit, que les jeux étaient faits : aucun de ceux qui couvraient le QG de Franco ne croyait que les républicains puissent triompher, ni même conserver le territoire qu'ils tenaient. L'un des propres fils de Mussolini, Bruno, commandait un escadron de bombardiers italiens – je lui avais été présentée à un cocktail commémorant le premier anniversaire de l'arrivée de l'armée d'Afrique de Franco en Espagne.

Je me souviens de l'avoir entendu dire sensiblement la même chose, quoique d'un ton jubilatoire répugnant.

Quelques jours avant ce qui allait être l'un des Noëls les plus froids dans les mémoires, le Grand Hôtel bruissait d'excitation. À la surprise générale, les républicains – aiguillonnés par leurs conseillers soviétiques, supposait-on – avaient pris Teruel, un chef-lieu régional. L'Anglais me l'a montré sur une carte. Située à l'intérieur des terres, du côté méditerranéen de la péninsule, la ville avait été entourée de rouge par l'un des pilotes allemands ou italiens qui l'avaient bombardée. À la table des correspondants, la campagne républicaine a donné lieu à d'âpres débats. De l'avis général, si une rapide victoire de propagande pourrait remonter un moral vacillant, elle ne se traduirait pas en un avantage stratégique. Robson, du *Daily Telegraph*, était allé à Teruel quand les nationalistes s'en étaient emparés. Dans la mesure où les journalistes étrangers n'étaient pas autorisés à visiter le front de Teruel, une partie de la couleur locale, dans les comptes rendus de l'Anglais, provenait de Robson : Teruel était une lugubre ville fortifiée aux hivers sibériens ; les soldats allumaient des feux avec des meubles cassés pour faire fondre la neige et avoir de l'eau à boire ; dans les deux camps, on pouvait s'attendre à davantage de victimes de gelures que de balles ; ceux qui tenaient la Meula, la colline qui dominait la ville, pouvaient espérer gagner la bataille. Les dépêches qu'envoyait l'Anglais étaient si détaillées qu'il a même reçu un télégramme de Ralph Deakin, le responsable du service étranger du *Times*, pour le féliciter. Un autre habitué de la table des correspondants, Ed Neil, de l'Associated Press, a prétendu savoir, via une source à l'état-major nationaliste, que Franco, refusant d'offrir aux républicains ne serait-ce qu'un modeste triomphe, avait massé une armée gigantesque sur le front de Teruel. Après avoir affaibli les républicains par le barrage d'artillerie le plus intense de la guerre, les soldats nationalistes ont lancé l'assaut sur les positions ennemies. Les combats ont fait rage au centre de la ville, autour des eglises de Santiago et de Santa Teresa. Les *dinamiteros* bravaient des tirs nourris pour aller faire exploser les chars T-26 républicains retranchés autour des arènes dans un faubourg. Une fois Teruel repassé aux mains des nationalistes, les responsables de presse de Franco ont fini par organiser une visite au front.

Teruel. Même maintenant, longtemps après l'événement, ce nom me glace le sang, non pas à cause de la bataille, à propos de laquelle je n'en sais pas beaucoup plus que ce qu'en ont dit les gros titres. Non, mon sang se glace parce que je connaissais personnellement cinq victimes de la campagne de Teruel. La guerre civile abstraite est devenue atrocement réelle.

Voici le récit fait par l'Anglais de la virée à Teruel à la toute fin du mois de décembre, récit que j'ai entendu une dizaine de fois au bas mot. Je peux dire sincèrement que jusqu'à ce que nos chemins se séparent, environ deux ans après notre première rencontre, parler de ce voyage – à moi, à d'autres correspondants, à des membres d'une commission parlementaire en visite, à un attaché d'ambassade allemand qui jouait *Die Wacht am Rhein* sur le piano droit du bar – paraissait la seule façon pour l'Anglais de tenir le coup jusqu'à la fin de la journée. Ou de la nuit suivante.

L'Anglais partageait une voiture avec quatre habitués du bar du Grand Hôtel : Robson, du *Daily Telegraph*, Sheepshanks, de Reuters, Ed Neil, le correspondant de l'Associated Press, un gros type perpétuellement au régime, ainsi que Bradish Johnson, le très jeune et très amusant photographe de *Newsweek*. Ils sont partis tous les cinq dans une tempête de neige si aveuglante que, pour ne pas quitter la route, il leur fallait coller aux feux arrière du véhicule du responsable de presse, qui lui-même suivait de près les feux arrière d'un camion d'approvisionnement de l'armée. Kim portait le manteau d'un prince arabe que lui avait donné son père, vert vif et doublé de fourrure de renard rouge. Des vents glacés balayaient les terres incultes d'Aragon alors que les journalistes traversaient des villages pleins de soldats en route vers le front et de civils fuyant la bataille. Le groupe s'est arrêté pour déjeuner à la cantine d'un aérodrome improvisé, où une portion de route faisait office de piste. De la fenêtre des toilettes, l'Anglais a aperçu des soldats qui grattaient la glace sur les ailes des chasseurs Fiat. Dans le village de Caudé, au nord-ouest de Teruel, il a convaincu leur chaperon de le laisser interviewer un officier blessé qui rejoignait l'arrière en claudiquant. Passant devant un puits, il a regardé dedans et vu qu'il était rempli de cadavres – comme ils étaient couverts de neige, il n'a pas su dire si c'étaient des civils ou des soldats. La brève conversation qu'il a réussi à avoir avec l'officier blessé a été étouffée par une batterie d'artillerie, à une centaine de mètres, qui bombardait les lignes républicaines.

Une fois passé Caudé, l'Anglais, qui conduisait, a arrêté la voiture le long d'une congère et est allé se soulager près d'un cheval mort dont les jambes gelées pointaient vers le ciel. Je l'entends encore raconter comment il a essayé de déboutonner son pantalon avec ses moufles, et j'en ai les larmes aux yeux. À la fin, il a enlevé une moufle, le temps de défaire les boutons, puis l'a remise aussitôt par peur que ses doigts gèlent dans la température négative. En retournant vers l'automobile deux-portes, il s'est aperçu qu'on lui avait pris sa place au volant. Bradish versait du rhum dans des gobelets en fer-blanc. « Viens te mettre à l'abri du froid », s'est-il exclamé. L'Anglais a contourné le véhicule pour rejoindre le côté passager. Sheepshanks a avancé son siège pour lui permettre de se glisser à l'arrière, à côté d'Ed Neil. Apparemment, les autres étaient plongés dans une discussion animée pour déterminer si les hivers en Aragon étaient plus ou moins froids que des seins de sorcière, mais comme personne n'avait d'expérience de première main en la matière, la question est demeurée en suspens. Bradish a allumé le moteur pour enclencher le petit chauffage. Avant qu'il ait pu passer une vitesse, une main géante a soulevé le véhicule dans les airs puis l'a laissé retomber sur le sol. L'Anglais n'a pas entendu l'explosion de l'obus républicain qui a atterri (comme on le lui a raconté plus tard) à côté du capot. Il se rappelait seulement un gigantesque silence, puis des gémissements. Des soldats ont réussi à ouvrir les portières, qui étaient criblées de trous faits par les éclats d'obus. Bradish Johnson, le visage noirci, a dégringolé, tête la première, sur la route, sans vie. Le pauvre Sheepshanks, assis à côté de Johnson, haletait pour aspirer de l'oxygène et suffoquait faute d'en avoir assez. Il avait le crâne ouvert, d'où suintait ce que l'Anglais a pris pour de la matière cérébrale. Les soldats ont sorti Robson, puis dégagé Ed Neil de la banquette arrière. Sa jambe gauche avait été déchirée jusqu'à l'os par des éclats de métal. L'Anglais, blessé au crâne, a pressé une moufle contre l'entaille pour arrêter le saignement. Il s'est penché sur Neil, dont les lèvres formaient des mots. Il a finalement réussi à murmurer : « Sois sympa, garde un œil sur ma machine à écrire, promis ? »

Une ambulance militaire a emmené les cinq journalistes à un poste de secours à Santa Eulalia. Robson et Bradish Johnson ont été déclarés morts à leur arrivée. Sheepshanks n'a jamais repris connaissance. Les chirurgiens ont fait de leur mieux pour sauver la jambe de Neil, après quoi ils ont fait de leur mieux pour sauver Neil quand la gangrène s'est installée. Il est mort le lendemain, tard dans la soirée. Quant à l'Anglais, une fois sa blessure suturée et bandée, il se portait, médicalement parlant, comme le charme proverbial. De mon côté, bien sûr, je n'ai rien su de tout cela avant le 1er janvier 1938, qui par coïncidence se trouvait être le jour du vingt-sixième anniversaire de l'Anglais, quand il a fait son entrée dans la salle à manger de l'hôtel, un bandage autour de la tête, du sang séché sur sa veste. « Il me faut à b-boire, nom de Dieu », a-t-il dit.

Ses mains tremblaient si fort qu'il a eu besoin des deux pour porter le verre de brandy à ses lèvres.

Il devait être près de minuit quand il a complètement arrêté de trembler. Couchée à côté de lui dans le lit, alors que nos hanches se touchaient, j'ai senti qu'il reprenait le contrôle de son corps. Quand il a été immobile, j'ai chuchoté à son oreille : « Tes forces sont évidentes. Tes faiblesses ne le sont pas.

– Je ne m'autorise p-pas de faiblesses. »

J'y ai réfléchi le temps de fumer une demi-cigarette. Enfin, j'ai dit : « C'est sûrement ça, ta faiblesse.

– Ahh. Je vois ce que tu veux dire, Frances. »

Du jour au lendemain, bien sûr, l'Anglais est devenu une célébrité. Des photos de lui sont d'abord parues dans les journaux espagnols, puis l'histoire du correspondant du *Times* qui avait trompé la mort, alors que ceux qui l'entouraient avaient succombé, s'est répandue en

Grande-Bretagne et en Europe continentale. Au bar de l'hôtel, de parfaits inconnus venaient lui serrer la main. En y repensant, je me rends compte que sa nouvelle popularité a peut-être contribué à nous éloigner l'un de l'autre. Jusqu'à l'affaire de Teruel, c'était moi la vedette du couple. Des Britanniques ou des Canadiens me reconnaissaient parfois pour m'avoir vue dans un film – le plus souvent *The Water Gypsies* ou *Dark Red Roses* – et me demandaient un autographe. À présent, quand un Britannique ou un Canadien – ou un Français, un Allemand ou un Hollandais, d'ailleurs – abordait l'Anglais, celui-ci me présentait aussitôt : « Vous aurez certainement reconnu Frances Doble. » La plupart du temps, l'individu en question me gratifiait d'un sourire poli ou d'un hochement de tête de pure forme, avant de se retourner vers l'Anglais, qui à l'évidence occupait le devant de la scène. Oh, par pitié, n'en concluez pas que j'étais jalouse. Sincèrement, je ne me crois pas capable de jalousie. Je pense simplement que mon ego avait besoin d'être nourri et, comme la plupart des actrices flirtant avec la quarantaine, je me sentais mal quand il ne l'était pas suffisamment.

L'Anglais et moi nous querellions plus souvent que d'habitude sur des sujets ridiculement anodins, comme de savoir lequel de nous deux avait été le premier à suggérer tel ou tel restaurant, ou pourquoi c'était toujours lui qui venait dans ma chambre (après Teruel, les pilotes allemands se levaient à la même heure que les Italiens, et nous étions de toute façon tellement fatigués que nous ne les entendions jamais remuer dans le couloir) alors que je n'étais jamais invitée dans la sienne. Tous ces petits incidents ajoutaient à une relation en déliquescence qui a atteint le point critique quand le partenaire de *pelota* de l'Anglais, le chef de la censure militaire, Pablo del Val, l'a appelé un samedi matin, peu de temps après son retour de Teruel. (Il a appelé directement ma chambre et, sans même un *buenos dias*, a demandé à parler à l'Anglais – pas très nourrissant pour mon ego.) Comme celui-ci tenait le combiné loin de son oreille, j'ai entendu la conversation. « Philby, je passe vous prendre à six heures ce soir.

– Mais on ne devait pas jouer à la pelote avant mardi », a fait remarquer l'Anglais d'une voix ensommeillée. Le rire hystérique de del Val a crépité sur la ligne. « Ça n'a rien à voir avec la *pelota*, dans laquelle vous ne brillez pas, soit dit en passant. Le généralissime Franco va vous décorer pour vos actions héroïques sur le champ de bataille dans la lutte contre le communisme impie. »

L'Anglais et moi nous sommes querellés pour savoir si je devais l'accompagner, lui insistant, moi me désistant, puis j'ai fini par céder, ne serait-ce que pour serrer la main du grand dirigeant dont j'escomptais qu'il restaurerait la monarchie en Espagne. Ce soir-là, nous avons trouvé del Val qui nous attendait avec impatience dans l'allée ovale de l'hôtel, sa Mercedes-Benz noire en tête d'un impressionnant convoi de véhicules remplis de journalistes. Il a été un peu troublé de me voir au bras de l'Anglais, mais je me suis engouffrée à l'arrière de l'auto avant qu'il ait pu prononcer un mot. Secouant la tête d'un air maussade, del Val a pris place à côté du chauffeur. Nous avons eu droit à une escorte policière durant tout le trajet jusqu'au palais de Burgos où Franco vivait et dont il avait fait son quartier général. Nous nous sommes retrouvés à traverser presque au pas de course une série d'immenses pièces pleines d'officiers de l'armée et de l'aviation, assis comme des écoliers à de petits bureaux, puis une vaste salle de bal dans laquelle des artistes sur un échafaudage restauraient une fresque au plafond, jusqu'à ce que nous arrivions à une antichambre où des hommes à la mine patibulaire, vêtus d'identiques costumes noirs brillants, ont fouillé l'Anglais, pendant qu'une femme portant un badge la désignant comme un officier sanitaire faisait de même avec moi. (Elle n'a pas hésité, au vu de tous ces hommes, à me palper les seins.) Nous avons été introduits dans une pièce sans fenêtre aux murs tapissés de cartes militaires. Trois hommes en uniforme étaient penchés sur une autre carte, étalée sur une grande table. J'ai compris que le plus petit était le généralissime Franco en chair et en os. Del Val a toussoté derrière sa main. Franco a levé la tête, sans savoir ce qu'on attendait de lui. Un jeune officier, portant le galon doré d'un aide de camp, s'est approché pour lui parler à l'oreille. « *Pensé que iba a venir mañana* », a dit Franco d'une voix forte. Del Val a dit : « *Hoy en día, excelency.* » Franco a haussé les épaules. « *Vamos a hacerlo.* » Le jeune officier lui a tendu une petite boîte en bois. Il l'a ouverte et en a sorti la croix rouge du Mérite militaire. Le généralissime a traversé la pièce pour s'approcher de l'Anglais, s'est dressé sur la pointe des pieds et, non sans mal, a réussi à accrocher la médaille à la poche de poitrine de sa veste en velours côtelé. Des flashs ont crépité. Franco a marmonné un petit discours, auquel je n'ai rien compris. L'Anglais a remercié le généralissime en anglais. Del Val traduisait au fur et à mesure en espagnol. Franco a hoché la tête puis tendu la main pour serrer celle de l'Anglais. Nouvelle explosion de flashs. L'Anglais a commencé à me présenter – « Voici mon amie, l'actrice canadienne Frances… » – mais Franco était déjà retourné à la carte sur la table.

Il y a eu une grande fête au bar de l'hôtel le lendemain soir. Des correspondants d'une dizaine de pays se massaient autour de l'Anglais en agitant un exemplaire d'un journal national ou régional qui le montrait en première page, un sourire incontestablement penaud sur le visage, en train de se faire décorer par *el Caudillo*. Carney, du *New York Times*, lui a demandé ses impressions sur Franco. « À vrai dire, tout était fini en d-deux minutes, a-t-il répondu. Je n'ai p-pas eu le temps de me faire une opinion. » Randy Churchill lui a tapé dans le dos. « Bien joué, mon vieux. Avec ça, tu es sûr d'obtenir une augmentation de tes patrons du SIS – ils seront ravis qu'on ait vu un de leurs agents serrer la main de Franco. Ça va t'ouvrir de nouvelles portes. Les généraux nationalistes vont te faire entrer dans leurs salles des cartes et te montrer la disposition de leurs troupes. Bon Dieu, n'importe quel service de contre-espionnage considérerait ça comme un coup de maître. »

L'Anglais a balayé d'un rire l'idée qu'il puisse être employé par le SIS. « Je ne travaille pour aucun service secret, et surtout pas britannique. Aucun ne peut revendiquer ce coup de maître.

– Si vous avalez ça, a dit Randy à Carney avec un clin d'œil entendu, j'ai de belles terres marécageuses à vendre dans le comté de Galway qui pourraient vous intéresser. »

Bien après minuit, j'ai tiré l'Anglais par le coude. « Ne tarde pas trop, ai-je dit. Je suis épuisée.

– Je ne crois pas que je passerai ce soir. Moi aussi, je suis un peu claqué.

– Tu pourrais toujours venir pour dormir. »

Il m'a adressé l'un de ses délicieux sourires, capable de faire fondre la rancune la plus tenace quand on en faisait pour la première fois l'expérience. « Je passe mon tour pour aujourd'hui », a-t-il dit.

Mon irritation a été la plus forte, j'ai bien peur de l'admettre. « Pas de chance, mon cher Anglais, ai-je rétorqué. Je n'en suis pas encore réduite à donner des tours pour accéder à mon lit. »

7

Biarritz, avril 1938

Où Alexandre Orlov, cryptonyme le Suédois, découvre que l'Anglais est armé

J'ai entendu raconter que, pour ce qui est du « savoir-faire », le Secret Intelligence Service britannique, qui est relativement professionnel, tout comme l'Office of Strategic Service, son cousin américain lamentablement amateur, utilisaient des maisons sécurisées, des appartements sécurisés ou des chambres d'hôtel sécurisées pour les rendez-vous clandestins, alors que nous, les Russes, étions censés préférer les endroits publics, en vertu du principe selon lequel plus l'endroit est public, plus il est facile de passer inaperçu dans la foule. Cela vous amusera d'apprendre que ces préférences n'ont rien à voir avec un quelconque « savoir-faire ». D'après mon expérience, qui se monte à deux décennies d'activités clandestines, les Britanniques et les Américains louent des maisons sécurisées parce qu'ils sont pleins aux as. Pour notre NKVD, otage de ses racines prolétaires, un kopeck est un kopeck. Un agent traitant russe, ce qui est ma dénomination professionnelle actuelle, ne demanderait pas mieux que de recueillir les rapports de ses agents sous un toit, ne serait-ce que pour être à l'abri de la pluie. Ne me citez pas, bordel de merde, mais le problème, c'est le Centre. Le problème, c'est les connards du cinquième étage de la Loubianka qui épluchent nos notes de frais comme des chimpanzés cherchent des poux dans la tête de leurs petits – ces commissaires du budget refusent d'autoriser la location de maisons sécurisées, d'appartements sécurisés ou de chambres d'hôtel sécurisées puisque, d'après eux, on peut tout à fait rencontrer nos agents dehors sans dépenser un rouble. Dans les parcs, les cafés, les gares routières ou ferroviaires et j'en passe. La seule fois où j'ai loué une chambre à Paris pour entendre ce qu'avait à me dire une secrétaire du *chef de cabinet** du président du Conseil français, Daladier (elle avait refusé tout net de me rencontrer à la gare de Lyon), le chiffreur de l'ambassade soviétique a dû être tiré du lit à deux heures du matin pour traiter un télégramme cinglant (classé *Priorité immédiate*, ce qui signifiait qu'il devait être décodé à la seconde où il arrivait) qui m'était adressé. Avec un sourire mauvais, ce petit salaud de chiffreur me l'a passé, sur des bandes collées sur une page blanche de son carnet de messages à couverture métallique. « À l'attention d'Alexandre Orlov, disait le texte intégral du mémorandum, les 5 000 francs que vous avez gaspillés pour payer une chambre à l'hôtel Meurice le mois dernier, ainsi que le pourboire de 100 francs donné au concierge, ont été déduits de votre salaire. Soyez aimable de suivre les directives du Centre à la lettre. Nous attirons votre attention sur la règle de procédure opérationnelle réglementaire n° 7, sous-paragraphe Kh : Les rendez-vous avec les agents sous couverture doivent se passer dans des lieux publics. »

Quelle bande de rats !

Tout ça pour expliquer ce que je faisais à la terrasse

d'un minable café ouvrier, à l'extérieur de la gare, dans la station balnéaire française de Biarritz, le bord de mon panama rabattu pour me protéger les yeux du soleil de midi, à boire une mauvaise anisette en faisant semblant de lire un numéro du magazine américain *Newsweek* (acheté avec mes deniers personnels dans une *papeterie** de Bordeaux) à l'intérieur duquel j'avais dissimulé de nouveaux codes et de l'argent. L'Anglais, comme toujours, s'est montré d'une ponctualité exaspérante. La cloche dans la tour de l'église, de l'autre côté de la place, sonnait les douze coups quand il a pris place sur la chaise en face de moi. Il portait un pantalon en velours côtelé élimé, une saharienne kaki et un foulard en soie usé, noué lâchement autour du cou. Un pansement militaire protégeait l'entaille sur son crâne de la fine poussière de sable montant du trottoir à chaque souffle d'air. Il avait le visage plus maigre et les paupières plus lourdes que dans mon souvenir. Il avait la tête du type qui a fait la bringue toute la nuit. La tête de celui qui a besoin de vacances, des vacances auxquelles les espions n'ont jamais droit. J'ai pris mentalement note de transmettre à mes supérieurs : l'agent que le Centre connaît sous le nom de Sonny payait la note de sa double vie. « Bonjour, Alexandre », m'a-t-il dit. Il a agité la paume pour attirer l'attention de la serveuse et a commandé un café américain. « Ou devrait-on dire b-bon après-midi, puisqu'il est midi passé ? »

Je n'étais pas à l'aise avec l'échange de banalités. « L'un ou l'autre », ai-je répondu.

L'Anglais a sorti une petite boîte en fer-blanc d'une poche de sa veste. Il m'a proposé une pastille et, comme j'agitais le doigt, il en a choisi une avec soin et l'a fourrée dans sa bouche. « Indigestion chronique, a-t-il dit. Les Espagnols utilisent trop d'huile d'olive. Au

Pays b-basque on sent une cuisine à des kilomètres. Imaginez les dégâts que ça p-provoque dans un tube digestif anglais ordinaire.

– J'imagine, ai-je acquiescé. Comment va votre blessure à la tête ?

– La plaie s'est infectée. Les chirurgiens espagnols ont dû rouvrir pour la désinfecter avant de refaire les points de suture. Le rouge sur le pansement, c'est de la teinture d'iode, pas du sang. Il m'arrive d'avoir une migraine que je soigne avec de l'aspirine et de l'alcool. »

Une mince jeune fille, presque perdue dans un tablier blanc qui lui arrivait aux chevilles, a posé un verre de café ainsi qu'un verre d'eau sur la table devant Philby. Il a ajouté deux morceaux de sucre et jeté des regards alentour en tournant distraitement son café. Deux files d'écoliers, tous vêtus d'une blouse bleue identique et se tenant à l'épaule devant eux, traversaient la place en diagonale, derrière un tout petit prêtre qui portait haut un crucifix en bois. Philby les a regardés si intensément que je me suis demandé s'ils lui rappelaient une scène de son enfance.

Inspiré par la vue du crucifix, je lui ai demandé : « Comment l'Espagne catholique vous traite-t-elle ?

– Comme l'hérétique que je suis. L'affreuse vérité, qui ne m'attire pas la sympathie de mes amis espagnols, c'est que les Maures me manquent – je regrette qu'ils aient été chassés vers l'Afrique du Nord. Leurs poètes, leurs architectes, leurs savants illuminaient l'Espagne catholique. » Il s'est penché vers moi et, baissant la voix jusqu'à ce qu'elle ne soit plus qu'un murmure épais, m'a dit : « Alexandre, les journaux de Franco sont pleins d'histoires de procès, de p-purges, d'exécutions à Moscou. Ils exultent en disant que la Révolution dévore ses enfants – Zinoviev, Kamenev, Rykov, même B-boukharine, l'homme que Lénine lui-même appelait l'enfant chéri du parti. Qu'est-ce qui se passe ? Comment l'expliquez-vous ? Peut-il y avoir une once de vérité dans les accusations qui font de ces géants de la Révolution des agents étrangers ? »

Au fil du temps, j'avais beaucoup réfléchi à cette question de vie ou de mort. La purge du parti, qui avait commencé au début de la décennie, avait fini par atteindre les rangs de notre NKVD. Un certain nombre de mes collègues sur le terrain avaient été rappelés à Moscou ; quelques-uns avaient été déclarés coupables d'être des agents étrangers et en avaient subi les conséquences – une balle dans la nuque. D'autres avaient simplement disparu. Qu'est-ce que je ferais si je devais soudain recevoir un télégramme me convoquant au pays pour des *consultations* ? Je chierais dans mon froc – ce serait tout aussi dangereux de ne pas y aller que d'y aller. Le NKVD avait le bras long – en de nombreuses occasions, j'avais été ce bras long. Je pourrais toujours résoudre ce dilemme en passant à l'Ouest, mais cela laisserait ma famille – ma femme et ma fille, mes parents, mes frères et sœurs, mes oncles et tantes – à la merci des représailles. (Aux yeux du Procureur du Peuple, le parent d'un ennemi du peuple est aussi un ennemi du peuple.) Si les choses en arrivaient là, il faudrait que je trouve un plan pour protéger ma famille. L'Anglais me dévisageait, attendant une réponse. « D'un point de vue opérationnel, lui ai-je dit, tout le monde doit être considéré comme un agent étranger potentiel.

– Et moi ? Vous p-pensez que je pourrais être un agent étranger ?

– Je garde cette possibilité classée dans un lobe de mon cerveau.

– Mais dans ce cas, pourquoi me rencontrez-vous ? »

Je me rendais bien compte que mes réponses le troublaient. Cet ancien de Cambridge à l'élocution laborieuse allait visiblement au bout de ses limites pour espionner au profit de l'Union soviétique. Et pourtant… et pourtant, je percevais en lui la trace infime de courants plus profonds, d'autres loyautés sous la surface de sa loyauté à notre égard. À sa famille, peut-être ? À des amis ? À sa classe privilégiée ? À la Grande-Bretagne ? « Je vous rencontre, ai-je fini par dire, parce que vous êtes notre principal agent en Espagne. Le Centre vous fait confiance. Moi aussi.

– Vous avez pris votre temps pour répondre !

– Je prends toujours mon temps. Comme une bonne nuit de sommeil, c'est une habitude qui contribue à la longévité.

– Oui, d'accord, mais vous n'avez p-pas répondu à mes questions sur les procès de purge. Zinoviev, Kamenev, Rykov et Boukharine étaient-ils des agents d'une p-puissance étrangère, complotant contre Staline ?

– Je ne suis pas en mesure de savoir s'ils ont vraiment comploté contre le camarade Staline ou s'ils avaient seulement l'intention de le faire. Mais je crois qu'ils l'auraient fait s'ils l'avaient pu – au Kremlin, la lutte pour le pouvoir qui a commencé à la mort de Lénine, en 1924, dure encore, hélas. Le camarade Staline s'attend à ce qu'il y ait une guerre contre l'Allemagne fasciste au plus tard en 1943. De manière très sage, il assure ses arrières pour éviter de se faire poignarder dans le dos quand la guerre éclatera.

– Ahh, je commence à comprendre pourquoi vous vous asseyez toujours face à la vitrine du café – vous avez peur d'être poignardé dans le dos et vous surveillez ce qui se p-passe derrière vous sans en avoir l'air. »

J'ai acquiescé en grommelant : « C'est un savoir-faire qui ne coûte pas un kopeck au Centre.

– Je ne suis pas sûr de saisir. »

J'ai préféré ne pas expliquer. « Quel itinéraire avez-vous suivi pour venir ici ? ai-je demandé.

– J'ai pris le train jusqu'à Saint-Sébastien, où j'ai embarqué dans un camion de la Croix-Rouge qui m'a emmené à Bayonne, et de là j'ai pris le nouveau tramway jusqu'à Biarritz. J'ai été obligé de passer une nuit à Bilbao – la ligne de chemin de fer, après Bilbao, avait été coupée par une coulée de boue. J'ai engagé la conversation avec un attaché militaire allemand au bar de l'hôtel. Un type sympathique. Heinrich von quelque chose. » Philby a fouillé dans ses poches de poitrine, sans réussir à trouver ce qu'il cherchait. « Merde, il m'a d-donné sa carte, mais je crois que je l'ai égarée. Heinrich était tellement impressionné de croiser quelqu'un qui avait parlé à l'ambassadeur Ribbentrop qu'il m'a invité à dîner au mess des officiers dans un aérodrome proche de la ville. En passant devant un énorme hangar, j'ai vu des soldats assembler plusieurs avions de chasse qui semblent avoir été expédiés par bateau dans de grandes caisses. L'attaché militaire m'a dit que c'était le dernier modèle de Willy Messerschmitt : des Bf 109 F, avec des moteurs de 1100 chevaux. Il s'est vanté en disant qu'ils étaient capables de décrire des cercles autour des chasseurs russes que les républicains parvenaient à faire décoller.

– Est-ce qu'il a parlé de l'armement de ces 109 ?

– Non, et je n'ai pas posé de questions. J'aurais dû ? »

J'ai secoué la tête. « Vous avez bien fait. Il ne faut pas avoir l'air trop curieux. » J'ai pris mon temps pour siroter mon anisette. « De toute façon, avec ou sans les nouveaux 109, la guerre contre Franco est perdue.

– C'est ce que pense le Centre ?

– C'est ce que tout le monde pense. Les forces réunies par Franco sous la bannière nationaliste – les monarchistes, les fascistes, les prêtres, les militaires de carrière – contrôlent le Pays basque et l'industrie lourde à Bilbao. Vous avez rapporté vous-même que Franco a pu rassembler cinq armées, soutenues par environ quatre cents avions.

– Les républicains tiennent toujours Barcelone et son port, a dit Philby. Le camarade Staline pourrait envoyer des tonnes d'armes et de matériel. »

Me connaissant, j'ai sûrement dû esquisser l'un de mes sourires entendus. « Le camarade Staline aura besoin de ces tonnes d'armes et de matériel pour défendre la Russie soviétique quand la guerre contre l'Allemagne éclatera. Le seul espoir pour les républicains, c'est de rester tranquilles dans leurs tranchées et d'essayer de tenir bon jusque-là. Une fois l'Europe en guerre, le rapport de force pourrait théoriquement se modifier. »

J'ai été frappé par l'expression sur le visage de Philby. Il paraissait sincèrement bouleversé. Le moment était manifestement venu d'aborder la délicate question de la mission spéciale du Centre. « Il existe un autre espoir pour nos amis républicains et leurs alliés communistes…

– Oui ? »

Philby a passé un doigt sous son foulard, comme s'il se grattait le cou. Moi qui pensais que la soie ne grattait pas… mais après tout, qu'est-ce que j'en savais ? Je ne possédais que des écharpes de laine. J'ai dit : « Le généralissime Franco est le seul autre espoir des républicains.

– P-pardon ? »

Je n'ai pas pu m'empêcher de rire. La mission spéciale que Moscou m'avait donné l'ordre d'assigner à Sonny était ridicule. Cependant, j'étais bien obligé de faire ce qu'on me demandait. « S'il devait mourir subitement…

– Pourquoi Franco mourrait-il subitement ? » J'ai vu les lourdes paupières de Philby cligner et s'ouvrir, alors qu'il comprenait soudain où je voulais en venir. Il s'est penché par-dessus la table. « Comment Franco mourrait-il subitement ? a-t-il murmuré.

– Quelqu'un pourrait l'assassiner.

– Vous n'êtes sûrement pas en train de sous-entendre que je pourrais être ce quelqu'un ? » Il me dévisageait d'un regard incrédule. « N'est-ce pas ? La bonne blague ! Vous êtes vraiment en train de me demander, à moi, de tuer Franco ! »

Son manque de sophistication commençait à me taper sur les nerfs. « Moi, je ne vous demande rien. Ce ne sont pas les agents traitants sur le terrain qui décident des missions spéciales. Réfléchissez, Kim. Une mission de cette nature ne peut venir que du camarade Staline en personne.

– Si j'ai bien compris, Joseph Staline veut que Kim Philby assassine Francisco Franco ?

– Le moment est venu de vous expliquer comment marche ce genre de chose », ai-je dit. Et c'est ce que j'ai fait. Longuement. L'histoire commence en général avec le camarade Staline qui regarde des films, tard le soir, en compagnie de ses copains du Politburo dans ce qu'on appelle la datcha proche, dans les environs de Moscou. À un moment, au milieu de la deuxième ou troisième bobine, il fait une remarque anodine, qui ensuite descend toute la chaîne de commandement, gagnant en autorité et en urgence à chaque retransmission.

Hochant la tête comme s'il ponctuait mes phrases, l'Anglais m'a écouté jusqu'au bout. « Comment pouvez-vous en être sûr ? m'a-t-il demandé. Vous avez déjà rencontré le camarade Staline ? Vous le connaissez personnellement ?

– J'ai travaillé pour lui pendant notre guerre civile, dans la ville que nous appelons maintenant Stalingrad. C'était un dur du cuir, comme on dit.

– Je crois qu'on dit plutôt un dur à cuire.

– Du cuir, à cuire, peu importe. Il est aussi coriace que les arbres rabougris de la steppe arctique. À Stalingrad, on s'est cotisés à plusieurs pour lui offrir un beau Beretta 9 millimètres afin de célébrer une occasion particulière, mais je vous épargne les détails. Le camarade Staline était très fier de son pistolet italien – il montrait à tout le monde la déesse aux seins nus gravée sur le canon. À Stalingrad, il portait son pistolet passé dans la large ceinture de sa tunique. Je me souviens de l'avoir entendu dire un jour qu'il dormait avec l'arme posée sur la table à côté de son lit.

– Moi, je suis armé seulement d'humour et d'appréhensions. Je n'ai même pas de p-pistolet. Et si j'en avais un, je ne saurais pas m'en servir.

– Il suffit de viser et d'appuyer sur la détente.

– Si jamais je p-pointais un pistolet sur un autre être humain, même quelqu'un d'aussi malfaisant que Franco, je fermerais les yeux pour ne pas voir le sang couler. Avec les yeux fermés, je ne serais même pas capable d'atteindre le côté le plus large d'une grange, alors un torse d'homme… » Il a haussé les épaules à la manière des Anglais, c'est-à-dire en en soulevant une paresseusement comme s'il dispensait son énergie avec parcimonie. « Un jour, quand j'étais petit, j'ai vu mon père saigner après s'être coupé la main. On explorait les souks à Damas. Vous savez ce que j'ai fait ? J'ai vomi sur une belle d-djellaba devant l'échoppe d'un tailleur. Mon saint p-père a dû l'acheter pour réussir à calmer le bonhomme. Pendant des années, il m'a asticoté parce que je lui avais fait g-gaspiller de bonnes piastres syriennes pour un vêtement beaucoup trop grand pour moi. Je soupçonne mes indigestions chroniques, et peut-être même mon bégaiement, de remonter à Damas. J'ai pris l'épisode de la d-djellaba trop large comme une métaphore.

– Vous ne correspondiez pas à l'image que se faisait votre père de ce que doit être un fils.

– Quelque chose comme ça. »

Je me rappelle avoir pensé que je devais apaiser les craintes de l'Anglais. J'ai dit : « Vous n'avez pas à tuer Franco pour de vrai, Kim. Vous devez seulement donner l'impression d'être en train d'organiser un assassinat. Envoyez-moi des rapports sur les mesures de sécurité dont il s'entoure, comme si vous preniez la mission spéciale au sérieux. D'ici à ce que Moscou comprenne que vous n'éliminerez jamais Franco, les armées républicaines se seront effondrées et la guerre civile sera terminée. Franco, le dictateur espagnol en résidence, sera hors de portée dans un palais de Madrid, et Moscou tournera son attention vers la menace plus proche : Adolf Hitler. »

Philby secouait la tête, ahuri. Apparemment, mes mots n'avaient pas pénétré. « Je n'ai aucune idée de la façon dont on tue quelqu'un, Alexandre. Otto ne m'a jamais formé pour ça. À Londres, on a vu les codes simples, l'écriture secrète, j'ai appris à repérer une filature et j'étais assez doué pour me perdre dans la foule même en l'absence de foule. Mais rien sur les assassinats. Comment veulent-ils que je m'y prenne ? Avec un couteau ? Un p-pistolet, peut-être ? Ahh, du p-poison. Sûrement du p-poison. Les espions sont censés être experts en emp-poisonnement. Mais ils p-préfèrent peut-être que je l'étrangle ? Il n'est pas très grand, vous savez, mais quand même assez costaud. Je ne suis pas sûr de pouvoir y arriver. Admettons que j'en sois capable, comment suis-je censé p-procéder – je l'étrangle avec un de mes lacets, les seuls effets personnels que ses foutus gardes du corps m'ont laissés, les deux fois où je me suis retrouvé dans la même pièce que Franco ? »

J'ai tendu la main pour lui saisir le poignet. « Reprenez-vous, Kim. »

Deux filles particulièrement jolies, des Françaises à en juger par leurs appétissantes épaules nues, passaient devant la fontaine au milieu de la place, bras dessus, bras dessous, leur rire flottant au-dessus des pavés. Les rayons du soleil qui tombaient en biais entre les apôtres de grès, érodés par le vent, en haut de la corniche de l'église rendaient leurs longues robes transparentes. Me voyant observer quelque chose dans la vitre du café, Philby a suivi mon regard. Il a lâché un petit rire admiratif. Je l'ai entendu dire : « Je suppose que vous avez tué des gens en votre temps. »

J'ignorais si ça se voulait une affirmation ou une question. Pensant qu'un épisode qu'on aurait cru, à tort, sorti d'un de ces romans policiers à vingt francs le distrairait, j'ai dit : « Il y a un mois, j'étais dans un petit hôtel, à Nice, quand deux flics français ont fait irruption dans ma chambre.

– Qu'est-ce que vous avez fait ?

– Je dormais, en caleçon, quand l'ampoule au plafond s'est brusquement allumée. Je me suis redressé et j'ai cligné des yeux pour m'assurer que je ne rêvais pas. Je ne rêvais pas. Ils étaient tous les deux plantés au pied du lit, les pieds très écartés, dans la position de tir réglementaire, pointant des pistolets sur mon plexus solaire. J'ai reconnu l'arme qu'ils avaient au poing – un automatique de 6,35 millimètres, que ces foutus Français appellent *le Français*. J'ai levé les mains, paumes ouvertes, et lancé un coup d'œil à mon propre pistolet – un ravissant petit Luger-Parabellum P-8 – dans son étui, accroché au dos d'une chaise, hors de portée. Ils ont suivi mon regard. Erreur fatale. Je dormais avec un Mossberg américain à deux coups sous ma couverture. J'avais scié les canons moi-même afin d'élargir la gerbe de sorte qu'il était quasiment impossible de rater la cible à faible distance. Je les ai descendus, un coup chacun. » J'ai passé les doigts dans mes cheveux, coupés ras dans le style qu'affectionnaient les sous-officiers de l'Armée rouge. « Ce n'était pas beau à voir, je suis le premier à le reconnaître. Une grande quantité de sang avait giclé sur le papier peint représentant des moutons paissant dans un pré. Sûr que vous auriez vomi. Je me suis habillé, j'ai enjambé la fenêtre et suis descendu par un de ces nouveaux escaliers de secours en acier qu'on installe sur les bâtiments publics de nos jours.

– Qu'est-ce qu'on ressent ? Quand on tue quelqu'un par balle ?

– On se sent bien mieux que si on avait été tué par balle. »

Philby a fini son café, qui devait être froid à présent, même si ça n'a pas paru le gêner. Il a pris mon exemplaire de *Newsweek*. « Je suppose que c'est pour moi.

– Vous trouverez une nouvelle feuille de codes à l'intérieur, ainsi que tout l'argent liquide que j'ai pu soutirer à ces connards du cinquième étage. Continuez d'envoyer vos cartes postales à Mlle Dupont, au 79, rue de Grenelle à Paris. »

Philby a désigné d'un mouvement de mâchoire la

mince boîte en carton posée sur la chaise à côté de moi. Elle était entourée d'un ruban rose. « Ça aussi, c'est pour moi ?

– Non, non, c'est une robe pour ma femme. Le couturier anglais Captain Molyneux a une boutique à Biarritz. Vous voulez en entendre une bien bonne ? J'ai reconnu un des clients quand je l'ai achetée ; c'était Théodore Alexandrovitch, le grand-duc qui a fui Petrograd après la prise de pouvoir par les bolcheviks et a atterri dans une luxueuse villa en bord de mer proche de Biarritz. La voluptueuse jeune beauté qui essayait la robe que le grand-duc a fini par acheter n'était absolument pas son épouse. »

Je n'ai pas dit à l'Anglais comment je le savais. Je ne voulais pas l'ennuyer avec l'histoire des prostituées à mon service dans une *maison close** du coin et mes conflits incessants avec ces sales rats de Moscou qui avaient décidé que les émoluments que je payais aux filles entraient dans la catégorie des dépenses personnelles et non pas professionnelles.

Philby a souri. « Vous pourriez peut-être faire chanter le grand-duc. »

J'ai souri, moi aussi. « Finalement, vous avez peut-être un avenir dans l'espionnage. »

8

Gibraltar, juillet 1938

Où M. Philby, du* Times, *regrette de ne pas être végétarien

Le *rezident* de Londres m'avait envoyé dans l'idée que rien ne passerait plus inaperçu que deux vieux camarades de Cambridge qui se retrouvaient pour boire ce que Kim appelait invariablement une mort subite, et l'hôtel Rock, à mi-pente sur la colline de Gibraltar, avec son amusante vue sur le port en contrebas et sur le détroit un peu plus loin, était un lieu assez pratique pour nous deux. J'avais découvert qu'un télégramme m'attendait à la réception. « Vous seriez donc M. Guy Burgess ? » s'est enquis le concierge. « Je le serais si je le pouvais », ai-je répliqué. Il a paru perplexe. « Est-ce que c'est un oui ?

– Oui, c'est un oui. » Il m'a tendu une formule de Western Union sur laquelle étaient collées les bandes du message : Kim, semblait-il, avait deux jours de retard sur le programme, à cause d'un village nommé Vinaroz, à mi-chemin entre Valence et Barcelone, tombé entre les mains baladeuses de Franco, si bien que la République se retrouvait coupée en deux. Le *Times*, décidant que cette victoire stratégique méritait une dépêche, avait envoyé sur place son correspondant. Je n'avais pas du tout l'intention de rester à l'hôtel Rock, avec les saintes patronnes des douairières, engoncées dans leur corset rigide, qu'on trouvait à toute heure sur la terrasse en train d'observer l'Afrique comme si elle risquait de disparaître pour peu qu'on la regarde assez longtemps. Si je m'attardais ici, et vu que j'étais un employé du Foreign Office en mission spéciale (ce que j'avais refusé de démentir quand le concierge avait émis cette hypothèse), l'une d'elles pouvait bien m'entraîner dans une conversation. Non, non, une frappe préventive était absolument nécessaire. Et Algesiras, de l'autre côté de la baie, était la cible logique. J'y étais déjà allé et j'avais hâte de ranimer mes souvenirs. Il y avait un quartier de la ville que les gens du coin appelaient la Colline, et un cabaret surnommé Rétention Anale, tenu par deux pédés écossais. La rue non pavée grouillait de garnements qui récupéraient les mégots de cigarettes jetés et, quand ils étaient encore allumés, les fumaient jusqu'au bout de leurs ongles sales. Les serveurs étaient tous de belles folles portugaises, vêtues de costumes de marins français ajustés – marinière, pantalon serré aux fesses et évasé en bas, casquette bleue à pompon rouge – et aspergées d'un parfum délicieusement bon marché. On pouvait avoir n'importe laquelle, plus une bouteille de champagne coupée à l'eau en prime, pour cinq livres sterling. Deux lesbiennes complètement nues, leurs lèvres et *labia* peintes en rouge vif, luttaient sur un tapis disposé sur le petit proscenium. L'idée, apparemment, était de réduire l'adversaire à l'état semi-conscient puis de la ramener à la vie grâce à une répugnante démonstration de résurrection par bouche-à-*labia*. Je serai le premier à reconnaître que j'étais moi-même à demi conscient quand le taxi espagnol m'a déposé au pied de l'hôtel Rock, deux jours plus tard.

« Tu as l'air de rentrer de la guerre », m'a dit Kim.

Il avait encore une petite compresse de gaze collée avec de l'adhésif sur son entaille à la tête – c'était tout ce qui restait du pansement en forme de turban que j'avais vu sur la photo de notre héros de guerre anglais parue dans les journaux à Londres. « C'est plutôt toi qui as connu la guerre, mon vieux », ai-je fait remarquer alors que nous prenions place dans des fauteuils d'osier autour d'une table ronde tout au bout de la terrasse, à portée de vue mais pas d'oreilles de la brigade des douairières. Kim a sorti une de ses cigarettes françaises dont l'odeur désagréable éloignait soi-disant les moustiques, comme il le prétendait quand il les fumait à la chaîne à Cambridge. La pochette d'allumettes lui a glissé des doigts. Il s'est penché pour la ramasser et en a profité pour inspecter le dessous de la table.

« Je vois que tu as acquis un peu de savoir-faire durant ton séjour en Espagne, ai-je dit.

– Tant qu'on vit, on ne cesse pas d'apprendre, ou devrais-je dire tant qu'on apprend, c'est qu'on vit toujours ? »

J'ai posé mon exemplaire de *Picture Post* sur la table en demandant : « Comment va ton épouse magyare ? »

Kim l'a pris négligemment pour inspecter le reportage photo, empochant du même coup l'enveloppe avec les quatre-vingts livres sterling et les nouveaux codes dactylographiés sur du papier de riz. « La dernière fois que je l'ai vue, il y a plusieurs mois, elle avait l'air de se débrouiller », a-t-il répondu.

J'ai dû m'éclaircir la gorge, puisque c'est ce que je fais, m'a-t-on dit, avant de délivrer des informations désagréables. « Je crains d'être porteur de mauvaises nouvelles.

– Oui ?

– Otto, notre *rezident* de Londres, a été rappelé à Moscou.

– C'était p-peut-être pour des consultations de routine.

– Sa femme a reçu l'ordre de rentrer avec lui.

– Ahh. » Kim a pris le temps de digérer l'information. « Qu'est-ce que tu en penses ? a-t-il fini par me demander.

– Avec toutes ces rumeurs sur les procès à Moscou…

– Ces rumeurs sont sûrement de la propagande capitaliste », a-t-il dit.

J'ai probablement haussé les épaules. « Il n'y a pas de fumée sans feu. D'après moi, Staline serait idiot de ne pas se débarrasser de la cinquième colonne avant le déclenchement de la guerre contre l'Allemagne.

– Otto ne fait p-pas partie de la cinquième colonne.

– J'ai tendance à penser que non, et qu'en conséquence il ne lui sera fait aucun mal à Moscou. J'ai fini par bien connaître Otto pendant qu'il éprouvait mes capacités, à Londres. Un type bien, communiste pur et dur, sacré bon *rezident*, professionnel jusqu'au bout des ongles. La dernière fois qu'on s'est vus, c'était dans un pub de Soho. Il est arrivé coiffé d'un chapeau melon et portant un parapluie ; j'ai cru comprendre que c'était son déguisement pour embrouiller les crétins du MI5 qui essayaient de le filer. Je lui ai dit qu'il aurait dû aller jusqu'au bout et raser sa moustache triangulaire – vu qu'il n'y en a pas deux comme la sienne à Londres, il ressort plutôt au milieu d'une foule. Il m'a répondu que son père s'était battu pendant la révolution bolchevique en portant une moustache triangulaire, que c'était une espèce de tradition familiale. Le pauvre vieux m'a même donné son vrai nom. C'est Teodor. Teodor Maly.

– Il a fait du si bon boulot en nous recrutant qu'on voit mal ce que le Centre p-pourrait lui reprocher.

– J'ai l'impression que tu es la pièce à conviction numéro 1.

– Pardon ?

– Ce soir-là, à Soho, il a sifflé une bouteille de vodka et il s'est laissé aller. Il m'a avoué que ce que le Centre lui reprochait, c'était toi.

– Tu peux t'expliquer, Guy ?

– Tu as rencontré le Suédois à Biarritz il y a deux mois.

– Plutôt trois, mais p-peu importe.

– Tu as fait un rapport au Suédois sur l'ordre de bataille des nationalistes. Sur le dernier modèle de Messerschmitt reçu par Franco. Il t'a passé des nouveaux codes et un peu d'argent. Puis il a abordé la question d'une mission spéciale.

– Même lui a été forcé d'en rire quand il en a p-parlé, tellement c'était ridicule.

– Un ordre de cette nature n'a pu venir que de Staline, ai-je dit.

– Le Suédois m'a expliqué comment ça marchait. Staline, qui apparemment reste d-debout jusqu'à point d'heure et boit comme un moujik géorgien, a dû faire une remarque comme quoi la guerre en Espagne était perdue, que le seul espoir était que nous puissions nous débarrasser de Franco. Le lendemain matin, un collègue du Politburo a dû le répéter à un de ses sous-fifres, et l'ordre a été répercuté jusqu'en bas de l'échelle.

– Tout de même, si ça vient de Staline…

– Et toi, Guy, comment t-tu ferais pour assassiner Franco ?

– Ce n'est pas à moi qu'on a confié la mission

spéciale. C'est à toi. C'est donc à toi de trouver un moyen. Et une issue.

– C'est dingue que deux anciens de Cambridge p-puissent avoir une conversation pareille. Tu sais bien que la vue du sang me d-donne envie de vomir. Merde, c'est une chose d'espionner pour les bons, une autre de commencer à supprimer les gens qui ne leur plaisent pas.

– Eh là, inutile de t'en prendre à moi. Je ne suis que le messager. » Plusieurs saintes matrones ont lancé des coups d'œil vers nous, mais je leur ai fait comprendre, en agitant le dos de la main, qu'elles feraient mieux de contempler l'Afrique. « Que t'a dit le Suédois ?

– Il m'a dit de faire comme si j'étais enthousiaste. D'avoir l'air impatient d'exécuter les ordres une fois que j'aurais su comment. Il m'a dit que je devrais faire un rapport sur les mesures de sécurité entourant Franco comme si j'avais l'intention de l'assassiner. Il m'a dit que le temps qu'ils se rendent compte que je n'étais pas à la hauteur de la mission, la guerre serait finie et Franco serait hors de portée à Madrid.

– Est-ce que tu as au moins envoyé des rapports sur la sécurité de Franco ?

– Absolument. Franco est entouré de fidèles gardes du corps andalous qui sont avec lui depuis l'époque où il commandait le contingent espagnol au Maroc pendant la guerre du Rif. J'ai expliqué t-toute la procédure à suivre pour obtenir le laissez-passer permettant d'entrer dans un bâtiment officiel – il faut un passeport, ainsi que deux autres documents d'identité pour confirmation. Quand Franco quitte le palais à Burgos, c'est dans un convoi de douze à quinze automobiles identiques. Les voitures se doublent les unes les autres au cours du trajet. Même en sachant dans quel véhicule Franco est parti, il est impossible de savoir dans lequel il se trouve trois minutes plus tard.

– J'ai lu quelque part que Staline faisait la même chose. » J'ai baissé la voix, de peur que les saintes matrones ne concluent que nous étions plus intéressants que l'Afrique. « Teodor m'a dit qu'il avait envoyé à Moscou une douzaine de télégrammes relatifs à ta situation. S'il s'est retrouvé dans de sales draps, c'est en voulant te défendre. Il leur a dit que tu étais un jeune et talentueux aristocrate britannique qui se considère comme un marxiste et travaille pour l'Internationale communiste en suivant sa conscience, pas par peur ou pour l'argent. Le Centre a apparemment répondu sur le thème de *Seul le prolétariat a une conscience*. Teodor a répété que tu effectuais un boulot remarquable avec tes rapports du côté nationaliste. Il a argué que malgré ta loyauté et ton désir de servir la cause, tu n'étais pas entraîné pour les sales boulots et qu'on ne pouvait pas attendre de toi que tu exécutes un ordre d'assassinat. Je crains qu'il ne doive expliquer tout ça en personne à la Loubianka alors même que nous goûtons au confort de l'hôtel Rock. Le nouveau *rezident*, du temps où il était l'adjoint de Teodor, a contresigné nombre de télégrammes de son patron te concernant, ce qu'il regrette amèrement. Il craint que sa bonne opinion de toi ne soit retenue contre lui.

– Comment connais-tu ces détails ?

– J'ai découvert que Teodor avait été rappelé quand je suis allé à un rendez-vous à Regent's Park – tout près du zoo – et que j'ai trouvé un autre homme assis à sa place. *Ne vous inquiétez pas*, m'a-t-il dit. *Je suis votre nouveau* rezident. *Mon prédécesseur a été rappelé à Moscou*. Il s'est présenté sous le nom de Gorski. J'ignore tout à fait si c'est son nom de baptême ou de famille, ou même son vrai nom. On en est vite venus à parler de toi. Il sait que nous sommes de vieux copains de Cambridge. Il m'a dit que je devais aller à Gibraltar pour t'expliquer la relève de la garde…

– À ce propos, Guy, pourquoi c'est toi que je vois à Gibraltar, plutôt que le Suédois à Biarritz comme d'habitude ? »

Il est tout à fait possible que j'aie soupiré à ce stade. « D'après mon expérience, un malheur ne vient jamais seul.

– Qu'est-ce que tu racontes ? Le Suédois a été arrêté ? Il est mort ?

– C'est bien pire, je le crains. Un gâchis complet. Il est passé à l'Ouest. »

Je me souviens que Kim a contemplé au loin les sillages qui demeuraient dans le détroit bien après le passage des navires, comme pour marquer les voies d'entrée et de sortie dans la mer Méditerranée. « Je suis soulagé de voir que tu prends ça si calmement », ai-je fait observer.

Il s'est retourné vers moi. « Tout ça fait partie du Grand Jeu. Nous savions, au moment de signer, qu'il y aurait parfois des coups durs.

– Gorski estimait que tu finirais par savoir, pour le Suédois, raison pour laquelle il m'a envoyé te prévenir. Il jugeait qu'il valait mieux que tu l'apprennes par nous. Il y a un aspect positif à la mauvaise nouvelle. D'après Gorski, le Suédois a envoyé une lettre à Joseph Staline avant de faire défection. Il a laissé derrière lui une femme et un enfant sur la Côte d'Azur, et toute une ribambelle de parents, de frères et sœurs et d'oncles et tantes en Russie soviétique. Dans sa lettre, le Suédois rappelait à Staline qu'il connaissait l'identité de tous les agents soviétiques en Europe, sans exception. Il avait personnellement travaillé sur le terrain avec la plupart d'entre eux. Il a dit à Staline que si rien n'arrivait à sa famille, il ne révélerait jamais leurs noms aux services de contre-espionnage occidentaux. »

Kim a accueilli l'information d'un hochement de tête. « Quand est-ce que le Suédois a retourné sa veste ?

– Vers le 12 de ce mois-ci, d'après ce qu'on a pu établir. Un jour il était dans sa pension, à Cannes, le lendemain il n'y était plus. Qui sait comment il a disparu. »

Kim, comme toujours, est vite allé au cœur du problème. « Comment peut-on être certains que le Suédois respectera sa part de ce pacte diabolique ? a-t-il demandé.

– Eh bien, pour commencer, nous sommes assis là sur la terrasse de l'hôtel Rock. Ni toi ni moi n'avons été arrêtés.

– Et s'ils décident de le torturer ? »

J'y ai réfléchi. « Je n'ai jamais rencontré le Suédois. Toi, si. Je l'ai vu une fois, sur un banc à proximité, qui donnait des cacahouètes aux pigeons, alors que j'avais rendez-vous avec Otto – un type musclé, aux cheveux ras. Pas le genre d'homme auquel on a envie de se frotter dans une ruelle sombre. Ni une ruelle éclairée, d'ailleurs. Otto me l'a montré, au cas où le Suédois et moi aurions eu un jour besoin de nous rencontrer. En y repensant, je me rends compte que le Suédois amusait Otto. Il disait que le Suédois était ce que les vieux bolcheviks appellent un bouffeur de viande rouge. Ce qui semblait signifier qu'il était du genre prêt à tuer et à se faire tuer.

– On prétend que personne ne peut supporter la torture.

– C'est qui, “on” ?

– Les auteurs de romans d’espionnage.

– Qu’est-ce qu’ils en savent, assis à leur bureau avec vue sur la campagne, où la plus grande menace de mort ou de blessure, c’est le haha ? »

Kim n’a pas pu s’empêcher de rire. « Et nous deux, qu’est-ce qu’on en sait, assis à la terrasse de l’hôtel Rock ? »

J’ai posé à Kim la question qui me trottait dans la tête depuis que j’avais appris la défection du Suédois. « Tu ferais quoi, toi, si tu pensais avoir été découvert ?

– Je me sauverais.

– Tu irais vivre en Russie soviétique ?

– Otto avait l’air de croire que c’était ce qui ressemblait le plus à un Shangri-La sur terre. La Russie me conviendrait si j’étais sûr de pouvoir commander des livres chez Bowes & Bowes à Cambridge et des boîtes de pastilles pour la digestion Arm & Hammer. De toute façon, l’exil dans les steppes les plus glaciales de Sibérie serait préférable à vingt ans derrière les barreaux à Wormwood Scrubs.

– Tu rentreras en Angleterre quand la guerre d’Espagne sera finie ?

– Mes patrons au *Times* veulent que je couvre la guerre qui semble devoir éclater en Europe. »

Comble de l’horreur, une des saintes matrones s’est matérialisée tout près de moi. Elle tenait un numéro de *The Vegetarian News* ouvert à une page montrant une photo de Kim, décoré par Franco. « Je vous prie d’excuser mon intrusion, a-t-elle dit, mais je vous ai reconnu à votre photographie. En fait, c’est mon amie, Mme Crowlwithers, qui vous a reconnu. Pour être exacte, Mme Crowlwithers n’était pas sûre que c’était vous avant de remarquer la blessure à la tête. Vous êtes bien le gentleman du *Times* que l'on voit sur la photo, n'est-ce pas ?

– C'est bien lui, ai-je déclaré, pensant mettre Kim dans l'embarras. Vous pouvez peut-être lui demander de dédicacer votre exemplaire.

– Mais c'est exactement pour ça que je suis venue ! » Elle s'est tournée vers Kim. « Vous voulez bien ?

– À qui dois-je l'adresser ?

– À Mme Bayshore, ce serait gentil. Mes voisins, à Leigh-on-Sea, vont m'accuser de m'être laissé entraîner par mon imagination quand je leur raconterai que je vous ai réellement parlé en personne sur la terrasse de l'hôtel Rock. »

Kim a sorti un stylo-plume de la poche intérieure de sa saharienne kaki et écrit en gras : « À la charmante Mme Bayshore, d'Essex, avec toute ma considération, H.A.R. Philby, hôtel Rock, un jour de juillet 1938.

– Puis-je me permettre de vous poser une question personnelle, monsieur Philby ? »

Kim a gratifié son interlocutrice d'un faible sourire, du genre de ceux que les pasteurs de l'Église d'Angleterre accordent régulièrement aux mécréants. « Faites, faites », a-t-il répondu.

Mme Bayshore lui soufflait pratiquement dans le cou. « Seriez-vous végétarien, par hasard ? »

Kim a tressailli, comme si elle avait ravivé un souvenir. « Je l'ai été, pendant un temps, quand j'habitais à Vienne. Je suis au regret d'avouer que je suis un végétarien repenti, ce qui a sûrement aggravé mes indigestions chroniques. »

Mme Bayshore a effleuré le poignet de Kim du bout de ses doigts. Le geste était à un degré de longitude sur l'Équateur de la sensualité. « Il n'est jamais trop tard pour entrer par la porte étroite », a-t-elle confié.

Elle a rejeté la tête en arrière, exposant un col très empesé à l'endroit où aurait dû se trouver son cou, et annoncé d'une voix censée s'entendre par-delà le détroit jusqu'en Afrique : « Végétarien ou pas, vous avez illuminé ma journée, monsieur Philby.

– Et vous, la mienne, chère madame », a-t-il répondu.

9

Novembre 1939

Où le Hajj équipe son fils pour la drôle de guerre

M. Rupert Herrick-Howe
Service client
Harrods
Brompton Road
Borough of Kensington
Londres

Le 3 novembre 1939

Monsieur,

Veuillez avoir l'amabilité de débiter mon compte pour l'achat des articles énumérés ci-dessous et de les envoyer sans attendre à mon fils, Harold Philby, à l'hôtel du Commerce, Arras, France :

Une trousse à couture réglementaire de la Home Guard
Une trousse de premiers secours réglementaire de la Home Guard
Deux tubes d'huile solaire aux plantes Daggett & Ramsdell

Deux grands tubes de pommade pour les brûlures Johnson & Johnson
Des bouchons d'oreilles semblables à ceux qu'utilisent les officiers de la marine royale durant les exercices de tir au canon en mer
Un casque ordinaire de l'infanterie britannique avec les mots « WAR » et « REPORTER » imprimés en majuscules sur le devant
Un masque à gaz ordinaire de l'infanterie britannique ainsi qu'un filtre de rechange Cellucotton
Deux paquets contenant chacun douze boîtes de pastilles pour la digestion Arm & Hammer. Je compte sur vous pour me les facturer au prix réduit pour l'achat d'une grande quantité de boîtes d'Arm & Hammer, comme indiqué sur les publicités placardées sur les bus qui traversaient Piccadilly Circus pas plus tard qu'hier.
Un exemplaire du livre de poche N° 1 de chez Simon & Schuster, écrit par un certain Hilton et intitulé *Horizon perdu*, dont une critique élogieuse est parue dans les pages culture du *Times* l'avant-dernier week-end.
Je vous saurais gré de bien vouloir ajouter une carte dans le paquet avec le message suivant : « De la part du Hajj, qui t'a sauvé des foudres d'un tailleur furieux dans le souk de Damas en achetant une djellaba souillée, qui, à la réflexion, devrait aujourd'hui très bien t'aller. »

Votre serviteur,

Harry Saint John Bridger Philby, Esq.
Maida Vale

10

Calais, mai 1940

Où le correspondant du* Times, *M. Philby, est accusé de trahir son roi et son pays

Un jour de mai 1940
M. Ralph Deakin, Esq.
Rédacteur en chef du service étranger
The Times
Londres

Cher Monsieur,

Ci-joint le compte rendu que vous m'avez demandé du temps que j'ai passé avec la force expéditionnaire britannique dans les Flandres.
La guerre civile ayant pris fin et Franco dirigeant d'une main de fer le pays depuis Madrid, j'ai quitté l'Espagne en août 39 et traversé les Pyrénées pour rejoindre une petite bourgade du nord de la France qui se prend pour un gros bourg : Arras, où l'etat-major de la force expéditionnaire britannique s'est installé. Son service de renseignement, une troupe compassée de capitaines et de colonels de réserve si récemment mobilisés que certains portaient encore des chemises civiles avec bouton de col en nacre et

des chaussures en cuir vernies, n'a pas vu ma présence d'un très bon œil. Quelque chose dans mon curriculum vitæ semblait les inquiéter, mais comme la couverture cartonnée de mon dossier était estampillée « confidentiel », je n'ai pas pu identifier le problème. Je peux seulement supposer que, les Soviétiques ayant signé un pacte de non-agression avec l'Allemagne nazie l'année dernière, ces messieurs ont moyennement apprécié le fait que ma femme soit une communiste autrichienne : des visions de moi collaborant avec le diable rouge ont dû danser dans leur tête. J'ai donc atterri à l'hôtel du Commerce, où je me suis tourné les pouces pendant trois semaines en attendant mon accréditation – un interlude dont je n'ai pas à me plaindre, je vous le concède, puisque le bar était bien approvisionné en scotch whisky de M. John Walker, pour satisfaire les haut gradés de la force expéditionnaire cantonnés à l'hôtel. Le temps que j'obtienne l'indispensable papillon rose indiquant *Mission spéciale accordée par l'état-major à des fins journalistiques*, la Grande-Bretagne et la France avaient honoré les obligations qui les liaient par traité à la Pologne et, après l'invasion de celle-ci par Hitler, avaient déclaré la guerre à l'Allemagne. Quand j'ai enfin reçu l'autorisation d'aller faire un tour dans les champs de betteraves des Flandres pour y chercher la guerre que la Grande-Bretagne avait déclarée, je ne l'ai trouvée nulle part, pour la simple raison qu'il n'y en avait pas. Les journalistes américains se sont mis à appeler *Phony War* les huit mois écoulés entre notre déclaration de guerre et la *blitzkrieg* à travers la Belgique et la France. Les Allemands, dans un trait d'humour qui ne leur ressemble pas, les ont surnommés *Sitzkrieg*. Les

Français, frappés par le ridicule de ce temps mort, parlent de la *drôle de guerre*. Quant aux pilotes de la Royal Air Force qui tous les jours ont largué des tracts de propagande au-dessus de l'Allemagne, ils ont trouvé *Confetti War*.

Quel que soit le nom qu'on lui ait donné, c'était un interlude bizarre – cent dix divisions anglaises et françaises, retranchées le long de la frontière, qui regardent vingt-trois divisions ennemies (le plus gros de l'armée allemande étant engagé à l'Est) de l'autre côté du *no man's land*, sans que personne tire un seul coup de feu de part et d'autre.

Il m'a fallu deux mois de demande quotidienne au bureau de presse, deux étages en dessous de ma chambre, avant de découvrir un imprimé jaune, plié dans ma boîte aux lettres, m'autorisant à rejoindre un groupe de journalistes qu'on emmenait visiter la célèbre ligne Maginot, derrière laquelle les Français escomptaient repousser les Teutons si jamais ils attaquaient. À quatre heures le lendemain matin, nous avons pris le train pour Metz et nous sommes retrouvés dans un wagon de troisième classe bourré de conscrits français, en capotes kaki, qui rentraient de permission. Bill Shirer, de CBS, a enregistré une interview avec leur commandant, un barbu qui tenait une canne de bambou coincée sous son unique bras (l'autre ayant été arraché pendant la Grande Guerre), qui clamait que ses hommes, une fois sur le front, auraient tôt fait de régler leur compte aux Boches. En entendant ça, les plus jeunes officiers l'ont acclamé ; les simples soldats, qui épluchaient des oranges dont l'odeur, dans des compartiments fermés, ne manque jamais de me donner la nausée, continuaient de chanter leurs chansons paillardes.

À la gare de Metz, nous avons été confiés à des membres du service de presse militaire français, qui nous ont entraînés, comme des écoliers lors d'une sortie scolaire, vers un cortège de fameuses *traction avant** de M. Citroën, dûment repeintes en rayures camouflage marron et vert olive, comme si ça allait les rendre invisibles aux pilotes allemands qui surveillaient les ponts sur la Moselle, dans des biplans Fokker d'époque, eux aussi peints avec des rayures camouflage marron et vert olive.
Une fois de l'autre côté de la Moselle, les Citroën ont roulé à travers des vignes qui s'étendaient à perte de vue, pour finir par s'arrêter en bordure d'un pré où trois ballons d'observation étaient attachés par des cordes à des pieux enfoncés en diagonale dans le sol. Dans une cantine de campagne, à l'intérieur d'une tente – dont les rayures camouflage ont, hélas, eu pour effet de nous couper notre appétit civil – un sous-officier affublé d'une de ces ridicules toques de chef cuisinier avait disposé des sandwichs aux rillettes, des bouteilles fraîches de Maitrank parfumé à l'aspérule odorante et des tranches d'ananas. (Plusieurs membres de notre groupe de presse ont ouvertement parlé de passer du côté des Grenouilles.) Dans mon français rudimentaire, j'ai réussi à discuter avec un pilote de ballon qui avait effectué une sortie plus tôt dans la journée. Un garçon assez sympathique, appelé Sixte quelque chose. Il venait de sortir de l'école militaire de Saint-Cyr et semblait trop jeune pour avoir l'usage d'un coupe-chou. Je lui ai demandé s'il avait repéré des signes de vie derrière la ligne Siegfried lorsqu'il était là-haut dans son ballon d'observation. Examinant les mots « WAR » et « REPORTER » imprimés sur le

devant de mon casque d'infanterie avec ce qu'on peut seulement décrire comme de la perplexité, il a reconnu que la seule chose d'intérêt militaire qu'il ait vue, c'était un ballon d'observation teuton. Imaginez-vous cela, monsieur Deakin : la guerre était déclarée depuis – combien ? – presque quatre mois, et les deux pilotes de ballon étaient peut-être les seuls, des deux côtés du front, à avoir aperçu l'ennemi. Quand je repense à ce qui est décidément une *drôle de guerre**, je me souviens de la complicité de ces deux aéronautes, à environ quinze kilomètres l'un de l'autre, l'Allemand étant, selon toute probabilité, aussi jeune que le Français (puisque seuls des jeunes gens inconscients des dangers de la guerre se portent volontaires pour piloter des ballons d'observation), tous deux utilisant des miroirs de poche pour attirer l'attention de l'autre grâce aux reflets du soleil, avant que leur équipe au sol ne les rentre, tels des cochons bouffis tenus par de longues laisses, à la nuit tombée.

Je ne vais pas vous ennuyer avec une description détaillée du fort Maginot que nous avons visité – vous l'avez sûrement vu dix fois aux actualités cinématographiques Pathé. Qu'il me suffise de préciser que la présence de parterres de fleurs et de jardins potagers du côté français ne le rendait pas moins déprimant. Les soldats qui tenaient le fort, vivant sous terre pendant des mois d'affilée, avaient l'air de mineurs de fond – leurs pupilles n'étaient pas plus grosses que des piqûres d'épingle et ils avaient la peau d'une pâleur cadavéreuse par manque de lumière. Toutes les activités importantes du fort se passaient sous terre : les hommes mangeaient, dormaient, forniquaient (des infirmières de la *Croix-Rouge** étaient affectées à l'infirmerie du fort), déféquaient, regardaient des films dans un auditorium de cent places, tout ça dans des installations creusées par l'homme dans les entrailles de la terre, reliées par des passages étroits, aux escaliers taillés dans la roche, éclairés par des ampoules électriques nues toutes les centaines de mètres. Quand on y pense, ça ressemblait à ce qu'on imagine être la vie dans un sous-marin : la grande majorité de l'équipage vit à la lumière artificielle dans la coque, seuls quelques chanceux ont la possibilité de grimper dans le massif pour voir la mer. Dans le cas présent, les quelques chanceux, stationnés au-dessus du niveau du sol dans la tourelle géante du fort, regardaient dans des périscopes braqués sur ce qui ressemblait à un réseau de tranchées ennemies recouvert de sacs de sable. S'il y avait des Allemands dans le fort, distant de la longueur d'un terrain de football, je n'en ai pas vu trace quand est venu mon tour de regarder dans un des périscopes.

De retour dans nos Citroën, on nous a trimballés sur des routes de terre jusqu'à un énorme entrepôt souterrain, à plusieurs kilomètres à l'arrière du front. Nos chaperons français tenaient à nous expliquer que la ligne de forts imprenables conçue par Maginot, leur ministre de la Guerre, ne serait jamais à court d'approvisionnement – nous avons parcouru des allées interminables entre des rayonnages géants garnis d'obus d'artillerie, de lits d'hôpitaux empilés les uns sur les autres, de caisses en bois remplies de munitions pour fusils et mitrailleuses, de cartons de boîtes de nourriture, même de caisses de *vin ordinaire** destiné à la consommation (du moins l'ai-je supposé) de *conscrits ordinaires**. À une intersection dans le vaste hangar, nous sommes tombés sur un très grand colonel français en pleine querelle avec un tout petit caporal-chef. Le colonel, la cigarette aux lèvres, portant une veste de cuir ceinturée, un casque de char et de grosses chaussettes militaires enfilées par-dessus ses hautes bottes pour éviter de glisser sur la glace, se trouvait être le commandant du 507e régiment de chars, stationné très en retrait de la ligne Maginot, en réserve. Si j'ai bien compris, ce colonel, un certain *C. de Gaulle* d'après la plaque métallique accrochée juste au-dessus de sa poche de poitrine, cherchait des chenilles de char qui avaient été livrées au dépôt de la ligne Maginot, bien qu'il n'y eût pas de chars français postés sur la ligne Maginot. « Les forts de M. Maginot sont parfaitement inutiles, nous a dit le colonel, exaspéré, au grand embarras de nos chaperons. Les Allemands ne les attaqueront pas, ils les contourneront. La prochaine guerre sera menée par des chars et gagnée par le camp le plus mobile. Pour être mobiles, *chers messieurs**, mes chars ont besoin de chenilles ! » Le caporal-chef, dont les galons qui lui dégoulinaient sur la manche indiquaient qu'il était militaire de carrière, restait sur ses positions et refusait de donner les chenilles à de Gaulle sans un ordre écrit, en trois exemplaires, signé par le commandant de secteur. Se renfrognant pour montrer qu'il était à bout d'arguments et de patience, de Gaulle a attaché la mentonnière de son casque, formé un pistolet avec son pouce et son index et l'a pointé vers les médailles sur la poitrine du caporal-chef. « Brisez votre plaque d'identité en deux », a-t-il ordonné, comme si le pistolet était réel. (Les plaques, nouées au poignet, portaient le nom du soldat gravé deux fois ; s'il était tué sur le champ de bataille, sa plaque était cassée en deux et une moitié clouée à son cercueil.) Le caporal-chef, perplexe, semblait se demander s'il s'agissait d'une plaisanterie ou d'une menace. Il nous a lancé un regard, espérant que nous clarifierions la situation, puis, haussant les épaules, a tamponné un reçu et agité la main vers les caisses de chenilles de chars. Les hommes de de Gaulle les ont promptement chargées dans deux camions. Le colonel s'est serré dans le side-car d'une moto et, levant le poing pour faire signe aux camions de le suivre, est reparti sur les chapeaux de roue avec son trésor. Croyez-moi, monsieur Deakin, la drôle de guerre est sacrément mieux que la vraie. Entre les occasionnelles sorties dans les champs de betteraves et les visites aux sinistres forts Maginot, j'ai traîné à l'hôtel du Commerce, me gavant (à vos frais) de foie gras de Strasbourg au porto, buvant de l'armagnac hors d'âge, jouant au poker jusqu'aux petites heures de la nuit. Outre la bisbille dans l'entrepôt souterrain, les seules escarmouches dont j'ai été personnellement témoin, avant que les Panzers de Herr Hitler passent à l'attaque, ont opposé notre groupe de correspondants étrangers à Arras aux attachés de presse de la force expéditionnaire britannique, pour qui la simple mention, dans une dépêche, du temps qu'il faisait au-dessus des Flandres confinait à la trahison. En une occasion mémorable, mon *Sous un soleil radieux* a provoqué l'ire de notre préposé à la censure, un colonel de réserve qui avait des touffes de poils sur les pommettes semblant modelées à la graisse à essieu. La plaque de cuivre sur son bureau indiquait *M.R. Protheroe, Responsable par intérim de la censure.* « Vous espionnez pour quelqu'un, monsieur Philby », a-t-il annoncé d'un ton courroucé en biffant la phrase incriminée avec un épais stylo noir. Les bajoues du colonel de réserve ont tremblοté quand il a soufflé sur son précieux cachet de censeur et tamponné ce qu'il restait de ma dépêche afin qu'elle puisse être envoyée de l'abri Nissen du télégraphiste, installé sur le toit de l'hôtel du Commerce. « Sous un soleil radieux, hein ! a pesté le colonel Protheroe. Précisément ce que les pilotes de la Luftwaffe doivent savoir pour attaquer nos positions dans les Flandres.

– Pour le moment, les pilotes de la Luftwaffe m'ont l'air plutôt occupés à bombarder Varsovie, qui se trouve à mille cinq cents kilomètres d'ici », ai-je fait remarquer.

Ce colonel de réserve avait la mentalité du petit chien qui plante ses crocs dans le revers de votre pantalon. « Vous travaillez pour quelqu'un, en dehors du *Times*, Philby, a-t-il insisté. Croyez-moi, j'irai au fond des choses. Qui vous emploie pour obtenir des informations météo ?

– La *Pravda*, ai-je répondu. *Sous un soleil radieux* est en fait une expression codée signifiant *la force expéditionnaire britannique est à court d'huile solaire aux plantes de chez Dagget & Ramsdell.*

– Cette façon de plaisanter avec des choses sérieuses ne joue pas en votre faveur, a déclaré le colonel Protheroe. Fournir aux Boches des informations météorologiques dont ils peuvent disposer rien qu'en s'abonnant au *Times* relève de la trahison envers le roi et le pays. »

Je relate cet épisode, monsieur Deakin, pour vous donner une idée de ce à quoi les reporters de guerre – pour utiliser l'appellation de mon saint père –

étaient confrontés en suivant la force expéditionnaire dans les Flandres. Le point d'orgue de notre séjour à l'hôtel du Commerce a été l'organisation d'une loterie, où il fallait parier si la drôle de guerre se finirait sur un boum ou sur un murmure. Les trente-sept journalistes cantonnés à l'hôtel, ainsi que toute une troupe de gradés, de maîtres d'hôtel, de chefs de rang, de chauffeurs de taxi, d'employés de bureau et de télégraphistes, ont acheté un billet de loterie à trois livres.

Ceux qui ont parié pour le boum, dont moi, ont gagné !

Le 10 mai, un vendredi si ma mémoire est bonne, la guerre armée a commencé quand les divisions de Panzers allemands ont traversé la forêt des Ardennes pour contourner complètement la ligne Maginot et attaquer la Belgique et la France d'une direction inattendue. À Londres, le Premier ministre Chamberlain, qui avait notoirement promis « la paix pour notre temps » en agitant son parapluie, après la conférence de Munich avec Herr Hitler, a eu le bon sens de démissionner. Le roi George VI a eu le bon sens de le remplacer par l'ancien Premier lord de l'Amirauté, Winston Churchill. J'ai eu le bon sens de quitter l'hôtel du Commerce juste avant l'arrivée des envahisseurs allemands, qui ont rapidement percé le front britannique et se sont dirigés vers la Manche, coupant de fait les armées alliées en deux. C'était, comme tout le monde le comprend maintenant, le début d'une épouvantable débâcle qui doit compter comme la pire défaite des armes britanniques dans l'histoire. Nous, les reporters de guerre, avons fui Arras dans un omnibus municipal réquisitionné par les responsables de presse de l'état-major, qui se sont fait un devoir de nous escorter personnellement. Les jours suivants ont passé dans un mélange indistinct de poussière s'élevant des chaussées du nord de la France et de panique émanant des hordes de civils qui se sauvaient, beaucoup sur de vieilles bicyclettes, d'autres en tirant des charrettes sur lesquelles s'entassaient leurs possessions. Nous avons traversé des villages désertés, pleins de chiens affolés que leurs maîtres avaient abandonnés, attachés à des clôtures, et qu'on entendait hurler de faim à des kilomètres. Nos gars de la force expéditionnaire les achevaient, une balle par chien. Nous avons franchi à la hâte des ponts dans la campagne alors que des hommes du génie fixaient des explosifs aux piles. À peine avions-nous, tant bien que mal, atteint Amiens, que nous avons été tirés du lit avant l'aube pour être évacués vers Boulogne. La ville était en plein chaos. Des soldats d'une douzaine de pays bivouaquaient dans les rues, des réfugiés à cheval, à vélo ou à pied bouchaient les rues venant de la campagne. Les gendarmes du coin patrouillaient pendant toute la nuit pour empêcher le pillage des maisons abandonnées. Par moments, des tirs de fusil résonnaient à travers la cité, et la rumeur courait que des parachutistes allemands atterrissaient sur les terrains de football à proximité des écoles. Les lignes télégraphiques avec l'Angleterre étant coupées, je n'ai pas pu envoyer de dépêche décrivant les scènes auxquelles j'avais assisté, qui de toute façon n'aurait pas passé la censure, surtout si j'avais mentionné le temps qu'il faisait.

Puisque nous ne pouvions pas travailler, plusieurs d'entre nous ont loué l'automobile de l'hôtel, dans l'intention d'aller faire une partie de golf sur le célèbre parcours du Touquet. En chemin, nous avons été accostés par P.G. Wodehouse, qui possédait un cottage dans les environs. Ravi de se trouver en compagnie d'Anglais, Pelham nous a payé une tournée au café du coin. Il nous a dit que sa femme et lui estimaient que les Allemands étaient des gens civilisés, même si la propagande affirmait le contraire, et qu'ils n'avaient aucune intention de se joindre à l'exode. C'est une chance que nous nous soyons arrêtés pour boire un verre, car le bruit a bientôt couru que les Panzers de Guderian avaient atteint la première moitié du parcours. Entendant cela, nous avons derechef abandonné toute idée de golf et nous sommes mis en route vers Calais (songeant, comme l'a fait remarquer drôlement Martha Gelhorn, du *Collier's Weekly*, que nous pourrions rendre la voiture de l'hôtel après la guerre). Le fait est que j'ai regretté de ne pas être allé jusqu'au Touquet – imaginez la nouvelle exclusive, si j'avais découvert que les commandants allemands partaient à la guerre avec leurs clubs dans leur char et avaient interrompu la *blitzkrieg* pour faire un parcours.

À Calais, j'ai discuté avec quelques soldats de ces unités d'élite, les Queen Victoria Rifles, me semble-t-il. Ils devaient reconnaître des bâtiments à défendre dans le quartier du port. On leur avait dit que Churchill avait donné l'ordre de tenir Calais coûte que coûte, et ils étaient prêts à le faire, sauf qu'ils ignoraient où était leur général, ne savaient plus très bien qui commandait ou quand leur équipement lourd serait débarqué. C'est à ce moment-là, je crois, que je me suis rendu compte que tout ça – la ligne Maginot, les Flandres, le QG de la force expéditionnaire britannique à Arras, Amiens, Boulogne, Calais, les

plages de Dunkerque – était un bordel monumental. Hitler entraînait ses Stukas et ses Panzers depuis des années pendant que nous brandissions des parapluies. S'il y a un aspect positif dans cette histoire, c'est que nous paraissons réussir à évacuer des dizaines de milliers de nos gars des plages de Dunkerque, même si, comme l'a fait remarquer Churchill, on ne gagne pas les guerres en battant en retraite.
On m'a attribué une couchette sur ce qui semble l'un des derniers bateaux de pêche à quitter le port de Calais – en ce moment même, je tape ce texte sur ma fidèle Underwood portative, dans la cale bondée empestant le fuel. Le capitaine français compte prendre la mer à marée descendante, ce soir, et espère atteindre Douvres avant l'aube, pour éviter les pilotes de la Luftwaffe traquant les cibles juteuses dans la Manche. J'ai du mal à croire que je serai en Angleterre demain matin et, avec un peu de chance, à Londres demain soir. En vérité, je me sens horriblement coupable de sauver ma peau en laissant les chasseurs du régiment Queen Victoria derrière pour tenir le port. Mais ma culpabilité ne m'a pas empêché d'accepter la couchette quand on me l'a proposée. Bizarrement, le colonel de réserve M.R. Protheroe, celui qui m'a accusé de trahir mon roi et mon pays en décrivant le temps qu'il faisait dans les Flandres, se trouve sur le même bateau. « Votre tête me dit quelque chose », a-t-il déclaré en me voyant descendre l'échelle pour rejoindre la cale, mon casque portant les mots *War Reporter* attaché à mon sac à dos contre lequel il cognait. Le colonel Protheroe a paru avoir des difficultés à me remettre. Il avait le regard vide que j'avais si souvent vu chez les soldats commotionnés en Espagne.

« Philby, du *Times* », ai-je dit en lui tendant la main. Il ne l'a pas serrée. Je ne suis même pas sûr qu'il ait remarqué le geste.

Au bout d'un long moment, durant lequel il s'est mordillé l'intérieur de la joue, il m'a demandé : « Nous sommes-nous déjà rencontrés ?

– Dans les Flandres, oui.

– Oh, mon Dieu, les Flandres. C'était pendant la Première Guerre ou celle-ci ?

– Celle-ci, je dirais.

– J'espère que vous ne m'en voudrez pas. Je me souviens bien des choses, mais pas toujours de l'ordre dans lequel elles se sont produites.

– Les nouvelles du front étant ce qu'elles sont, je suppose que beaucoup vont rentrer au pays dans la même galère, ai-je dit.

– Vraiment ? Eh bien, le malheur apprécie la compagnie. Nous allons bientôt lever l'ancre. Je crois bien que l'arrivée aura lieu après le départ. »

Il n'a pas souri et j'ai compris qu'il ne cherchait pas à faire une plaisanterie.

Respectueusement,

H.A.R. Philby

11

Londres, juin 1940

Où M. Philby promet de garder l'air sérieux sur la photo pour son badge d'identité

Semblant un peu troublé, comme le sont les hommes quand ils ont rendez-vous avec quelqu'un qu'ils n'ont jamais vu avant, l'Anglais s'est aventuré dans la cour de l'hôtel Saint Ermin, dans Caxton Street, près de la gare Victoria, et, une fois à l'intérieur, a regardé autour de lui, hésitant. Il m'a vue, assise dans la petite alcôve près du rideau qui menait au couloir qui menait aux toilettes, mais pas une seconde il n'a envisagé la possibilité qu'il puisse avoir rendez-vous avec moi, bien que je sois le seul être humain en vue, si l'on excepte son reflet dans le miroir. J'avais les cheveux gris et j'étais âgée, pour dire les choses telles qu'elles sont. Il a consulté sa montre, haussé les épaules et s'est tourné pour repartir. C'est à ce moment-là que j'ai introduit deux doigts entre mes lèvres et sifflé – un truc charmant que feu mon frère Nigel m'avait appris quand j'avais douze ans et qui m'a été bien utile depuis pour arrêter des taxis les jours de pluie. H.A.R. Philby s'est retourné, au comble de la confusion. Je lui ai fait signe avec mon index et l'ai interpellé à travers la pièce. « Venez donc prendre le thé avec moi. Je suis Mlle Maxse, votre rendez-vous de quatre heures. » Je remplissais déjà une deuxième tasse de ce merveilleux thé vert chinois, que le Saint Ermin aurait du mal à se procurer si la guerre européenne s'étendait à l'Asie, comme je le pensais. « Prenez-vous du sucre, monsieur Philby ? »

Il s'est assis dans le fauteuil face à moi. « Je ne sais p-plus.

– Eh bien, vous me faites très plaisir, monsieur Philby. Ça fait bien longtemps que je n'ai pas tourneboulé un mâle de notre espèce au point qu'il en oublie combien de sucres il met dans son thé.

– Ahh, oui. Deux, s'il vous p-plaît.

– Ça vous est revenu. Bien.

– Je m'attendais plutôt… » Il a laissé sa pensée lui glisser entre les doigts.

« À quoi, mon petit ? Allez-y, crachez le morceau.

– Je ne sais pas très bien à quoi je m'attendais.

– Laissez-moi vous aider à y voir plus clair. Vous n'êtes pas né d'hier. Quand votre rédacteur en chef au service étranger du *Times*, le très revêche M. Deakin, vous a laissé entendre que quelqu'un était très désireux de s'entretenir avec vous au sujet d'un travail de guerre, comme on dit, vous avez certainement compris que vous intéressiez le Secret Intelligence Service. Mais vous vous attendiez à quelqu'un de plus jeune. »

Son absence de réponse était en soi une réponse.

« Vous vous attendiez à rencontrer un monsieur », ai-je ajouté.

Ma vue n'est plus ce qu'elle était, mais j'aurais juré voir une rougeur apparaître sur ses joues roses. « Je ne savais pas que des dames étaient employées p-par… par qui vous emploie, a-t-il dit.

– Sinon à des postes de secrétaire.

– Vous essayez d-de me d-déstabiliser. Je dois admettre que c'est réussi.

– Ces temps-ci, j'accepte avec reconnaissance les succès que je peux obtenir, si modestes soient-ils. »

Il a bu une gorgée de thé. « Je suppose que vous êtes un officier de haut rang – ils n'enverraient p-pas une secrétaire examiner une recrue p-potentielle. Je n'y ai pas beaucoup réfléchi, mais j'ai dû me figurer qu'au-delà d'un certain grade ce serait comme le corps des officiers de l'armée.

– Des hommes, des vrais, vous voulez dire ? Qui pissent dans de bons vieux urinoirs Armitage Shanks, en gardant les yeux rivés au plafond pendant toute la durée de l'opération pour ne surtout pas apercevoir le zizi d'à côté.

– Exactement.

– Bien, au moins nous avons franchi l'obstacle de vos préjugés. Si vous venez travailler pour nous, vous devez apprendre à garder l'esprit ouvert.

– C'est noté, mademoiselle Maxse. »

Je passe pour quelqu'un qui ne sourit pas beaucoup, mais je me soupçonne d'avoir violé la règle à cet instant-là. C'est moi, manifestement, qui menais cette conversation ; elle allait où je l'emmenais. « Votre père tient apparemment beaucoup à ce que vous rejoigniez le service, ai-je fait remarquer.

– En l'occurrence, mademoiselle Maxse, vous êtes mieux informée que moi sur les désirs de mon père.

– Il a glissé un mot, même si, je vous l'avoue, ce n'est pas lui qui a proposé votre candidature.

– Puis-je vous demander qui a proposé ma candidature ?

– Non.

– Ahh. »

En fait, sa candidature avait été proposée par son vieux compagnon d'armes de Trinity, Guy Burgess, que nous avions débauché du Foreign Office quelques semaines plus tôt. Avec la guerre qui faisait rage sur le continent, et le SIS qui augmentait frénétiquement ses effectifs pour s'y adapter, nous demandions régulièrement aux nouvelles recrues de nous suggérer des amis ou collègues qui auraient pu être aptes à ce que nous appelions, par euphémisme, du *travail de guerre*. Le premier nom figurant sur la fiche que m'avait donnée M. Burgess était Harold Adrian Russell Philby. Il était décrit comme quelqu'un qui parlait plusieurs langues étrangères et connaissait l'Europe comme sa poche. Drôle d'expression que celle-là. Personnellement, je connais mal l'intérieur de mes poches. Je me trouvais dans le saint des saints de Caxton House, au sixième étage, en train de présenter M. Burgess au colonel Menzies, qui avait été nommé à la tête du SIS après la mort de l'amiral Sinclair en 39, et j'avais mentionné en passant que j'allais me renseigner sur un M. Harold Philby. « Oh, vous voulez dire Kim, a réagi le colonel Menzies. Je connais sa famille. Westminster. Cambridge. Trinity. Bonne souche britannique. Même si le *pater familias* – ah ! je me souviens que l'amiral le surnommait le Hajj – est un sacré personnage, hein ? »

En règle générale, une recommandation du saint des saints revient à avoir un pied dans la porte. Mais comme mon ancien patron, l'amiral Sinclair, Dieu ait son âme, j'étais de la vieille école. Ce qui signifiait que M. Philby avait l'autre pied à l'extérieur. Selon la procédure de routine, j'ai soumis son dossier aux limiers de nos cousins du MI5, qui m'ont envoyé une note si succincte que je peux la citer intégralement de mémoire :

De : M. Montague Smallwood, service sécurité du MI5
À : Mlle Marjorie Maxse, service recrutement du MI6
Sujet : Harold Adrian Russell Philby, alias Kim
Rien trouvé contre.

« Encore un peu de thé, monsieur Philby ?

– Non, merci, mademoiselle Maxse.

– Bien, alors, venons-en au fait. Nous savons tout de vos frasques de Cambridge – votre adhésion à la célèbre Socialist Society, votre démarchage en faveur des candidats socialistes à Romsey Town. Nous savons que vous êtes parti à Vienne pour aider les réfugiés fuyant l'Allemagne nazie. Grand Dieu, vous avez vraiment fait le trajet d'Angleterre jusqu'à Vienne à moto ? »

Il s'est penché en avant. « C'était une Daimler, avec un de ces nouveaux moteurs d'avion V-12…

– On doit éviter de dire à quelqu'un plus qu'il ou elle n'est capable de comprendre, monsieur Philby. Voilà une chose que vous pourriez aussi garder en tête si vous venez travailler pour nous.

– C'est enregistré, mademoiselle Maxse.

– Comme je vous le disais, nous ne vous tenons pas rigueur de vos frasques. Nous sommes d'avis que ceux qui ne sont pas révolutionnaires à vingt ans n'ont pas de cœur, ceux qui restent révolutionnaires après trente ans n'ont pas de tête. Bonté divine, si nous nous interdisions de recruter du personnel qui a flirté avec Marx dans sa folle jeunesse, nous en serions réduits à faire la guerre avec les auxiliaires féminines. Nous sommes au courant, évidemment, de votre mariage avec Mlle Friedman. Belle initiative de votre part, je trouve. Une damoiselle juive en détresse. Vous êtes encore marié avec elle, n'est-ce pas ?

– En effet. Nous avons p-pensé tous les deux qu'il valait mieux rester mariés tant que Hitler menaçait l'Europe.

– Quelles sont vos relations présentes, à part le fait d'être mariés ?

– P-pardon ?

– Est-ce que vous couchez ensemble ? Est-ce que vous copulez ?

– Vous êtes d'une franchise déconcertante, mademoiselle Maxse. Nous n'avons pas couché ensemble depuis que je suis parti en Espagne couvrir la guerre civile pour le *Times*.

– Quand et où avez-vous vu Mlle Friedman pour la dernière fois ?

– À Paris. Durant ce que les journaux se sont mis à appeler la drôle de guerre. Je couvrais la force expéditionnaire britannique à Arras. Litzi – Mlle Friedman – m'a retrouvé pour le p-petit déjeuner à La Coupole. Elle était venue essayer de vendre deux petits tableaux au fusain d'un peintre italien appelé Modigliani. Nos retrouvailles ont été tout à fait civilisées. Elle est arrivée avec son amant. Un type bien. Journaliste, si j'ai bien compris. Georg quelque chose.

– Honigmann.

– Pardon ?

– Il s'appelait Georg Honigmann.

– Ahh. C'est juste. Litzi et lui se parlaient en allemand.

– Ça aussi, c'est juste. Est-ce qu'il est communiste ?

– Je n'en ai pas la moindre idée, mademoiselle Maxse. Quoique, connaissant Litzi, qui elle-même est très communiste, ce soit tout à fait possible.

– Sous-entendez-vous que tous ses amants étaient communistes ?

– Je ne sous-entends rien de tel. Mais le fait de ne pas m'être renseigné sur les amants de mon ancienne amante ne sera sûrement pas retenu contre moi.

– Êtes-vous communiste, monsieur Philby ?

– Grand Dieu, non.

– C'est une question que je suis obligée de poser. Nous avons lu tous les articles du *Times* signés par son correspondant en Espagne. Vous aviez manifestement peu de sympathie pour le camp républicain. Dans un article, vous avez justifié le bombardement des quais de Barcelone par les nationalistes en arguant que les équipements soviétiques étaient déchargés à cet endroit. Dans un autre, vous suggériez que c'étaient les mines républicaines et non les bombes incendiaires nationalistes qui avaient détruit la ville de Guernica.

– Je dois reconnaître que je suis flatté de votre attention aux détails de mon dossier.

– Lorsque vous étiez en Espagne, vous avez eu une autre liaison.

– Vous faites allusion à l'actrice canadienne Frances Doble. Nous couchions ensemble. Nous copulions. Souvent, d'ailleurs.

– Je suis soulagée de l'apprendre, monsieur Philby. Mlle Doble est-elle communiste ? »

M. Philby a ri en silence. « Frances se situe à la d-droite de Franco, c'est-à-dire qu'elle est royaliste et attend avec impatience le retour d'Alfonso sur le trône qu'il a fui quand la République espagnole a été instaurée en 1931.

– Quelles sont vos relations aujourd'hui ?

– Nous occupons d-des lits séparés dans des chambres séparées dans des hôtels séparés dans des villes séparées dans des pays séparés. Elle a décidé d'attendre la fin de la guerre au Portugal. Toute forme de rapports, en particulier sexuels, est difficile dans ces circonstances.

– J'apprécie votre cran, monsieur Philby. Vous semblez avoir bien surmonté la drôle de guerre, sans parler des vrais combats ensuite.

– Je m'en suis juste sorti comme j'ai pu. Même si je ne comprends toujours pas pourquoi les Français ont tendu leur ligne Maginot le long de la frontière avec l'Allemagne pour s'arrêter au niveau de la Belgique, laissant le flanc nord du pays affreusement vulnérable.

– Ils estimaient que les chars de Herr Hitler seraient incapables de franchir les forêts des Ardennes, ai-je dit.

– Et ils se sont lourdement trompés, n'est-ce pas ? Mais c'est d-de l'histoire ancienne.

– *Le passé est un prologue*, ai-je dit. Pardon, je n'ai pas pour habitude de citer Shakespeare. J'ai vu John Gielgud dans *La Tempête* l'autre soir. Le vers m'est resté en tête.

– C'est tout à fait vrai, que le p-passé est un prologue.

– Vous avez dû avoir l'impression que c'était la fin du monde, en assistant à la débâcle.

– C'était la fin du monde que nous connaissions », a-t-il répondu. Je crois me souvenir qu'il a détourné les yeux, le regard fixé sur des souvenirs amers. « Dans les hôtels, les clients n'ont plus déposé leurs chaussures à la porte de leur chambre pour qu'elles soient cirées pendant leur sommeil – personne ne savait si les clients, les chaussures ou les cireurs de chaussures seraient encore en ville le lendemain matin.

– Entre l'Autriche, l'Espagne et la France, vous avez sûrement vu plus que votre comptant de violence, monsieur Philby. » Il a hoché la tête, l'air sombre. J'ai donné une nouvelle tonalité à la conversation en demandant : « Avez-vous le courage d'en supporter davantage ?

– J'abhorre la violence, mademoiselle Maxse.

– C'est une affirmation. Pas une réponse à ma question.

– Je suis incapable de tuer qui que ce soit, si c'est à cela que vous voulez en venir.

– Personne ne vous demanderait de tuer quelqu'un à mains nues. Mais pourriez-vous trahir un agent, le condamnant à la torture et à une mort certaine, pour atteindre certains objectifs ?

– Vous me demandez si la fin justifie les moyens.

– Exact.

– Dans certaines situations, certaines fins justifient certains moyens, oui.

– Bien dit, monsieur Philby. Bienvenue dans le deuxième plus vieux métier du monde.

– Ahh. Je vais devoir donner ma démission au *Times*.

– Je réglerai ce détail pour vous. Considérez que vous n'avez pas besoin d'effectuer votre préavis. Présentez-vous à Caxton House, entre Broadway Buildings et cet hôtel lundi à sept heures. Il y aura deux agents de sécurité au bureau à l'entrée. Ils vous attendront. Montrez-leur votre passeport, signez leur registre. Ils vous enverront dans une salle où l'on fera une photo de vous pour un badge d'identité. Essayez de garder l'air sérieux face au photographe. Ça me hérisse, quand je vois des collègues me sourire sur leur badge.

– Je ne commettrai pas cette erreur, mademoiselle Maxse. » Il s'est éclairci la gorge. « Je m'en veux de soulever la question triviale du salaire… »

J'ai pris la liberté de l'interrompre. « Les questions matérielles sont rarement triviales. Votre salaire sera de cinquante livres par mois, que vous n'aurez pas à déclarer à l'administration fiscale.

– Pouvez-vous me donner une idée de ce que je ferai une fois à bord ?

– Je pense que vous rejoindrez votre ami, M. Burgess, qui a quitté le Foreign Office tout récemment pour entrer ici. Il a été affecté à la section D. D pour Destruction. Il vous prendra sous son aile, vous montrera les toilettes messieurs, vous expliquera où trouver les réserves de papier machine et de papier carbone. Vous intégrerez tous deux l'équipe du colonel Grand – ils recrutent actuellement des gens de grand talent, dont M. Hugh Trevor-Ropper, M. Malcolm Muggeridge, M. Graham Greene. Vous allez tous réfléchir à la manière dont nous pourrions saboter les lignes de chemin de fer allemandes. Nous cherchons des points faibles dans le système de réapprovisionnement allemand, qui pourraient être attaqués par les airs ou par des partisans au sol. Les ponts ferroviaires. Les embranchements clés. Les gares de triage. Ce genre de chose. En même temps, vous apprendrez les trucs du métier – chiffrage simple, techniques d'écriture secrète…

– L'art de se perdre dans une foule même quand il n'y en a pas.

– Je suis très impressionnée, monsieur Philby. Je vois que vous avez un talent naturel pour le travail de renseignement. Plus tard, quand vous aurez appris les ficelles, je ne doute pas qu'avec votre connaissance de la péninsule Ibérique vous trouverez votre place dans le contre-espionnage. »

J'ai aperçu un serveur et lui ai fait signe qu'il devait mettre le thé sur notre note. Philby a remué, mal à l'aise, dans son fauteuil. « Puis-je vous poser une dernière question, mademoiselle Maxse ?

– Je vous en prie.

– Existe-t-il un manuel que je pourrais lire ? Qui expliquerait comment on devient espion du Secret Intelligence Service ?

– Mon garçon, vous n'avez qu'à vous procurer *Ashenden*, de Somerset Maugham. Vous y trouverez tout ce que vous devez savoir et même davantage. »

12

Londres, décembre 1940

Où M. Burgess vend la mèche dans un mémo inter-services

Kim, vieille branche,

Sacrément merveilleux d'être un membre des services secrets de Sa Majesté. Il ne faut pas longtemps, dans la confrérie, pour piger que quelqu'un a une vie secrète. Quand on me demande ce que j'entends par travail de guerre, je souris d'un air entendu. Je suis un tout petit peu plus loquace avec les types qui ont une habilitation de sécurité. Je marmonne quelque chose à propos de Caxton House, et s'ils ont la moindre idée de ce que ça peut être, je lâche le nom section D dans la conversation, même si je ne dis jamais que le D correspond à Destruction. Après tout, on m'a fait jurer le secret. Je me demande vraiment comment tu as pu garder l'air sérieux quand on t'a photographié pour le badge. J'ai eu un mal fou à réprimer un sourire – mais deux ou trois de mes amis les plus intimes ont tout de même remarqué que mes yeux pétillaient. Dieu qu'il est grisant de ne pas avoir le droit de parler de ce qu'on fait dans la vie ! Allez, je vends la mèche : l'espionnage est un aphrodisiaque. (Mieux vaut ne pas le

crier sur les toits, sous peine de voir Mlle Maxse submergée par les candidatures.) En plus, nous contribuons tous les deux à la victoire dans cette maudite guerre, Kim. Quand j'ai baisé un des décrypteurs de Bletchley Park et qu'il a laissé échapper la date de l'invasion de la Russie soviétique par l'armée allemande, j'ai vraiment eu l'impression d'apporter ma contribution, comme toi quand tu es parti à Vienne. Tu diras à notre ami commun, sur le banc du parc, que c'est moi qui ai obtenu la date, via le décrypteur, quand tu la lui transmettras ?
Et surtout, Kim, n'oublie pas de brûler ce message juste après l'avoir lu.

Guy

13

Londres, janvier 1941

Où le* rezident *soviétique Gorski prouve qu'il est finalement bel et bien un espion

Mes camarades de la *Rezidentura*, à l'ambassade soviétique, n'avaient pas souvenir d'un hiver aussi glacial. J'en ai entendu plusieurs dire en plaisantant qu'on les avait nommés en poste à l'Est en Sibérie, plutôt qu'à l'Ouest en Grande-Bretagne. Le froid était tel que l'étang de baignade des hommes à Hampstead Heath, côté Highgate, avait gelé. Des jeunes gens en tenue de gymnastique et leurs compagnes en collants de laine et jupes évasées leur descendant aux cuisses passaient leur dimanche après-midi à faire du patin à glace. « On patine, en Russie ? » m'a demandé Sonny. Il était assis sur la digitaire, adossé à un vieux chêne, son pardessus, au col relevé, boutonné jusqu'au foulard autour de son cou, son chapeau en équilibre sur un genou, sa tête penchée vers le soleil arctique.

« Oui, absolument », ai-je répondu en m'installant par terre à côté de lui, m'adossant au même arbre. Je me suis penché vers lui et j'ai allumé une cigarette avec l'extrémité incandescente de celle qu'il avait aux lèvres. L'espace d'un instant, nos visages ont été tout proches. J'ai détecté une odeur d'alcool dans son haleine. « Nous avons un parc baptisé en l'honneur de Maxime Gorki, ai-je dit. Les Moscovites patinent quand l'étang du parc gèle. Le soir, certains portent des flambeaux. Les policiers allument des feux dans des poubelles au bord de l'étang, pour que les patineurs puissent se réchauffer les mains. De vieilles babouchkas distribuent du vin chaud qu'elles gardent dans des bouteilles Thermos. Ça vous plairait.

– Le vin ?

– La scène.

– J'espère ne jamais la voir, a dit Sonny. Ça signifierait que ma couverture aurait été percée et que je me serais enfui.

– Nous n'en arriverons pas là si nous restons tous prudents », ai-je dit.

Sonny a bu une rasade d'une flasque. Après avoir essuyé le goulot sur sa paume, il me l'a proposée. Je l'ai reniflée avant de repousser sa main. « Ça sent le vrai whisky, ai-je fait remarquer.

– C'en est, a-t-il confirmé. Authentique. Vieilli dans des fûts en bois pendant dix ans, si on en croit l'étiquette.

– Vous le trouvez où ? À l'ambassade soviétique, nous n'avons que de la vodka russe.

– Secret d'État, a-t-il répondu avec un rire dénué d'humour.

– Vous devriez surveiller votre consommation d'alcool, ai-je fait remarquer.

– Je vous l'ai déjà dit la dernière fois que vous avez abordé le sujet : j'ai besoin de ma ration. Pour me calmer les nerfs. Tout le monde, à Caxton House, cache une b-bouteille dans le tiroir du bas de son b-bureau. Personne ne remarque le whisky dans l'haleine des autres parce que tout le monde a l'haleine chargée de whisky. À mon avis, on remarquerait plutôt si je ne buvais pas.

– Le whisky est cher au marché noir. Vous devez avoir des fins de mois difficiles si vous buvez la plus grande partie de votre salaire.

– Mon saint père, qui s'est installé en Grande-Bretagne jusqu'à nouvel ordre, malgré la pluie incessante qui lui donne des crises de goutte, me glisse un billet de cent de temps en temps.

– Puis-je vous suggérer de passer au gin ? C'est moins cher. Et ça ne se sent pas.

– Vous vous souciez personnellement de vos agents, dites donc. Vous n'auriez pas aussi un régime à me conseiller, pour m'aider à perdre le bourrelet que j'ai autour de la taille ? » Se tournant vers moi, Sonny m'a adressé un petit sourire embarrassé. « Ne le prenez pas mal. J'apprécie votre sollicitude, sans parler de votre savoir-faire. Dites-moi une chose, Anatoli, est-ce que Gorski est votre vrai nom ? D'après Guy Burgess, c'est un pseudonyme.

– Secret d'État, ai-je répondu. Mais je vais vous le dire. Gorski était le nom de famille de mon grand-père, mais pas celui de mon père ni le mien. Sous les tsars, le deuxième fils était toujours incorporé dans l'armée, si bien que les familles confiaient leur puîné, quand elles en avaient un, à une famille sans garçon, et le nom était changé. C'est comme ça que mon grand-père Gorski a échappé au service militaire sous le tsar Alexandre III. »

La lame d'un des patineurs a transpercé la fine couche de glace et son pied gauche s'est enfoncé dans l'eau jusqu'à la cheville, provoquant les éclats de rire des autres. Dans les branches dénudées au-dessus de nous, des choucas ont croassé, comme s'ils se moquaient. J'ai examiné Sonny alors qu'il prenait une nouvelle rasade de whisky. À vingt-neuf ans, il avait fière allure – mince malgré sa remarque sur son bourrelet à la taille, bronzé même en hiver, portant la trace blanche d'une blessure de guerre sur le front juste au-dessus de ses lunettes de soleil. « Qu'est-ce que vous lisez ? lui ai-je demandé, désignant d'un mouvement de tête le livre sur ses genoux.

– *Nid de gentilhomme*, de Tourgueniev, dans la traduction de Garnett, a-t-il répondu.

– Je connais son *Otsy i Deti*. Vous ne parlez pas russe, si ? Vous devriez apprendre. C'est une langue très riche. *Otsy i Deti* signifie *Pères et fils*. Dans ce roman, Tourgueniev a inventé le mot *nihilisme*. Comment quelqu'un qui ne croit à rien peut-il se regarder dans le miroir quand il se rase ? Ça me dépasse. Je comprends mieux un fasciste que je ne comprends un nihiliste – au moins, un fasciste croit en quelque chose.

– On m'a d-dit que vous étiez rentré à Moscou.

– Celui qui vous a dit ça aurait mieux fait de tenir sa langue. Je rendais visite à ma famille.

– J'ignorais que vous en aviez une.

– Il y a beaucoup de choses que vous ignorez. C'est mieux. De compartimenter.

– Quand vous étiez à Moscou, avez-vous vu Otto ?

– Non. Nos chemins ne se sont pas croisés.

– Qu'est-il arrivé à Otto ? Pourquoi a-t-il été b-brusquement rappelé à Moscou ?

– Il n'est rien arrivé à Otto. J'ai entendu dire qu'il avait été promu au grade de capitaine et affecté au deuxième directoire général. C'est le rêve de tout *rezident*. Quelqu'un a mentionné qu'il vivait dans un village des environs de Moscou, et qu'il faisait le trajet pour aller travailler tous les jours.

– Donc, il est en b-bonne santé ? »

J'ai hoché la tête. « Pourquoi ne serait-il pas en bonne santé ?

– J'aimais bien Otto.

– Lui aussi vous aimait bien. » Je me suis raclé la gorge. « Qu'est-ce que vous avez pour moi, aujourd'hui ?

– Quelque chose qui n'est pas sans importance, je crois. La date de l'invasion de la Russie soviétique par l'Allemagne. Elle est prévue à l'aube du 22 juin. »

J'avais pour principe de ne jamais réagir quand j'écoutais les rapports des agents. Mais en la circonstance, je crains d'avoir laissé échapper un sifflement. « Le 22 juin ? C'est une information incroyable. Comment le savez-vous ?

– Guy Burgess l'a appris par un type qui travaille avec les décrypteurs à Bletchley Park. Ils lisent les transmissions allemandes top secrètes dans le cadre du projet ULTRA.

– Je compte sur vous pour transmettre nos remerciements à M. Burgess. Ce renseignement sera chiffré et envoyé à Moscou aujourd'hui même. Je ne doute pas qu'il sera aussitôt porté à l'attention du camarade Staline.

– Il y a plus. Un mémorandum confidentiel a circulé entre les chefs de service à Caxton House. Le mien m'a laissé le voir. Il confirmait la date donnée par Guy. Il précisait aussi l'ordre de bataille allemand : 4,5 millions de troupes des différentes puissances de l'Axe, 600 000 véhicules motorisés et 750 000 chevaux sont en train d'être massés le long d'un front de 2 900 kilomètres, en vue de l'invasion.

– Est-ce que les noms des divisions y figuraient ? Est-ce que ça disait lesquelles étaient blindées ?

– J'ai bien peur que oui, mais j'ai déjà eu du mal à mémoriser les chiffres que je viens de vous citer, sans le nom des divisions. Je me souviens pourtant qu'il y avait la division Das Reich, si ça peut vous aider.

– Si vous aviez eu l'appareil photo Minox que je

vous ai offert, vous auriez peut-être pu photographier ces pages.

– Je refuse catégoriquement d'introduire un appareil photo espion à Caxton House. Je ne prendrai pas ce risque-là. Je n'ai pas du tout l'intention de finir au parc Gorki en train de regarder les patineurs. Écoutez, les agents de sécurité effectuent des fouilles corporelles aléatoires sur les personnes qui entrent et sortent. L'autre jour, ils ont trouvé un analyste des photos aériennes avec un magazine de camp de nudistes, le genre sur lequel les parties génitales sont masquées à l'aérographe. Les colonels qui dirigent le Secret Intelligence Service de Sa Majesté sont plutôt puritains et leur attitude déteint sur toute la hiérarchie – le magazine de nudisme a été réduit en confettis et, d'après ce que j'ai entendu dire, le pauvre idiot a été expédié dans une unité de reconnaissance photographique en Islande.

– Avec ou sans le nom des divisions, c'est une information vitale. Vous et vos amis aurez la satisfaction de savoir que vous contribuez à la défaite de l'hitlérisme en Europe.

– Hitler subira-t-il une défaite en Europe ? L'Union soviétique survivra-t-elle à la guerre éclair allemande, ou la Russie sera-t-elle écrasée comme l'ont été la Belgique, la France et la Hollande ? »

Je n'en revenais pas qu'il pose cette question. « Kim, Kim, nous ferons mieux que survivre. Nous allons rassembler nos forces – les masses de chars et d'avions que nous sommes en train de produire, les hordes de soldats que nous préparons au combat derrière les monts Oural. Nous allons lancer une attaque cinglante qui va balayer les envahisseurs nazis et les renvoyer à Berlin. Nous capturerons Hitler et nous l'exhiberons, enchaîné, à travers la place Rouge.

– Comme dirait ma chère mère, puisse Dieu vous entendre. »

Sa remarque m'a un peu décontenancé. « Je ne crois pas en Dieu, ai-je répliqué. Je crois en l'Armée rouge. Je crois en Staline.

– J'ai un autre renseignement, a-t-il dit. Vous vous souvenez de cet Américain dont je vous ai parlé ? Celui que l'OSS a envoyé chez nous apprendre les ficelles du métier ?

– Angleton ?

– Lui-même. James Angleton. Un type dénué de charme, à vrai dire. Mais rendons-lui justice, il n'est pas né d'hier. Et il apprend vite. Je ne serais pas étonné de le voir diriger leur OSS dans vingt ans. Nous sommes devenus copains. On a pris l'habitude de monter sur le toit pour regarder les b-bombardiers allemands attaquer Londres. C'est un sacré spectacle. Nos faisceaux lumineux géants balaient le ciel nocturne. Par moments, l'un d'eux ép-pingle une phalène allemande à un nuage. C'est alors que notre artillerie antiaérienne entre en action. De petites explosions, qui flamboient avec l'intensité d'une allumette qu'on craque, suivent la trajectoire du faisceau pour aller éclater juste sous le fuselage. Une aile est arrachée, la phalène penche d'un côté et disparaît du rayon du projecteur. Même si je n'aime pas les Boches, je ne pouvais pas m'empêcher d'imaginer ces hommes désespérés qui se précipitaient comme ils pouvaient vers la trappe d'évacuation pour s'échapper de la carlingue tombant tout droit comme un oiseau mort.

– Vos sympathies sont déplacées.

– Tout à fait. Curieusement, c'est ce qu'Angleton m'a dit. Nous nous sommes mis à parler de la guerre. Je lui ai dit que, d'après moi, elle allait durer dix ans. Il m'a répondu que non, qu'elle prendrait fin en 44 ou, au plus tard, en 45. Je lui ai demandé ce qui lui faisait penser ça. Comme il ne répondait pas, j'ai compris qu'il n'allait rien me dire sauf s'il pensait que je savais déjà, si bien que j'ai tenté le coup au hasard – je lui ai demandé s'il p-parlait du nouvel engin atomique.

– Qu'est-ce qu'il a dit ?

– Il m'a lancé un regard pénétrant. Son visage était illuminé par les flammes d'un immeuble en feu près de la gare Victoria. *Comment vous savez ça ?* m'a-t-il demandé. Je lui ai dit que, dans ma boutique, tout le monde savait que nos scientifiques avaient été détachés pour aider les Américains à fabriquer une bombe atomique.

– Et ? » ai-je insisté.

Sonny a haussé les épaules. « Angleton a paru surpris de découvrir que j'étais au courant de cette information. Il m'a dit que les Allemands y travaillaient aussi. Il m'a parlé d'une course de vitesse entre les deux pays, qui tentaient d'utiliser l'uranium-235 pour déclencher une réaction en chaîne. Il m'a dit que les Américains y arriveraient les premiers. Qu'ils avaient déjà des gens qui travaillaient à identifier les cibles. Que la guerre prendrait fin le lendemain du jour où on lâcherait la première bombe. Il a dit qu'avec la bombe atomique, Joe Staline y réfléchirait à deux fois avant de partir à la conquête de la France et l'Italie après la fin de la guerre.

– Il a vraiment dit ça ? Qu'avec la bombe atomique, Joe Staline devrait y réfléchir à deux fois ? » Au bout d'un instant, j'ai murmuré : « Cela devrait convaincre les sceptiques…

– Quels sceptiques ? »

J'avais parlé sans réfléchir. Comme je ne répondais pas, Sonny a répété sa question.

« De quels sceptiques parlons-nous ?

– Il y a quelques rares camarades à Moscou qui pensent que vous êtes trop beau pour être vrai. Ils se demandent avec inquiétude si vous êtes un communiste sincère et un agent loyal du Centre. L'êtes-vous, Kim ? Loyal à Moscou, à Staline, au communisme ?

– C'est la dernière chose que je m'attendais à entendre, venant de vous, Anatoli. Pas après les risques que j'ai pris. Pas après toutes les informations que je vous ai fait passer, à Otto et maintenant à vous.

– Qu'est-ce qui vous a fait devenir communiste ?

– J'ai lu Marx. Quiconque lit Marx en vient au socialisme. Le socialisme, c'est le verre à moitié plein. Je me suis tourné vers le communisme, parce que c'est le verre plein. Il m'a donné des armes pour la lutte contre les inégalités qui m'ont toujours révolté.

– Désolé d'avoir entamé le sujet. Je ne doute pas de votre loyauté. D'autres… »

Sonny était manifestement contrarié. « Je n'ai rien à prouver à personne », a-t-il déclaré. Il a ri pour lui-même. « Sauf à mon saint père, bien sûr. »

J'ai ri, moi aussi. « Saint John Philby. Bien sûr. »

Un jeune homme vêtu d'un duffle-coat jaune défraîchi s'est approché de nous. Il tenait un patin par sa lame dans une main et une cigarette éteinte dans l'autre.

« Puis-je me permettre de vous demander du feu, messieurs ?

– Qu'est-il arrivé à votre deuxième patin ? s'est enquis Sonny.

– Je n'en ai qu'un », a-t-il répondu. Il nous a regardés l'un après l'autre. Sonny et moi fumions tous les deux.

« Allumette ?

– Nous n'en avions qu'une, ai-je dit.

– Pardon ? Vous refusez de me donner du feu ?

– Exactement, ai-je dit.

– Eh bien, sans blague, vous pouvez aller vous faire foutre, tous les deux », a dit le jeune homme. Il est reparti en secouant la tête. Je l'ai vu pencher la tête vers une allumette allumée, que tenait un patineur sur la terre ferme.

« Pourquoi avez-vous fait ça ? m'a demandé Sonny.

– Il travaille pour moi. Il tenait un patin, pas deux, pour me faire savoir qu'il n'avait repéré aucune personne suspecte à l'étang. Il me disait que la voie était libre.

– B-bon Dieu ! a dit Sonny. Vous êtes vraiment un espion, Anatoli !

– Vous croyiez que c'était quoi, un jeu ?

– Un jeu. Oui, je crois que c'est ce que je pensais. »

14

Moscou, juillet 1941

Où l'ancien sous-lieutenant et à présent lieutenant Y. Modinskaïa se rend à la datcha proche

Alors, donc : C'est moi, Yelena Modinskaïa, l'analyste du renseignement qui a interrogé le *rezident* de Londres, Teodor Stepanovitch Maly, quelques instants avant son exécution. C'était en 1938. Je n'ai pas oublié cet épisode. J'ai l'impression que c'était hier. À l'époque, on m'avait attribué le dossier N° 5581 consacré à l'Anglais, et, sous la supervision de mon chef de section au 5e département du deuxième directoire général, le lieutenant (aujourd'hui capitaine) Goussakov, je n'ai pas cessé depuis de travailler dessus. J'ai moi-même été promue lieutenant l'année dernière, ce qui fait de moi la femme la plus gradée au deuxième directoire général. Ma grand-mère maternelle, l'une des premières femmes commissaires dans la glorieuse Armée rouge à l'époque de la Révolution, aurait été fière de moi si elle avait été encore de ce monde.

Quand le temps le permet, je vais à pied du logement que je partage avec mon père dans un appartement communautaire près de la station de métro Maïakovskaïa, aux plafonds décorés de remarquables mosaïques en œil de poisson, à la prison de la Loubianka, en descendant la rue Gorki. S'il a neigé ou s'il fait particulièrement froid, disons moins dix ou plus froid encore, je prends le métro. Exceptionnellement, il nous est arrivé, à quelques amies et moi, de faire une folie en prenant un taxi pour aller au grand magasin GOUM ou au cirque d'État de Moscou sur le boulevard Tsvetnoï (qui a été bombardé par les ignobles Allemands le premier jour des hostilités, il y a un mois aujourd'hui, même si nos camarades du cirque n'ont pas annulé une seule représentation.) Mais ce soir-là, c'était la première fois de ma vie que je montais dans une automobile Zil. Cerise sur le gâteau, comme on dit : deux membres du détachement de sécurité de la Loubianka étaient installés à l'avant. J'étais à l'arrière, entre le capitaine Goussakov et son supérieur direct, directeur du 5e département du deuxième directoire général, le colonel P. Soudoplatov. Je sais que c'est difficile à croire, mais mis à part le fait que nous roulions sur la nationale en direction de l'ouest, nous n'avions aucune idée de notre destination avant d'entendre l'un des hommes de la sécurité mentionner la *datcha proche*. « La *datcha proche* de Kountsevo est l'endroit où le camarade Staline passe ses week-ends », a chuchoté le capitaine Goussakov à mon oreille. « Quoi qu'il arrive, m'a dit le colonel Soudoplatov, ne cédez pas à la nervosité si jamais vous vous retrouvez en présence du camarade Staline. Les gens nerveux le rendent nerveux, dans le sens où il craint qu'ils aient des raisons d'être nerveux. Le chef de notre NKVD, le camarade Beria, sera sûrement présent, ainsi que plusieurs membres du Politburo. Ignorez-les tous à l'exception du camarade Staline. Regardez-le dans les yeux, parlez-lui directement, présentez votre point de vue exactement comme vous l'avez fait devant nous à la Loubianka. »

Environ dix ou douze minutes après avoir dépassé les derniers immeubles de brique neufs s'élevant dans les champs autour de Moscou, la Zil a tourné pour s'engager sur une route non indiquée qui s'enfonçait tout de suite dans une épaisse forêt de pins blancs. Après le premier virage, nous avons atteint un corps de garde tenu par des gardes-frontières du NKVD, équipés d'armes automatiques. Le chauffeur a baissé sa vitre et échangé quelques mots avec l'officier qui a consulté son écritoire puis nous a fait signe d'avancer. Nous avons franchi une double clôture d'enceinte métallique, et j'ai cru entendre le jappement de chiens patrouillant entre les deux grillages. Nous avons traversé deux clairières parfaitement rondes dans la forêt, où étaient postées des batteries de canons antiaériens. Les soldats qui les manœuvraient avaient retiré leur chemise et paressaient sur les sacs de sable disposés autour des canons. Quelques instants plus tard, nous sommes arrivés à une allée ovale et nous sommes arrêtés devant une datcha à un étage, peinte en vert, dont les fenêtres de bois brut étaient ouvertes comme pour aérer les pièces. De la literie et des oreillers étaient étalés sur plusieurs rebords. Vous pouvez bien rire, ça m'est égal, mais mon cœur s'est mis à battre plus vite quand j'ai pensé que je regardais les draps dans lesquels dormait le camarade Staline. Un capitaine de la garde a ouvert la portière arrière de la Zil et nous a escortés tous les trois dans la datcha, à travers une enfilade de vastes pièces à moitié vides au centre desquelles se trouvait un grand fourneau de céramique russe. Les murs de toutes les pièces étaient en bois non peint. Pour la santé du camarade Staline, j'étais contente de voir ça, puisque les vapeurs de bois sont connues pour améliorer la qualité de l'air que nous respirons. Nous avons atteint une double porte au bout d'un étroit couloir, qui ouvrait sur une salle de conférences. Elle était meublée d'une grande et lourde table rectangulaire sur laquelle étaient posés des bouteilles d'eau minérale Borjomi et de simples gobelets de cuisine. Le camarade Beria, un petit homme portant une tunique du NKVD et un monocle, présidait à l'autre extrémité. Il nous a fait signe de prendre place sur les trois chaises face à lui. Plusieurs camarades à l'air important étaient assis de chaque côté de la table. Le seul que j'ai reconnu était l'Ukrainien N. Khrouchtchev, dont la photo était parue dans la *Pravda* chaque fois que les autorités municipales avaient inauguré une nouvelle station de métro.

Une petite porte que je n'avais même pas remarquée s'est ouverte derrière le camarade Beria, et un homme est apparu. Il s'est assis lourdement dans un siège à la gauche du camarade Beria. Il m'a fallu un moment pour reconnaître l'identité du dernier arrivant. C'était, bien sûr, le camarade Staline en personne, bien qu'il ne ressemblât pas du tout au Staline des photographies et des peintures accrochées dans chaque bureau de la Loubianka. Sa tunique militaire ne dissimulait pas le ventre qui exerçait une pression sur les boutons dorés de la veste d'uniforme. Il avait le visage grêlé, comme par la variole, et la peau couleur de cire. Son bras gauche, partiellement mutilé par ses activités révolutionnaires d'avant 1917 (croyait-on généralement), pendait mollement de son épaule, et sa main gauche était enfoncée dans une poche de la tunique. Sa célèbre moustache était devenue gris cendré. Ses épaules s'affaissaient sous le poids des soucis, et je ne pouvais qu'imaginer la pression que lui imposait l'invasion allemande barbare de notre mère patrie, le fait que des dizaines de milliers de vies dépendaient de chacune de ses décisions. (Les bulletins diffusés toutes les heures à la radio parlaient de nos courageux soldats qui tenaient leur position sur le front ouest, voire qui repoussaient les envahisseurs dans certains secteurs, mais les visages sombres à la Loubianka, où nos camarades étaient mieux informés que le grand public, disaient autre chose. On parlait même d'évacuer la capitale plus à l'est, mais je ne pouvais pas croire qu'on en arriverait là.)

Le camarade Staline a adressé un signe de tête impatient au camarade Beria, qui a déclaré : « Colonel Soudoplatov, vous avez paraphé, capitaine Goussakov, vous avez contresigné les conclusions du lieutenant Modinskaïa concernant l'Anglais recruté par le NKVD en 1934. Le camarade Staline s'intéresse personnellement à ce dossier et veut entendre les conclusions du lieutenant Modinskaïa directement de la bouche du cheval, comme disent les paysans. »

Le colonel Soudoplatov m'a donné un coup de coude dans les côtes. Je me suis levée et j'ai regardé le camarade Staline droit dans les yeux. « Respecté Joseph Vissarionovitch », ai-je commencé. (J'avais lu un article dans la *Pravda* disant que les collaborateurs du camarade Staline étaient censés s'adresser à lui en utilisant ce titre plus collégial.) « L'Anglais est certainement un agent du Secret Intelligence Service britannique, dans le cadre d'un plan diabolique visant à pénétrer le Centre de Moscou et à nous livrer des informations erronées pour fausser notre vision du monde et entraver notre capacité à combattre les ennemis de l'État soviétique.

– Des preuves, a déclaré le camarade Beria avec brusquerie. Donnez-nous des preuves.

– Je commencerai par les origines de l'Anglais, ai-je dit. Son père, Harry Saint John Philby, s'est prononcé, lors d'interviews parues dans d'obscurs bulletins et journaux anglais, en faveur de ce qu'il qualifie de solution chrétienne au problème allemand, qui laisserait ainsi les Britanniques, les Français et les Allemands libres de combattre ce qu'ils considèrent comme leur adversaire principal, à savoir l'Union soviétique. Il est tout à fait improbable que le fils se soit éloigné du modèle paternel au point de travailler comme agent secret pour cet adversaire principal. » J'ai sorti un télégramme récent du dossier 5581 et l'ai lu à voix haute : « Ce câble du *rezident* de Londres au Centre date du 24 décembre 1940 : *Sonny*... » J'ai jeté un coup d'œil au respecté Joseph Vissarionovitch et précisé : « Sonny est le cryptonyme de l'Anglais. »

Le respecté Joseph Vissarionovitch a marmonné : « Je ne suis pas idiot, lieutenant Modinskaïa.

– Loin de moi l'idée de...

– Lisez le télégramme.

– *Sonny a été recruté par le Secret Intelligence Service. Il a été affecté à la section D, pour Destruction, une unité dont la mission est d'identifier les points faibles dans le système d'approvisionnement allemand.* » J'ai levé les yeux vers le respecté Joseph Vissarionovitch. « On a du mal à croire que notre supposé agent, recruté en 1934, ait eu la chance de se faire embaucher par l'infâme *Times of London* afin de couvrir la guerre civile espagnole du côté de Franco, pour ensuite être engagé, en 1940, par le SIS, qui passe pour l'une des structures les plus compétentes du monde en matière de renseignement. On a du mal à croire que le SIS soit composé d'idiots qui n'ont pas remarqué que des secrets d'État étaient transmis à Moscou. Je dois insister sur le fait que l'Anglais – malgré ses origines aristocratiques, malgré ses activités socialistes à l'université de Cambridge, malgré son mariage avec une femme connue pour être un membre du parti communiste autrichien – a gravi les échelons du SIS à une vitesse très improbable. Et si nous gobons le plus récent rapport de Philby, daté du 18 juillet 1941, il a été affecté à l'unité d'élite du contre-espionnage, dirigée par le colonel Felix Cowgill et connue des rares membres de l'organe au courant de son existence comme la section Cinq du Six, le Six signifiant MI6, qui est la désignation administrative du Secret Intelligence Service. D'après Philby, la section Cinq s'est spécialisée dans la pénétration des organisations d'espionnage allemandes et italiennes, afin de leur transmettre de faux renseignements qui atteindraient le haut commandement allemand, voire Hitler lui-même. Je pose l'hypothèse que s'ils sont capables d'infiltrer les services secrets allemands et italiens, ils ont la capacité d'infiltrer notre service d'espionnage. Je pose l'hypothèse que le recrutement supposé de Philby par le Centre de Moscou en 1934 est au cœur de cette pénétration. »

Le camarade Beria a murmuré quelque chose au respecté Joseph Vissarionovitch, qui a pincé les lèvres et haussé les épaules. Le camarade Beria a repris tout haut : « L'histoire des origines est pure conjecture. »

Quand j'y repense, je m'étonne de mon audace. « Qui, parmi nous, connaît un fils qui s'est beaucoup éloigné des origines de son père ? » ai-je demandé.

Le respecté Joseph Vissarionovitch a grommelé : « J'en connais un. Moi. Mon père était savetier et buvait tout ce qu'il gagnait. Je serais surpris d'apprendre qu'il connaissait le sens du mot *prolétariat.* » Le respecté Joseph Vissarionovitch a agité sa bonne main dans ma direction. « Vous avez sûrement des arguments plus solides à nous présenter, lieutenant Modinskaïa.

– J'en ai, ai-je acquiescé.

– Elle en a, a renchéri anxieusement le capitaine Goussakov. Présentez-les, bon Dieu, m'a-t-il ordonné.

– Le *bon Dieu* a rarement été invoqué dans cette pièce », a commenté le camarade Beria du bout de la table. Le respecté Joseph Vissarionovitch a presque souri.

« En 1934, le *rezident* de Londres, Teodor Stepanovitch Maly, cryptonyme Mann, a supplié le Centre de lui donner la permission de prendre contact avec l'Anglais et, quand cette autorisation lui a été accordée à contrecœur, il l'a recruté sur un banc dans l'un des grands parcs de Londres. Lorsqu'il a été rappelé à Moscou, Maly a avoué être un agent allemand. Il a été condamné à la peine capitale. Je l'ai interrogé quelques instants avant son exécution. Rien dans ses propos n'a pu me convaincre que l'Anglais n'était pas aussi l'agent d'une puissance étrangère. Il faut noter ici que la *Rezidentura* de Londres était un repaire de traîtres. Le prédécesseur de Maly, Ignace Reiss, cryptonyme Marr, a été fusillé après avoir été démasqué comme étant un agent étranger. Anatoli Gorski, cryptonyme Kapp, le successeur de Maly qui a contresigné nombre de télégrammes du *rezident* au Centre défendant l'Anglais, a été rappelé à Moscou l'année dernière et fait actuellement l'objet d'une enquête – il y a de fortes présomptions qu'il soit lui aussi, comme les deux *rezidents* de Londres avant lui, un agent étranger. Gorski persistant à justifier l'échec de l'Anglais à assassiner Franco, je ne serais pas surprise que l'enquête aboutisse à une inculpation et des aveux. »

Le respecté Joseph Vissarionovitch a regardé le camarade Beria. « Qui a ordonné à l'Anglais d'assassiner Franco ?

– C'était moins un ordre qu'une suggestion, a expliqué le camarade Beria. Je vous ai entendu dire un soir que seule la mort de Franco pourrait sauver la situation en Espagne. J'ai pris sur moi de répercuter votre commentaire…

– Comment aurait-on pu attendre d'un journaliste formé à rassembler des renseignements qu'il exécute ce genre de tâche ? » a demandé le respecté Joseph Vissarionovitch.

Le camarade Beria a paru troublé. « Disons qu'on n'attendait pas de lui qu'il assassine lui-même Franco, seulement qu'il identifie des failles dans sa sécurité afin que des agents plus expérimentés puisse organiser la chose. »

J'ai senti le sol bouger sous mes pieds. Le fait que l'Anglais n'ait absolument rien entrepris pour essayer d'éliminer Franco était à la base de mon argumentation contre lui. « Il y a encore d'autres preuves, respecté Joseph Vissarionovitch », ai-je dit. Ma voix, je le crains, était mal assurée. Pour m'empêcher de trembler, j'ai placé les paumes à plat sur la table.

Le respecté Joseph Vissarionovitch a froncé les sourcils. « Vous semblez nerveuse, a-t-il observé.

– Je suis seulement épuisée, ai-je dit. J'ai passé presque toute la nuit à revoir mon dossier. »

Était-ce mon imagination, ou la moustache du respecté Joseph Vissarionovitch a-t-elle frémi, comme celle d'un chat jouant avec une souris ? « Continuez, a-t-il dit.

– Quand l'Anglais a annoncé qu'il avait été recruté par le SIS il y a sept mois, nous lui avons demandé une chose : *Donnez-nous les noms des agents du SIS en Union soviétique*. Peu de temps après, il a répondu… » – là, j'ai fait le tour de la table des yeux pour la première fois ; plusieurs des participants ont évité mon regard – « il a répondu qu'il n'y avait pas d'agents du SIS opérant en Union soviétique. Pas d'agents britanniques ? Pas de réseaux britanniques ? Comment interpréter cette réponse, eu égard aux centaines de gens ayant avoué être des agents britanniques et ayant été exécutés pour trahison ? »

Je me suis retournée vers le respecté Joseph Vissarionovitch. Il a décapsulé une bouteille de Borjomi et s'est servi un verre d'eau minérale. Il a soulevé sa moustache avec un doigt de sa main gauche et bu une gorgée, puis, se tapotant délicatement les lèvres sur l'intérieur de sa manche, a regardé Beria et penché la tête d'un côté. Apparemment, Beria a reconnu le geste. « C'est tout, lieutenant Modinskaïa ? m'a-t-il demandé de l'autre bout de la table.

– Il y a aussi la question révélatrice du mode de vie de l'Anglais, ai-je dit. D'après le *rezident* de Londres, Sonny boit beaucoup. Il semble disposer d'un stock inépuisable de whisky du marché noir à quatre livres la bouteille, qui, compte tenu de sa consommation, lui revient à environ vingt livres par semaine, tout ça avec un salaire prétendument de cinquante livres par mois. En plus de cela, il dépense beaucoup dans un débit de boissons appelé le Duke of York, à Jermyn Street. Et il règle sa cotisation à un club de gentlemen appelé l'Athenaeum, où il dîne de temps en temps. On doit se poser la question : d'où vient l'argent ? Je suggère la possibilité – j'irais même jusqu'à dire la *probabilité* – que l'Anglais soit payé deux ou trois fois plus que les cinquante livres qu'il prétend toucher. Le fait de devoir assumer plusieurs vies et plusieurs mensonges expliquerait aussi l'abus d'alcool. »

Staline a agité son bras mutilé, comme pour dire qu'il n'était pas impressionné par mes arguments.

J'ai pris une profonde inspiration. « Ce qui m'amène à Alexandre Orlov…

– Cryptonyme le Suédois », est intervenu le respecté Joseph Vissarionovitch. Visiblement, il connaissait bien le contenu du dossier 5581.

« Le Suédois, qui était l'agent traitant de l'Anglais quand ce dernier réussissait à traverser la frontière espagnole pour aller faire ses rapports en France, est passé aux Américains, il y a trois ans ce mois-ci. Et malgré cela, l'Anglais n'a pas été arrêté. Pas plus que ses deux proches amis de Cambridge, cryptonymes Maiden et Orphan, qui ont été recrutés par nos services sur la recommandation de l'Anglais. Ce qui amène à soupçonner que tous trois puissent être des taupes britanniques nous livrant de fausses informations. »

Le respecté Joseph Vissarionovitch a demandé : « Connaissiez-vous personnellement le Suédois ?

– Je ne l'ai jamais rencontré, respecté… »

Il m'a coupé la parole : « Moi, si. Je le connais depuis l'époque de la Révolution. C'est un juif – Feldbin, si ma mémoire est bonne –, mais je n'ai jamais retenu ça contre lui. Il existe aussi de bons juifs. Feliks Dzerjinski a recruté le Suédois comme tchékiste et me l'a amené pour me le présenter. Quand je suis descendu à Stalingrad pour muscler notre résistance contre les Blancs, le Suédois était un des tchékistes sur lesquels je me reposais. Nous avons rassemblé les commandants sans courage qui avaient battu en retraite, nous leur avons lié les mains et les pieds et les avons poussés dans la Volga depuis une péniche. Après ça, nos commandants n'ont plus battu en retraite. Pour marquer l'occasion, le Suédois et plusieurs de ses amis tchékistes m'ont offert un joli Beretta italien. Je l'ai toujours – je le garde dans un tiroir à côté de mon lit.

Nos chemins se sont croisés de temps en temps au fil des années. S'ils se croisaient de nouveau, je le ferais exécuter pour trahison. Mais on peut dire que c'était un homme de fer, un homme d'honneur. Quand il est passé du côté des Américains, il m'a envoyé une lettre par l'intermédiaire de Beria disant que si je ne touchais pas à sa famille, il ne toucherait pas à la mienne, ma famille étant nos agents qu'il dirigeait en Europe. Je n'ai pas touché à un cheveu sur la tête des siens. Ce qui explique pourquoi l'Anglais, votre Sonny, ainsi que les deux autres, Maiden et Orphan, sont encore en liberté. »

N. Khrouchtchev a levé le doigt, comme un enfant en classe. « Je me souviens du Suédois à l'époque de l'élimination des koulaks en Ukraine, a-t-il dit. Large d'épaules. Coupe de cheveux militaire. Un authentique bolchevik. Personne n'aurait pu imaginer qu'il passerait un jour à l'ennemi.

– Respecté Joseph Vissarionovitch, même si le Suédois n'a pas révélé aux Occidentaux l'identité de l'Anglais et de nos autres agents, il leur aura sûrement donné le *contenu*, à savoir les détails que l'Anglais a fournis au Centre. J'ai moi-même étudié ce contenu comme si je ne savais pas d'où il venait – des rapports de renseignement sur les armements allemands livrés à Franco, sur les instructeurs allemands apprenant aux aviateurs de Franco à piloter les nouveaux Messerschmitt 209, sur l'installation d'un nouveau viseur de bombardement sur le Heinkel 111. N'importe qui aurait pu réduire la source possible à environ une dizaine de journalistes britanniques couvrant la guerre du côté nationaliste, puis la réduire encore en fonction des villes, jusqu'à ce qu'il soit possible d'identifier le prétendu agent soviétique. Harold Philby, à Salamanque. Si je peux faire ça de

Moscou, il est inconcevable que le tant vanté Secret Intelligence Service britannique n'ait pas pu arriver à la même conclusion à Londres. Il n'y a qu'une seule explication plausible au fait que Sonny n'ait pas été arrêté : c'est un agent de désinformation du SIS. »

J'ai remarqué que le respecté Joseph Vissarionovitch jetait discrètement un coup d'œil à sa paume droite pendant qu'il remplissait de tabac le foyer d'une pipe. Je me suis rendu compte qu'il employait une vieille ruse que les bureaucrates utilisaient quand ils voulaient vous faire croire qu'ils parlaient sans notes. « L'Anglais nous a informés que l'invasion hitlérienne de la mère patrie aurait lieu à l'aube du 22 juin, a-t-il dit. Il nous a par ailleurs fait savoir que 4,5 millions de troupes des puissances de l'Axe, 600 000 véhicules motorisés et 750 000 chevaux nous envahiraient sur un front de 2 900 kilomètres. Ses informations étaient précises.

– Respecté Joseph Vissarionovitch, il est manifestement dans l'intérêt de la Grande-Bretagne de nous transmettre la date de l'invasion hitlérienne pour que nous puissions mieux résister à l'envahisseur, et ce, afin que les détestables Allemands et nous nous épuisions mutuellement en batailles interminables, ce qui est le rêve des Britanniques depuis la création de l'État soviétique.

– Respecté lieutenant Yelena Modinskaïa, a dit Joseph Vissarionovitch, d'une voix réduite à un murmure rauque et dégoulinant de ce qu'on ne peut décrire que comme du sarcasme, on m'a informé que vous étiez une analyste du renseignement. On a omis de me préciser que vous étiez aussi une autorité en matière de relations internationales, spécialisée dans les motivations des gouvernements capitalistes. » Il a coincé la pipe entre ses dents et s'est penché vers Beria, qui a tenu une allumette au-dessus du foyer. La tête du respecté Joseph Vissarionovitch a disparu derrière un nuage de fumée de tabac, tandis qu'il disait aux autres autour de la table : « Contrairement à l'opinion naïve du lieutenant Modinskaïa, il était de l'intérêt de la Grande-Bretagne que la machine de guerre hitlérienne écrase l'Union soviétique comme elle avait écrasé la Belgique, la Hollande et la France. Il est de notoriété publique que l'aristocratie anglaise, qui est la classe dirigeante, est secrètement pro-allemande et pas très secrètement antijuive. Une fois l'Union soviétique écrasée, Hitler aurait été suffisamment occupé à diriger les pays conquis d'Europe et à piller leurs richesses – le pétrole du Caucase, le blé d'Ukraine. Il n'aurait eu aucune raison d'aller envahir l'Angleterre. L'aristocratie anglaise et lui seraient rapidement parvenus à un accord. Le fasciste anglais Mosley serait devenu Premier ministre. Le roi Édouard, qui a passé sa lune de miel en Allemagne après avoir abdiqué pour épouser cette Simpson, une Américaine divorcée, serait remonté sur le trône. Le lieutenant Modinskaïa a complètement sous-estimé la valeur de l'avertissement que nous avons reçu de l'Anglais. Il ne peut y avoir qu'une seule explication à une telle erreur d'appréciation : elle est déterminée à discréditer l'agent Sonny. Ce qui fait naître le soupçon qu'elle puisse être un agent étranger. » Le respecté Joseph Vissarionovitch a reporté son attention sur moi. « Dites-nous franchement : pour qui travaillez-vous ? Les Allemands ou les Anglais ? »

J'ai eu du mal à recouvrer l'usage de la parole. « Je travaille pour le rêve communiste, ai-je enfin réussi à répondre. Je travaille pour l'Union soviétique. Je travaille pour vous, respecté Joseph Vissarionovitch. »

Le respecté Joseph Vissarionovitch a paru amusé,

comme par une plaisanterie pour initiés. Beria et N. Khrouchtchev ont ri avec lui, comme s'ils étaient dans la confidence. Autour de la table, les autres ont fait de même, même si je doute qu'ils aient su pourquoi ils riaient.

« L'Anglais nous a transmis d'autres secrets attestant qu'il est un agent soviétique légitime, a repris le respecté Joseph Vissarionovitch. Il nous a informés que les Américains, avec la collaboration de physiciens anglais, tentent de réussir la fission de l'atome, dans la perspective de fabriquer une bombe atomique d'ici à 1944 ou 45. Il nous a appris que les Anglais avaient décrypté le code allemand top-secret Ultra, ce qui leur a permis de connaître les détails du plan de Hitler pour envahir la mère patrie soviétique. Il nous a parlé d'un appareil britannique secret installé le long de leurs côtes appelé un radar – il ressemble à un gigantesque ressort de matelas et émet des ondes radio qui peuvent avertir d'attaques de bombardiers allemands à temps pour qu'ils envoient des escadrons de chasseurs défendre les cibles. Il nous a transmis ce que les Britanniques savaient sur l'ordre de bataille allemand, sur leurs pertes en hommes et en matériel pendant les campagnes de Pologne et de France, sur le défaut de la cuirasse de leur *Panzerkampfwagen* 1, sur le blindage renforcé qui limite la mobilité et l'autonomie du *Panzerkampfwagen* 2.

– Respecté Joseph Vissarionovitch, ai-je dit, ma voix tremblante n'étant pas plus qu'un murmure, c'est dans son propre intérêt que la Grande-Bretagne nous fournit des renseignements sur les failles militaires allemandes. Après la défaite des forces expéditionnaires britanniques dans les Flandres, après la retraite humiliante de Dunkerque, Londres n'a qu'une hantise, c'est que nous signions une paix séparée avec le régime hitlérien, au cas où vous, respecté Joseph Vissarionovitch, concluriez que les Anglais sont trop faibles pour défendre leur île contre une invasion allemande. »

Le respecté Joseph Vissarionovitch a dit : « Camarades, nous avons de la chance de compter parmi nous quelqu'un qui n'est pas seulement une autorité en matière de relations internationales, mais aussi l'un des principaux experts mondiaux en théorie de la stratégie militaire. »

N. Khrouchtchev a ricané. « Estimons-nous heureux. »

Le respecté Joseph Vissarionovitch a regardé le capitaine Goussakov, assis à ma gauche. « Vous, Goussakov, avez contresigné les conclusions de Modinskaïa. »

Avec effort, le capitaine Goussakov s'est levé. « Camarade Staline, il est exagéré de dire que j'ai contresigné ses conclusions. Ma signature signifie que j'ai vérifié que son rapport citait fidèlement les télégrammes, conversations et événements présentés dans le rapport 5581. Ses conclusions n'engagent qu'elle.

– Vous m'accusez d'exagérer ? a demandé le respecté Joseph Vissarionovitch.

– J'ai prononcé ce mot sans penser…

– Vous avez peut-être contresigné les conclusions de Modinskaïa sans penser. » Le respecté Joseph Vissarionovitch s'est tourné vers le colonel Soudoplatov, qui à son tour s'est levé avec raideur. La salle était tellement silencieuse que j'entendais le respecté Joseph Vissarionovitch suçoter le tuyau de sa pipe. « Vous, Soudoplatov, vous avez confirmé le travail de Goussakov, en apposant votre initiale S en haut à droite de chaque page des conclusions de Modinskaïa. »

Le colonel Soudoplatov s'est éclairci la gorge, qu'il

avait manifestement sèche. « J'ai paraphé les rapports de Modinskaïa contresignés par Goussakov. Je peux vous assurer que ce n'était qu'un document parmi les centaines qui passent chaque jour sur mon bureau. Mon paraphe ne signifie nullement que je suis d'accord avec ses conclusions, mais seulement que les techniques utilisées pour l'examen du dossier 5581 ont été certifiées conformes par la contre-signature d'un officier expérimenté du NKVD.

– Et *mon* bureau, s'est écrié le respecté Joseph Vissarionovitch d'un ton rageur. Il ne vous vient pas à l'esprit que des milliers de documents passent dessus tous les jours ? »

Le colonel Soudoplatov a baissé la tête. « Avec tout mon respect, camarade Staline, je n'avais pas l'intention de suggérer le contraire. »

Et puis il s'est passé quelque chose de bizarre, que je ne peux pas expliquer, seulement raconter. Le colonel Soudoplatov, mortifié, a été pris de hoquet. Staline a observé le camarade colonel, presque avec sympathie. « Arrêtez ça », a-t-il dit, d'une voix non dénuée de bienveillance. Et le colonel Soudoplatov a obéi. Il a cessé de hoqueter sur-le-champ.

Le respecté Joseph Vissarionovitch a attendu un moment, pour être sûr que le hoquet était passé. Puis il a repris : « Quand j'appose mon initiale S en haut à droite d'une page, Soudoplatov, cela indique que je suis d'accord avec le contenu. » Le respecté Joseph Vissarionovitch s'est penché en avant et a frappé le foyer de sa pipe sur la table pour donner plus de poids à ses mots. « Laissez-moi vous donner un exemple. Tous les soirs, la dernière chose que m'apporte le camarade Beria, c'est la liste des saboteurs et des traîtres qui doivent être exécutés le lendemain matin. Il m'arrive parfois de biffer le nom de quelqu'un dont je sais qu'il a rendu des services exceptionnels à la Révolution et à la mère patrie. Quand je mets un S en haut à droite de la feuille, cela signifie que j'approuve les exécutions. »

Le respecté Joseph Vissarionovitch s'est calé dans sa chaise et a reporté son attention sur Beria. « À mon avis, ils sont tous de mèche. Ce qui implique qu'ils doivent périr ou s'en sortir ensemble. Si Modinskaïa veut nous faire croire qu'un précieux espion est un agent de désinformation occidental, on doit se demander ce que cache cette interprétation. Si Goussakov contresigne ses conclusions, si Soudoplatov les paraphe en haut à droite… »

Le respecté Joseph Vissarionovitch a haussé les épaules, comme pour signifier qu'il n'avait pas le choix, et a achevé sa réflexion dans ce que j'ai pris pour du géorgien. Le camarade Beria a hoché la tête prudemment. « Je suis de votre avis, camarade Staline. Ça pue la conspiration de sabotage. »

Le trajet de retour en ville s'est passé dans le silence associé aux tombeaux. Les deux agents de sécurité, qui avaient discuté et ri à l'aller, n'ont pas prononcé un mot. La nuit d'été, qui à Moscou est saturée d'une humidité dont on dit qu'elle est excellente pour le teint féminin, était tombée sur la cité. Des explosions de rouge illuminaient l'horizon – les Allemands bombardaient des usines de munitions –, mais elles étaient beaucoup trop loin pour qu'on les entende. Les rues avaient été désertées et les rideaux occultants tirés sur les fenêtres des appartements en prévision de raids aériens, lorsque nous avons atteint l'avenue derrière la Loubianka. L'immeuble géant, siège d'une compagnie d'assurances avant la glorieuse révolution, paraît-il, se dressait au-dessus de nous, cachant le ciel et les étoiles.

Le chauffeur a dépassé les doubles portes ouvragées de l'entrée principale, qui menait à la grande cour et que nous empruntions d'habitude pour entrer et sortir. Plus loin le long de l'avenue, la Zil s'est arrêtée devant de plus petites portes métalliques et le chauffeur a klaxonné deux fois. Les portes métalliques se sont ouvertes en grinçant et la Zil, baissant ses phares, a pénétré dans la cour utilisée pour amener les prisonniers. Le capitaine Goussakov s'est penché en avant. « Vous vous êtes trompé de porte », a-t-il dit.

Le chauffeur, qui avait un visage ouvert de paysan, s'est retourné. « Il n'y a pas d'erreur, camarades officiers », nous a-t-il assuré. Il avait l'air sincèrement gêné. « Nous pensions que vous aviez compris. Vous avez tous été arrêtés. »

15

Moscou, janvier 1942

Où l'ancien lieutenant Y. Modinskaïa refuse une dernière cigarette

« Le truc, c'est de régler le volume d'enregistrement sur cinq. Quand vous parlez dans le microphone, l'aiguille devrait sauter, mais pas dans la zone rouge. Si elle entre dans la zone rouge, c'est que vous avez mis le volume d'enregistrement trop fort.

– Quand j'aurai besoin de votre aide, prisonnière Modinskaïa, je vous la demanderai. [*Pause.*] Essai, un, deux, trois. Ça a l'air de marcher. Je vais commencer l'interrogatoire.

– Oui, allez-y, je vous en prie. Nous ne voudrions pas faire attendre les camarades dans la crypte.

– Pas la peine de le prendre sur ce ton. Pour moi aussi, c'est une épreuve.

– Je comprends ce que vous ressentez. J'ai été de votre côté du magnétophone en une mémorable occasion, précisément dans cette pièce, d'ailleurs.

– Il y a une nouvelle règle depuis votre époque : les prisonniers condamnés se voient offrir une dernière cigarette. Tenez, prenez-en une…

– Je ne fume pas.

– Afin que je ne me fasse pas taper sur les doigts,

pouvez-vous confirmer sur la bande que je vous ai proposé la cigarette et que vous l'avez refusée ?

– Vous m'avez proposé une cigarette. J'ai refusé.

– Très bien, allons-y. Interrogatoire de la criminelle d'État SH sept zéro sept un zéro huit. [*Pause.*] Prisonnière Modinskaïa, avez-vous des plaintes à formuler concernant le traitement que vous avez reçu depuis votre arrestation ?

– Ces fers me coupent les chevilles, qui sont enflées et infectées.

– Les fers aux pieds et aux poignets sont obligatoires pour les prisonniers condamnés. [*Pause.*] Savez-vous où vous êtes ?

– Alors, donc : vous gâchez de la salive avec des questions idiotes. J'ai perdu mes illusions, pas mon sens de l'orientation. J'ai reconnu cette pièce à l'instant où l'on m'a amenée ici du bloc carcéral. J'ai reconnu son étroitesse, sa nudité, le plafond haut, la chaise en bois au dossier droit qu'on pourrait trouver dans n'importe quelle honnête cuisine soviétique. J'ai reconnu le tabouret à trois pieds sur lequel on m'a donné l'ordre de m'asseoir. J'ai reconnu la lumière de l'aube, d'une couleur de cendre et d'un poids de plomb, qui filtrait par une fenêtre pas plus grande qu'une fente haut dans le mur. Si la pièce empeste, d'une odeur indistincte mais parfaitement désagréable, je serais la dernière personne à m'en rendre compte, mes voies nasales étant bouchées depuis qu'un des geôliers m'a fracturé le nez le soir de mon arrestation. Pour répondre à votre question : je suis à un des étages inférieurs de la prison de la Loubianka où l'on interroge les criminels d'État. Je reconnais même le hurlement des freins à friction quand les tramways s'arrêtent place Dzerjinski. [*Pause.*] Mon Dieu, si tous les hurlements que j'ai entendus dans ce bâtiment avaient pu venir des freins à friction !

– Prisonnière Modinskaïa, les camarades gardiens vous ont vue parler au mur de votre cellule. Je vous rappelle que parler dans le bloc carcéral est une violation grave des règles, qui peut avoir de sérieuses conséquences pour vous.

– À la Loubianka, les prisonniers en quête d'une oreille compatissante finissent souvent par parler au mur. Si le mur était en mesure de répondre, je comprendrais votre inquiétude – cela constituerait une conversation. Le mur de ma cellule, sûrement au courant de vos règles, est resté silencieux jusqu'ici.

– Prisonnière Modinskaïa, vous avez été reconnue coupable d'être un agent britannique et condamnée à la peine capitale par un tribunal spécial. Vous serez fusillée tout de suite après cet interrogatoire.

– Les vêtements que je portais le soir de mon arrestation ont été réduits en lambeaux. J'aurai besoin d'habits adaptés.

– Des habits adaptés ?

– Une robe. Il y a une longue robe grise dans le placard de l'appartement que je partage avec mon père. Elle a un simple col de velours qui se boutonne au cou et des manches longues avec des poignets de dentelle. J'aurai aussi besoin de sous-vêtements et de bas propres.

– Je ne comprends pas. La robe doit être adaptée à quoi ?

– Vous êtes bornée ou quoi ?

– Une prisonnière dans votre situation délicate devrait éviter d'insulter une tchékiste.

– Comme le prisonnier condamné Maly l'a un jour fait remarquer, quelqu'un qui s'apprête à recevoir une balle de gros calibre dans la nuque se fiche pas mal d'insulter un tchékiste. [*Pause.*] La tenue doit être adaptée à des funérailles.

– Il n'y aura pas de funérailles. Les prisonniers exécutés sont enterrés dans une fosse commune.

– Vous ne pouvez pas exécuter les prisonniers en janvier. Il est impossible de creuser des fosses communes quand le sol est gelé.

– Nous sommes dans l'Union des Républiques socialistes soviétiques du premier secrétaire Staline, pas dans la Chine de Tchang Kaï-chek. Nos ouvriers sont équipés de machines de terrassement qui sont capables de creuser des fossés dans les champs derrière le cimetière Novodiévitchi durant les hivers les plus froids.

– Mon Dieu, j'espère qu'on ne mélange pas les hommes et les femmes, dans votre fosse commune. Vous imaginez être obligée de rester couchée pour l'éternité à côté d'un homme, et d'un homme inconnu par-dessus le marché ? [*Pause.*] J'étais vierge le soir de mon arrestation, mais les camarades qui m'ont interrogée ont fait en sorte de remédier à cet état, avec une bouteille de vodka. Ils m'ont cogné les seins avec leurs poings en me hurlant de parler. *Il vous suffit de signer les aveux et vos problèmes seront terminés*, criaient-ils, encore et encore. *Avouer quoi ?* je leur demandais. Les trotskistes ne m'avaient jamais ordonné d'assassiner le respecté Joseph Vissarionovitch. On ne m'avait jamais commandé de saboter la production de pain en jetant des éclats de verre dans des sacs de farine. Je n'avais jamais été recrutée par les services secrets britanniques pour discréditer l'Anglais. *Je signerais certainement votre papier si j'étais coupable de ces crimes*, leur disais-je. [*Pause.*] Je ne crois pas qu'ils m'aient entendue.

– Prisonnière Modinskaïa, vous souvenez-vous de votre grade avant votre arrestation ?

– J'étais lieutenant au 5e département du deuxième directoire du NKVD, sous l'autorité du capitaine Goussakov, comme vous.

– Le capitaine Goussakov est mort. Un tribunal spécial l'a reconnu coupable d'être un agent britannique. Il a été exécuté avant-hier.

– C'était donc bien le capitaine Goussakov que j'ai entendu pleurnicher comme un enfant pendant qu'on le traînait dans le couloir, et implorer grâce entre deux sanglots.

– Il n'a pas facilité la vie des camarades de la crypte.

– Les camarades de la crypte n'ont pas facilité la mort du capitaine Goussakov.

– Prisonnière Modinskaïa, savez-vous qui je suis ?

– Tout le monde sait qui vous êtes, au deuxième directoire général. Vous êtes Nina Petrovna, la salope du service du courrier qui a couché à tous les échelons pour arriver au secrétariat du 5e département et qui a fini comme assistante de recherche du lieutenant Goussakov quand j'ai été promue analyste du renseignement. Vous étiez célèbre pour vos comptes rendus d'interrogatoire parfaitement illisibles. Nous nous amusions à les lire à voix haute dans le couloir quand vous n'étiez pas là.

– Vous êtes absolument déterminée à aggraver votre cas.

– Dans la mesure où mon exécution est prévue au terme de cet interrogatoire, je ne vois pas comment mon cas pourrait encore s'aggraver.

– Le camarade Beria en personne a pris l'initiative de cet entretien dans l'espoir que vous feriez ce que vous avez refusé de faire au cours des cinq mois d'interrogatoire officiel : avouer être un agent du Secret Intelligence

Service britannique, expliquer pourquoi ils sont si résolus à discréditer l'Anglais. Votre supérieur direct, le capitaine Goussakov, a avoué. Son supérieur direct, feu le colonel Soudoplatov…

– Feu le colonel Soudoplatov ? Lui aussi, il a été exécuté ?

– Il faut admettre que le colonel Soudoplatov s'est rendu à la crypte avec une certaine dignité, marchant seul, refusant, comme vous, une dernière cigarette sous prétexte qu'inhaler de la fumée de tabac risquait d'abîmer ses poumons.

– Qui aurait cru que le colonel Soudoplatov avait le sens de l'humour ?

– J'ai ici ses aveux signés, si vous voulez les voir. Il vous a désignés, vous et Goussakov, comme des agents du SIS. Il nous a dit que vous aviez tous les trois reçu l'ordre de votre directeur, un deuxième secrétaire de l'ambassade de Grande-Bretagne à Moscou, de faire tout votre possible pour discréditer l'Anglais.

– Il est inutile de me montrer les aveux du colonel. Je ne suis plus capable de lire. Mon œil droit n'accommode plus et le gauche est si contusionné que je vois des points noirs quand je l'ouvre.

– Si vous aviez avoué, ceux qui vous ont interrogée n'auraient pas été obligés de vous traiter comme un témoin hostile. Vous pouvez encore avouer, prisonnière Modinskaïa. Je vous promets que votre condamnation sera reconsidérée au plus haut niveau, et que vos années de travail pour le parti et vos aveux seront pris en compte. [*Pause.*] Ayez, s'il vous plaît, la bonté de m'expliquer pourquoi vous refusez d'avouer.

– Je n'avoue pas, parce que je ne suis pas coupable d'être un agent britannique. Je n'avoue pas, parce que je refuse de salir le communisme en donnant de fausses preuves contre moi-même. Je n'avoue pas, parce que je suis persuadée que l'Anglais est un agent du SIS. En tant que communiste, en tant que membre du parti depuis que je suis sortie diplômée de l'école de formation du NKVD, en tant que staliniste dévouée, j'ai l'obligation de dénoncer l'Anglais afin que nos organes étatiques ne soient pas contaminés par le fumier qu'il répand.

– Pouvez-vous me citer un seul exemple d'information fausse que l'Anglais a transmise au Centre ?

– Nous lui avons demandé les noms des agents britanniques travaillant pour le SIS en Union soviétique. Il a répondu qu'il n'y en avait pas. Pas un seul. Il a dit que le SIS était insuffisamment doté par sa maison mère, le Foreign Office. Il nous a dit que, de toute façon, le SIS se concentrait sur l'Allemagne de Hitler et l'Italie de Mussolini, et pas sur l'Union soviétique.

– Comment pouvez-vous être sûre que c'est faux ?

– Comment je peux être sûre que c'est faux ? Vous et moi devons sûrement vivre sur des planètes différentes. Le capitaine Goussakov et le colonel Soudoplatov ont tous deux été exécutés, et j'ai été condamnée à mort, parce que nous sommes tous coupables d'être des espions britanniques. Notre système judiciaire soviétique étant infaillible, cela signifie que l'Anglais mentait quand il a affirmé que les Britanniques n'avaient aucun agent en Union soviétique.

– Vous admettez donc être un agent britannique ? Faites attention à ce que vous allez répondre. Vous êtes dans une position inconfortable. Si vous affirmez que votre condamnation pour espionnage était une erreur, si vous réussissez à nous convaincre que le capitaine Goussakov, le colonel Soudoplatov et vous n'êtes pas des agents britanniques, l'Anglais aura dit la vérité. Ce qui signifie que vos tentatives pour le discréditer ressortissent au sabotage, et tout enfant soviétique connaît le châtiment qui attend les saboteurs. D'un autre côté, si vous avouez être un agent britannique, cela signifiera que vous aviez raison en affirmant que l'Anglais nous mentait lorsqu'il prétendait que le SIS n'avait aucun réseau d'espions en Union soviétique. Mais le fait d'avoir eu raison concernant l'Anglais ne pourra pas vous aider une fois que vous aurez avoué être un agent britannique.

– Je suis perdue quoi que je dise.

– Votre seul espoir de salut est de faire confiance au camarade Staline et à son organe de sécurité étatique, pour lequel vous travailliez il n'y a pas si longtemps. Ni le camarade Staline ni son Commissariat du peuple aux affaires intérieures ne commettent d'erreurs. Vous devez faire confiance à notre jugement, qui est inspiré par la perception qu'a le camarade Staline de la réalité. Nous sommes arrivés à la conclusion, après un examen méticuleux de la bonne foi de l'Anglais – je crois que vous connaissez bien le contenu du dossier 5581 –, que l'agent connu sous le cryptonyme Sonny est sincère dans son allégeance au communisme international et à l'Union soviétique, qu'il l'est depuis son recrutement par notre *rezident* de Londres en 1934, que les secrets qu'il a transmis à ses différents interlocuteurs sont authentiques, le plus récent étant la date de la lâche attaque nazie contre notre mère patrie.

– J'ai besoin de temps pour réfléchir…

– Pour vous parler franchement, prisonnière Modinskaïa, de femme à femme, à votre place je serais terrorisée à la perspective d'une exécution imminente.

– J'ai dépassé le stade de la terreur, camarade Nina Petrovna. Je me souviens du moment où les camarades gardiens, des hommes robustes portant un tablier de cuir taché par-dessus leur uniforme du NKVD, sont montés de la crypte pour venir chercher le prisonnier que j'avais interrogé. Ils fumaient des cigarettes épaisses et riaient nerveusement. Ces hommes ont fait de brèves apparitions dans mes cauchemars depuis.

– La bande arrive à la fin de la bobine. Mon temps avec vous est presque passé.

– Ne partez pas, bon sang !

– L'interrogatoire ne peut continuer que si j'obtiens des aveux.

– À quoi vous serviraient des aveux d'une camarade innocente ?

– Une fois vos aveux obtenus, l'innocence ou la culpabilité n'ont plus d'importance.

– Mais mon innocence *est* importante.

– Que puis-je dire pour vous convaincre du contraire, pour vaincre votre entêtement ? Écoutez… [*Pause.*] Vous entendez les pas dans le couloir ? Ce ne peut être que les camarades qui montent de la crypte pour venir vous chercher.

– Oh, si, je suis terrifiée. [*Pause.*] Je dois vous parler le plus longtemps possible.

– Prisonnière Modinskaïa, c'est le camarade Staline en personne qui a déjoué le plan diabolique visant à discréditer Sonny. C'est le camarade Staline en personne qui a démasqué les traîtres. Vous n'accordez sûrement pas le même poids à vos illusions d'innocence qu'à la croyance inébranlable du camarade Staline en votre culpabilité.

– Je [*inaudible*].

– Vous devez parler plus fort.

– Je [*inaudible*].

– Quelqu'un a inséré une clé dans la serrure.

– Oh, mon Dieu, oui. Vous avez sûrement raison.

Je dois être coupable si le respecté Joseph Vissarionovitch me croit coupable. Comment pourrait-il en être autrement ? Et dire que nous avons exécuté Teodor Stepanovitch Maly sans lui offrir une dernière cigarette, alors qu'il disait la vérité quand il affirmait que l'Anglais était un véritable agent soviétique. J'avoue. J'avoue que je ne suis pas vierge. J'avoue que les trotskistes m'ont ordonné d'assassiner le respecté Joseph Vissarionovitch. J'avoue avoir saboté la production de pain en jetant des éclats de verre dans des sacs de farine.

– Et l'Anglais ?

– Oui, oui, surtout l'Anglais. J'avoue être employée par le Secret Intelligence Service britannique. J'avoue avoir calomnié l'Anglais pour discréditer un authentique agent soviétique qui nous livrait des informations depuis le cœur des ténèbres britanniques… »

16

Londres, juillet 1945

Où le Hajj écrit le troisième acte d'un drame d'espionnage

Le cher colonel Menzies m'a offert l'épaule sur laquelle je me suis appuyée quand mon père, l'amiral Sinclair, est décédé, en décembre 1939. Oh, si seulement il avait vécu pour voir cela : Hitler et Mussolini morts, les nazis qui signent leur reddition sans condition, la guerre mondiale ayant dévasté l'Europe bel et bien finie. Ici, à Londres, environ quatre semaines après la capitulation allemande, des groupes de jeunes gens et de jeunes femmes se promènent encore dans les rues en chantant *Kiss Me Goodnight, Sergeant Major*, que père fredonnait souvent en se rasant.

C'est le colonel Stewart Menzies, ancien élève d'Eaton, Horse Guard décoré du DSO pour sa bravoure à Ypres, qui a pris la tête du Secret Intelligence Service de Sa Majesté après le décès prématuré de père. Je suis persuadée que cette nomination a été universellement applaudie (sauf peut-être par le timoré colonel Vivian, un ancien de l'Indian Police Service et le deuxième adjoint de père, qui a dû se contenter du portefeuille du contre-espionnage). Pendant ces difficiles premiers mois, le cher colonel Menzies a été traité comme un parent pauvre par ses patrons du Foreign Office, restés, pour reprendre les mots de l'amiral, prisonniers d'une tournure d'esprit du XIXe siècle, qui les faisait considérer l'espionnage (par opposition à la diplomatie) comme un instrument secondaire dans le Grand Jeu, cette rivalité ancestrale entre la Russie, la Grande-Bretagne et la France pour le contrôle de l'Hindou Kouch. On peut dire que l'espionnage a acquis une réelle reconnaissance après Munich, quand même les philistins du Foreign Office ont admis qu'il pouvait être utile pour prédire et contenir les ambitions de Hitler en Europe.

Comme l'amiral avant lui, le colonel Menzies a supporté stoïquement l'hostilité du ministère des Affaires étrangères. Il a été la gentillesse même quand nous avons sillonné Hampstead et Kensington tous les deux, afin que je lui montre les boîtes aux lettres mortes que père avait relevées lui-même la veille de sa mort. De retour à Caxton House, je lui ai lu les fiches que père emportait partout dans sa poche de poitrine (je suis la seule à pouvoir déchiffrer son écriture), recensant ses agents d'espionnage, une carte par agent : il y avait tout un tas d'employés du chiffre et de préposés au courrier d'ambassades étrangères, deux ambassadeurs sud-américains, un capitaine de cargo norvégien, une vedette brésilienne, une poignée d'hommes d'affaires suédois et espagnols, un changeur de monnaie libanais, un Indien se disant maharajah, la *Madame* d'une maison de mauvaise vie, un diamantaire juif qui avait des associés en Afrique du Sud, au Bechuanaland et en Hollande, ainsi que ces mêmes associés d'Afrique du Sud, du Bechuanaland et de Hollande quand ils se trouvaient à Londres. Oh, et je ne dois pas oublier la princesse du Liechtenstein qui prétendait être en contact, Dieu sait comment, avec ses cousins couronnés dans les différents royaumes slaves d'Europe. Si je me souviens bien, peu de temps après la mort de père, le colonel Menzies, dont le regard franc trahissait une certaine innocence, a un jour levé les yeux des notes qu'il prenait. « Il est inutile de préciser, mademoiselle Sinclair, que vous resterez – après tout, vous êtes notre mémoire institutionnelle. À qui pourrait-on confier la tâche de faire le compte rendu des réunions top secrètes sinon à vous ? »

À la vérité, j'étais très soulagée de céder aux suppliques du colonel Menzies. Je ne touchais toujours pas de salaire, notez, mais grâce à la pension d'officier général de père, je parvenais à joindre les deux bouts sans trop de difficulté. Et je ne me voyais pas passer le temps qu'il me restait à vivre à préparer du thé et des *crumpets* pour les vieilles filles de la société antialcoolique à Camden Town. « Je ne serai que trop heureuse de poursuivre assidûment ma tâche », ai-je informé le colonel Menzies. Et c'est ce que j'ai fait, durant les semaines chaotiques du blitz où les effectifs du SIS ont été multipliés et où l'on nous a distribué des armes de poing pour repousser les parachutistes allemands qui auraient pu atterrir sur le toit de Caxton House, puis durant les mois grisants qui ont suivi le débarquement en Normandie, quand sur la carte militaire géante les flèches rouges marquant la progression de nos armées se rapprochaient de Berlin, et enfin durant ces quelques derniers jours où le sang, la sueur et les larmes ont laissé place à l'exubérance des cloches d'église qui carillonnaient dans tous les quartiers et les comtés.

La voix coupante du colonel Menzies a fait irruption

dans mes souvenirs du temps perdu. « Mademoiselle Sinclair, a-t-il grommelé, son visage poupin apparaissant dans l'embrasure de mon minuscule bureau. J'aurai besoin de vos services, cet après-midi. Ce bonhomme que votre père appelait le Hajj semble devoir passer à quatre heures. »

Ma mémoire institutionnelle ne m'a pas fait défaut. « Vous devez parler de l'arabisant Saint John Philby, ai-je dit.

– C'est ça. Espérons qu'il s'est épouillé la barbe, hein ? Pourriez-vous me retrouver le compte rendu de l'entretien que nous avons eu avec lui en 1934, pour me rafraîchir la mémoire ? »

Il ne m'a pas fallu longtemps pour mettre la main sur le compte rendu en question, dans le meuble classeur métallique que les gars de la sécurité avaient insisté pour installer dans mon bureau. Je l'ai apporté immédiatement dans le petit salon à l'étage supérieur. Le colonel avait changé la décoration depuis l'époque de père. L'épais rideau qu'affectionnait l'amiral avait été remplacé par des stores vénitiens, encore que fermés jour et nuit ; toute une lignée de rois et de reines tendaient l'oreille depuis les murs, à la place des généraux de Wellington ; une grande horloge électrique murale égrenait à grand bruit les secondes, là où le chronomètre marin de père carillonnait délicatement les quarts en mer. « Je crois que c'est ce que vous cherchez », ai-je dit en remettant au colonel le compte rendu dactylographié.

Il l'a lu en diagonale, comme on dit dans le métier de l'espionnage. « J'ai l'impression qu'il y a un trou, vers la fin », a-t-il déclaré. Je lui ai tendu l'original de mes notes en sténo. Une demi-page avait été rayée.

« Qui a fait ça ? a demandé le colonel Menzies.

– Père.

– Pourquoi ?

– Je ne sais pas exactement. Je suppose qu'il ne voulait pas laisser de trace écrite. »

Le colonel Menzies a décroché le combiné du téléphone. « Madame Mortimer, ayez l'amabilité de demander au capitaine Knox, en bas, de monter me voir toute affaire cessante. »

Quelques instants plus tard, on frappait à la porte.

« Entrez ! s'est exclamé le colonel Menzies.

– Monsieur ?

– Qu'est-ce que vous pensez de ça, Knox ? s'est enquis le colonel Menzies en montrant mon compte rendu sténographique.

– Eh bien, ça a été rayé avec un épais stylo noir, non ?

– Je le vois bien. Mais êtes-vous capable de dechiffrer ce qu'il y a sous le trait d'encre ?

– Je devrais.

– Et comment allez-vous procéder ?

– Je pense tenir la feuille devant une lumière très vive et la photographier, puis travailler sur le tirage du négatif pour faire ressortir l'écriture sur l'épreuve positive.

– Vous en avez pour combien de temps ?

– Je devrais pouvoir le transmettre à Mlle Sinclair pour dactylographie à votre retour de déjeuner.

– Au fait, quelle est votre accréditation de sécurité, Knox ?

– Je suis accrédité pour lire tout ce que le Premier ministre peut lire, monsieur.

– Je ne suis pas persuadé qu'il soit accrédité pour lire ça.

– Message reçu, colonel. Je n'essaierai pas de dechiffrer la sténo sous le trait d'encre.

– Fort bien, Knox. »

Knox a tenu parole. Voici la dernière partie du compte rendu. J'ai mis des italiques à la demi-page que père avait rayée :

Le Hajj : « L'avenir est perceptible à ceux qui n'ont pas peur de regarder dans la boule de cristal. L'Europe ne pourra pas éviter une nouvelle Grande Guerre. La Russie soviétique, avec sa main-d'œuvre illimitée, avec la soif de conquête inextinguible de Staline, émergera du conflit pour conquérir l'Europe. Les Soviétiques, désireux de récupérer les territoires perdus, vont parer les vieux appétits tsaristes de l'idéologie communiste. Des mouvements révolutionnaires financés et encouragés par les Soviétiques et qui, en dernier ressort, seront fidèles aux Soviétiques, vont jaillir dans les endroits les plus improbables. L'Empire sera menacé. L'Inde sera la première à partir. »

Colonel Menzies : « Que voudriez-vous que nous fassions de plus que ce que nous faisons déjà, Saint John ? »

Colonel Vivian : « Peut-on supposer que vous avez une carte dans votre manche ? »

Le Hajj : « Je serais bougrement idiot de me présenter ici si je n'en avais pas. »

Père : « Peux-tu nous en parler ? »

Le Hajj : « Je serai obligé de vous tuer aussitôt après. »

Rire général.

Père : « Tu n'as pas interrompu ton exploration du Quart Vide de l'Arabie pour venir nous faire des cachotteries, mon vieux. Allez, parle. »

Le Hajj : « Nous devons agiter un Anglais sous le nez des Soviétiques et les inciter à le recruter.

Pas n'importe quel Anglais, mais un homme bien né, quelqu'un qui a la cravate d'une école huppée, quelqu'un dont les Russes penseront qu'il est capable de s'immiscer dans les hautes sphères. Nous n'avons pas à pénétrer le Centre de Moscou, mais simplement à faire croire au Centre de Moscou qu'il a pénétré notre Secret Intelligence Service. Ensuite, on pourra leur faire avaler tout ce qu'on voudra, accompagné de temps en temps d'un vrai secret qu'ils seront en mesure de vérifier. À partir de là, des possibilités infinies s'ouvriront à nous. Nous pourrons pénétrer l'esprit de Staline et penser à sa place, nous pourrons manipuler ses décisions. Si nous réussissons, le NKVD de Staline deviendra une filiale complètement contrôlée par notre SIS. »

Père : « Je suppose que tu as un candidat en tête.

*Le Hajj : « En effet. Mon fils, Kim. Il est fait pour le Grand Jeu. Je l'ai incité à flirter avec le communisme à Cambridge pour asseoir sa crédibilité marxiste. Quand il est sorti de l'université, je l'ai dépêché à Vienne pour débiter des clichés à propos de l'*Homo sovieticus *se montrant à la hauteur des défis historiques, tout en prenant part lui-même à l'inévitable mutinerie communiste contre Dollfuss. Il m'a télégraphié pour me demander la permission d'épouser l'un des agents locaux du Centre de Moscou et de la ramener en sécurité à Londres. Comme c'était à prévoir, les Russes ont mordu à l'hameçon. Ils l'ont même carrément avalé, pourrait-on dire. Le NKVD soviétique a recruté mon fils sur un banc de Regent's Park il y a un mois. »*

Père : « Saint John, est-ce que je comprends bien que tu es en train de nous dire que ton fils, Kim, est un agent soviétique ? »

Le Hajj : « C'est ce qu'ils pensent. Nous devons laisser les Russes continuer à croire qu'ils ont un agent susceptible de gravir les échelons du Foreign Office ou de Fleet Street. Avec le temps, ils lui feront confiance. Plus tard – disons, une fois qu'il se sera fait un nom dans la diplomatie ou le journalisme – vous pourriez le recruter dans les services secrets de Sa Majesté. Les Russes du Centre vont sabler des bouteilles de mousseux, ce qui est une drôle de façon de fêter quelque chose – la seule fois où j'ai bu du champagne soviétique, il était plus plat que de la bière éventée. Pense aux possibilités, mon vieux. Pense à toutes les fausses informations qu'on pourra leur livrer, pense à tout ce qu'on pourra apprendre rien que par les questions que ses référents soviétiques lui poseront ? On sera en mesure de découvrir ce qu'ils ignorent. »

Colonel Menzies : « Extravagant, hein ? »

Colonel Vivian : « Ça dépasse l'entendement. »

Père : « Tout à fait extravagant, en effet. Mais contenant la possibilité d'influencer la vision du monde des Soviétiques. Pouvons-nous nous accorder sur le fait que cet entretien n'a jamais eu lieu ? »

Le Hajj : « Quel entretien ? »

Saint John Philby s'est présenté à la porte du colonel Menzies à l'heure dite. Il portait toujours des chaussures de tennis éraflées, mais le reste de sa tenue semblait sortir tout droit du marché aux puces de Portobello Road : un costume croisé sombre et élimé, à fines rayures, la cravate usée de l'école Westminster nouée serré sur la pomme d'Adam, le bout de ce qui ressemblait à un filtre de masque à gaz Cellucotton sortant de sa poche de poitrine.

« Vous avez l'air en forme », a fait remarquer le colonel Menzies en accueillant le Hajj à la porte du saint des saints. Il lui a serré la main en l'attirant du même mouvement dans la pièce. « Vous vous souvenez du colonel Vivian, a-t-il ajouté. Il dirige toujours notre cellule de contre-espionnage, ce qui doit être votre rayon, hein ?

– Un grand jour, a fait remarquer le colonel Vivian en remplissant trois petits verres de vin rouge et en en offrant un au visiteur.

– Un grand jour pour ceux qui ne voient pas plus loin que le bout de leur nez », a répliqué Saint John. Il a posé délicatement son verre sur la table basse, s'est installé pile au milieu du sofa et s'est penché pour défaire ses lacets. « M'est avis que nos problèmes ne font que commencer.

– Comment ça ? a demandé le colonel Menzies.

– L'armée de Joukov est arrivée avant nous à Berlin. L'Armée rouge a pris Varsovie, Budapest, Sofia et Prague. Je ne vois pas Staline rapatriant ses gars au pays à brève échéance. Si les Américains abandonnent le théâtre européen pour se concentrer sur les Japs, il n'y aura plus rien entre une Armée rouge de douze millions d'hommes et la Manche. Oncle Joe peut être tenté d'organiser une parade de la victoire qui s'achèverait sur les plages françaises, face à nos blanches falaises de Douvres.

– Nous avons paré à cette éventualité, a dit le colonel Vivian. Votre fils leur a transmis de fausses informations visant à couper l'appétit de Staline – des aérodromes anglais et irlandais bourrés de bombardiers B-29, des bombardiers armés de ce nouvel engin explosif atomique que les Américains ont testé dans le désert du Nouveau-Mexique hier, et même une liste de cinq cents villes soviétiques que nous comptons rayer de la carte si la situation dégénérait. »

Philby père s'est enfoncé dans les coussins du sofa. « Si je comprends bien, mon fils n'a pas volé son salaire. »

Le colonel Menzies a souri de toutes ses dents. « Kim est né pour être espion. Il navigue là-dedans comme un poisson dans l'eau. J'ignore comment il fait pour ne pas mélanger les différentes versions dans sa tête, mais il y arrive. Je peux vous assurer qu'en dépit de son jeune âge il est devenu une étoile montante de la cinquième section, un expert en contre-espionnage. Il a dirigé notre cellule ibérique pendant presque toute la guerre. »

Le colonel Vivian a dit : « Les Américains ont été tellement impressionnés par votre fils qu'ils ont détaché une de leurs brillantes recrues de l'OSS, tout droit sortie de Yale, pour apprendre le métier dans son ombre. Un type du nom de Jesus Angleton. »

Le colonel Menzies a agité un doigt. « Il s'appelle James Angleton. Jesus est son deuxième prénom. »

La vieille animosité entre les deux colonels n'était jamais loin de la surface. « Peu importe », a marmonné le colonel Vivian.

Le colonel Menzies a ignoré son adjoint. « La dernière nouvelle va vous ravir, Saint John. Une fois la fin de la guerre en vue, nous avons monté une petite structure de contre-espionnage, ciblant la Russie soviétique. Changement de perspective, hein ? On l'a appelée la section IX. Et on a décidé de placer Kim à la barre de ce nouveau ravitailleur.

– Les Russes n'ont pas dû en croire leur chance, quand Kim leur a fait part de son affectation, a dit le colonel Vivian. Vu de Moscou, ils doivent penser que leur taupe dirige notre cellule antisoviétique.

– Est-ce que les Yankees savent que Kim est un agent double ?

– Je crois qu'on pourrait dire agent triple », a fait remarquer le colonel Vivian.

Une fois encore, le colonel Menzies a ignoré son chef du contre-espionnage. « Sans compter Kim, seuls nous trois ici présents » – le colonel Menzies m'a remarquée, assise en retrait, en train de prendre des notes sur une écritoire – « ou devrais-je dire nous quatre, oui, avec Mlle Sinclair, seuls nous quatre connaissons la véritable histoire. »

Le colonel Vivian, agité, s'est resservi un verre de vin. « Ça n'a pas toujours été de tout repos, notez. À la fin des années 1930, le Centre de Moscou avait une analyste obstinée, qui était convaincue que votre fils leur livrait des renseignements faux. »

Le colonel Menzies a terminé l'histoire à sa place. « Pendant un certain temps, la situation a été critique. L'analyste a présenté ses conclusions à plusieurs instances du Centre, semant le doute sur la loyauté de votre fils à l'égard des Soviétiques. Elle a fini par être discréditée, on ne sait pas exactement pourquoi, ni par qui. La seule chose dont on soit sûrs, c'est qu'elle a été accusée de tentative d'assassinat sur la personne de Staline et exécutée.

– Ce qui m'amène au troisième acte, a dit le Hajj.

– Le troisième acte ? Cher ami, avec un peu de chance, tout cela peut continuer indéfiniment, a dit le colonel Vivian.

– J'y ai beaucoup réfléchi, a dit Philby père. Il ne faut pas s'attendre à ce que les Russes se laissent duper éternellement. Si le NKVD ressemble à votre Secret Intelligence Service, une nouvelle génération d'analystes va monter dans la hiérarchie. L'un d'eux voudra se faire un nom. Et quel meilleur moyen pour ça que de démasquer un agent britannique ? Il va examiner tous les câbles de Kim, en commençant en 1934, quand il a dit au *rezident* de l'époque, celui qui a ensuite été rappelé à Moscou et exécuté, qu'il avait fouillé mes papiers personnels sans trouver de preuve que je travaillais pour le SIS.

– C'était la vérité, a fait remarquer le colonel Vivian.

– C'était plus ou moins la vérité, a acquiescé le Hajj. Mais une analyse attentive révélera que la plupart des secrets que mon fils a transmis étaient soit conformes aux intérêts de la Grande-Bretagne – comme quand il a informé Staline de la date choisie par Hitler pour l'invasion de la Russie soviétique – soit manifestement faux. Prenez cette histoire d'aérodrome en Grande-Bretagne et en Irlande prétendument bourrés de bombardiers B-29 équipés de ce machin atomique dernier cri. Les Russes finiront par découvrir que c'était une supercherie. Et un analyste digne de ce nom envisagera la possibilité que mon fils l'ait su lorsqu'il a passé l'information à son référent, ce qui laisserait supposer qu'il est un agent double.

– Ou ne serait-ce pas un agent triple ? » est intervenu le colonel Vivian.

Le colonel Menzies et M. Philby ont tous deux dévisagé le colonel Vivian, qui s'est gratté la joue, décontenancé. Le colonel Menzies s'est retourné vers le Hajj. « Allez au fond de votre pensée, Saint John.

– Je disais donc, quand les doutes s'accumuleront, la balance penchera en la défaveur de mon fils et le soupçon qu'il puisse être un agent double – oui, je crois qu'*agent double* est le terme qui convient – commencera à s'installer.

– Ce que vous nous dites est très inquiétant, a admis le colonel Menzies. Pouvons-nous anticiper ?

– Nous le pouvons et nous le devons, a répondu le Hajj. D'après moi, un agent menant une double vie a une durée de conservation d'environ dix ans. Kim est monté à bord de votre navire en 1940. Si mon intuition est juste, on peut continuer comme ça pendant encore cinq ans.

– Et ensuite ? a demandé le colonel Vivian.

– Vers 1950, nous pourrions faire en sorte que mon fils soit démasqué en tant qu'agent soviétique de longue date. »

Les colonels ont contemplé le Hajj, sans voix.

« Dois-je comprendre que vous suggérez que..., a lâché le colonel Vivian.

– Vous êtes sûrement en train de vous ficher de nous », a dit le colonel Menzies.

Je voyais bien que M. Philby était très content de son effet. « Je n'ai jamais été plus sérieux, a-t-il déclaré. Ce devrait être assez simple. Les Américains pourraient déchiffrer des phrases de vieux télégrammes diplomatiques soviétiques cryptés, indiquant qu'un de leurs agents au sein du Foreign Office, du temps où il était en poste à l'ambassade de Grande-Bretagne à Washington, retrouvait sa femme enceinte à New York le week-end. Cela mènera directement au vieux copain de Cambridge de Kim, Donald Maclean...

– Vous voudriez qu'on implique aussi Maclean ! s'est exclamé le colonel Vivian.

– Après tout, c'est un véritable agent soviétique, a rappelé le Hajj à ses interlocuteurs.

– C'est juste, a murmuré le colonel Menzies.

– Mon fils, a poursuivi Philby père, découvrirait, dans le cadre de ses activités de contre-espionnage, que les Américains sont de plus en plus près de démasquer Maclean. Il pourrait charger Guy Burgess de conseiller à ce dernier de fuir. Si Kim réussissait à effrayer Burgess, celui-là pourrait peut-être paniquer et s'enfuir en même temps. Nous serions ainsi débarrassés de deux espions soviétiques, sans avoir la désagréable obligation de présenter des preuves lors d'un procès public. Quand ces deux-là réapparaîtraient à Moscou, les Américains se concentreraient sur mon fils – après tout, il est leur camarade depuis le début des années trente. Quelqu'un se souviendrait forcément que c'était Burgess qui avait soufflé le nom de Kim au SIS. Et comment Maclean aurait-il pu être averti qu'il lui fallait s'enfuir sinon par Kim ? »

Les colonels étaient pendus aux lèvres du Hajj, comme s'il racontait l'intrigue d'un roman d'espionnage. « Et ensuite ? a demandé le colonel Vivian, le souffle un peu court.

– Vous seriez obligés de virer Kim, bien sûr. Vos spécialistes des interrogatoires le cuisineraient, mais il nierait tout. *Moi, un agent de pénétration soviétique de longue date ? Ridicule !* Toutes les preuves contre mon fils – ses opérations qui ont mal tourné, des agents sous sa direction qui ont été raflés par les Russes – pourraient passer pour de simples coïncidences. Compte tenu des inquiétudes américaines, Kim devrait être mis au repos forcé. Il pourrait peut-être retourner au journalisme. Oui, pourquoi pas ? Un journaliste couvrant le Moyen-Orient, une région qu'il connaît bien, basé, disons, à Beyrouth. Il faudrait laisser passer un peu de temps pour que les Russes digèrent tout ça. Un beau jour, vous pourriez ressortir *le* détail – une femme qui jure que Kim a essayé de la recruter comme espionne soviétique, ou quelque chose dans ce goût-là – qui l'accuse sans l'ombre d'un doute. On lui donnerait le choix entre admettre sa trahison et se retourner contre les Soviétiques, ou aller en prison pour le restant de ses jours. À ce moment-là, il s'enfuirait. Les Russes auront un plan d'exfiltration prêt pour ce genre d'éventualité. Mon fils referait surface à Moscou, où il serait accueilli en héros. Il serait reçu au Cœur des ténèbres, le Centre de Moscou, à la Loubianka. Les Russes seraient idiots de ne pas utiliser ses compétences. Kim deviendrait un officier supérieur du renseignement soviétique, que l'on consulterait sur des opérations passées ou à venir, à qui l'on demanderait d'évaluer de possibles agents de pénétration, qui serait invité à donner son avis sur des cibles potentielles. »

Les colonels se sont liquéfiés dans leur fauteuil, incapables de proférer une parole. Tous deux contemplaient leurs chaussures avec une intensité cryptique. Le silence a duré une éternité. Le colonel Vivian a été le premier à retrouver sa voix. « Apparemment, vous paraissez certain que Kim accepterait ce scénario », a-t-il dit. Il est monté dans les aigus à la fin de sa phrase, la transformant en question.

Le Hajj a offert aux colonels l'un de ses sourires de travers. « Mon fils vit pour le Grand Jeu. Il tient absolument à devenir un joueur important. Et il fait ce que son saint père lui dit de faire. Comme il l'a toujours fait et comme il le fera toujours. »

Les deux colonels restaient assis là, secouant la tête. Le colonel Menzies a dit : « Ce que vous suggérez n'est pas du domaine du possible, Saint John.

– Tout à fait mon avis », a acquiescé le colonel Vivian, avec une véhémence inaccoutumée.

Le Hajj s'est penché en avant et a commencé à refaire les lacets de ses tennis. « Et pourquoi, je vous prie, n'est-ce pas du domaine du possible ?

– Pour commencer, a dit le colonel Menzies, sa voix réduite à un grincement crispé, ses moustaches frémissant alors qu'un doute lui effleurait l'esprit, qui pourrait croire une chose pareille ? »

FIN

Épilogue

Beyrouth, janvier 1963

Où l'Anglais s'enfuit en Russie soviétique avec dix boîtes de pastilles pour la digestion Arm & Hammer en poche

À minuit, le cargo russe *Dolmatova* a largué les amarres sans bruit et quitté furtivement le port de Beyrouth. C'est seulement plus tard que les agents de renseignement britanniques, dans la capitale libanaise, se sont rendu compte que le cargo était parti sans embarquer de cargaison et sans attendre la marée descendante. Alors que la proue plongeait dans la première houle, l'unique passager du navire, un Anglais, a grimpé l'échelle jusqu'au casier à drapeaux à l'arrière de la passerelle. Un matelot, vêtu d'une combinaison sale et d'un épais ciré, hissait un grand pavillon arborant la faucille et le marteau – claquant dans le vent comme des coups de feu, il semblait conférer la citoyenneté soviétique à l'Anglais en montant le long de la drisse jusqu'au bout de vergue.

Le passager a regardé, par-dessus la poupe, les lumières de la capitale libanaise. Il s'est imaginé qu'elles bégayaient en morse sur l'horizon qui s'éloignait. Et il s'est demandé quel message elles pouvaient bien lui envoyer. Plissant les yeux, il a cru distinguer les lumières moins vives du village druze sur une colline dominant Beyrouth, où son père avait vécu ses derniers jours dans une modeste villa. L'Anglais y était monté presque tous les week-ends, et ils avaient passé des heures innombrables au soleil sur des fauteuils inclinables en bois dans le petit jardin, à discuter de la façon dont le Grand Jeu pourrait se dérouler. Quand la fin était venue, l'Anglais avait enterré son père dans un cimetière musulman en contrebas du village, marquant la tombe, ainsi que le font les musulmans, avec une petite pierre. Comme il n'y avait pas de nom gravé sur la pierre, personne ne saurait où Saint John était enterré maintenant que son fils était parti.

L'Anglais, correspondant au Moyen-Orient pour deux journaux de Londres, *The Observer* et *The Economist*, avait fui la ville avec les vêtements qu'il avait sur le dos, deux gros pulls de laine enfilés l'un au-dessus de l'autre, une paire de lunettes de lecture de rechange, dix petites boîtes de pastilles pour la digestion Arm & Hammer et l'exemplaire très écorné du livre de poche N° 1 de Simon & Schuster, *Horizon perdu* de James Hilton, que son père lui avait fait envoyer par Harrods en 1939 pour remplacer l'édition grand format qu'il avait égarée pendant la guerre d'Espagne. L'Anglais avait utilisé les deux exemplaires du livre à des fins de chiffrage (numéro de page, numéro de ligne, numéro de lettre) lorsqu'il avait communiqué avec son directeur soviétique, le *rezident* de Londres qu'il connaissait sous le nom d'Otto. Il espérait bien rester en contact, de la même façon, avec les amis de son père à Londres une fois qu'il serait arrivé à Moscou.

Tandis que les lumières de Beyrouth disparaissaient

dans la pénombre où la terre rencontrait la mer, l'Anglais s'est retourné pour regarder vers l'avant, par-dessus les embruns qui retombaient sur le gaillard d'avant, tentant d'imaginer la vie qui l'attendait dans le Shangri-La soviétique.

Les Russes goberaient-ils le scénario que son saint père avait concocté ?

Croiraient-ils que le Secret Intelligence Service de Sa Majesté la reine Élizabeth l'avait menacé de l'envoyer en prison pour le restant de ses jours s'il refusait d'avouer qu'il était de longue date un agent de pénétration soviétique ?

Le Centre de Moscou l'accueillerait-il au Cœur des ténèbres comme un officier expérimenté du renseignement soviétique ?

Lui serait-il permis de commander des livres chez Bowes & Bowes à Cambridge et des boîtes de pastilles pour la digestion Arm & Hammer chez Harrods ?

Le Grand Jeu auquel l'Anglais avait tant envie de jouer avait-il un troisième acte ?

Pour les espions et les alpinistes, n'y avait-il vraiment pas d'autre issue que vers le haut ?

Post-scriptum

Une vraie histoire d'espion

Où l'auteur de* Philby : Portrait de l'espion en jeune homme *explique pourquoi l'idée que Kim Philby ait pu être un agent double – ou faudrait-il dire triple ? – n'est pas si farfelue

J'ai passé l'hiver 2000 à Jérusalem, à faire des recherches pour un roman situé au Moyen-Orient. Un soir, j'ai dîné avec mon grand ami Zev Birger, qui était à l'époque le directeur de la foire du livre de Jérusalem. C'est par son intermédiaire que j'avais rencontré l'ancien Premier ministre et actuel président d'Israël, Shimon Peres, avec qui j'avais collaboré par la suite à un livre d'entretiens. Zev, qui passait pour connaître tout ce qu'Israël comptait de gens importants, m'a demandé à brûle-pourpoint s'il y avait quelqu'un que j'avais envie de rencontrer et que je ne connaissais pas encore. Je lui ai répondu oui : Teddy Kollek, qui avait longtemps été maire de Jérusalem et était à présent à la retraite.

Le lendemain matin, Zev m'a appelé pour me dire qu'il avait organisé un rendez-vous. À midi, le 31 janvier 2000, je me suis rendu au bureau de Teddy Kollek à la Fondation Jérusalem, rue Rivka. M. Kollek, un homme robuste de quatre-vingt-neuf ans, qui fumait des cigarillos, m'a fait signe de m'asseoir de l'autre côté de son bureau et m'a demandé pourquoi je voulais le voir. Il me regardait à travers des lunettes de professeur en demi-lune, qui lui avaient glissé au bout du nez. Je lui ai expliqué que je connaissais bien sa biographie : il avait passé son enfance à Vienne, où il avait été actif dans les cercles socialistes au début des années trente. J'étais curieux de savoir si M. Kollek avait croisé là-bas un jeune diplômé de Cambridge nommé Kim Philby. M. Kollek m'a répondu que tout le monde, dans la mouvance de gauche à Vienne, avait entendu parler de Philby à cette époque, et que lui-même le connaissait de vue. Je lui ai demandé s'il connaissait aussi Litzi Friedman. Oui, m'a-t-il dit, il la connaissait assez pour lui dire bonjour ; à Vienne, a-t-il poursuivi, tout le monde savait qu'elle était communiste et beaucoup supposaient qu'elle était une sorte d'agent soviétique. J'ai demandé à M. Kollek s'il était au courant que Philby et Litzi Friedman s'étaient mariés à Vienne après la répression des socialistes et des communistes par le chancelier Dollfuss en 1934. Une fois encore, il m'a dit oui : il était de notoriété publique que Philby avait épousé Litzi pour lui obtenir un passeport britannique. Et puis, à ma grande surprise, il a ajouté que tout le monde pensait que Litzi Friedman avait dû recruter Philby comme agent soviétique.

Sans que je le sollicite, M. Kollek a alors commencé à me raconter une autre histoire :

À la naissance de l'État juif, en 1948, le Mossad, l'équivalent israélien de la CIA, était très désireux de prendre contact avec la nouvelle Central Intelligence Agency américaine, mais les gens de la CIA, croyant que le Mossad avait pu être infiltré par des agents soviétiques se faisant passer pour des réfugiés juifs, avaient gardé leurs distances avec les Israéliens. Après des demandes répétées, les Américains avaient fini par céder et par accepter une première rencontre prudente. C'est Teddy Kollek, travaillant pour le Mossad, qui a été envoyé dans une certaine chambre de l'hôtel Statler, à Washington, pour établir le contact. Le représentant de la CIA à ce premier entretien n'était autre que le chef légendaire du contre-espionnage, James Jesus Angleton.

Un mot à propos de James Angleton : juste après sa sortie de Yale, au début des années quarante, il était entré dans l'organisation américaine chargée du renseignement en temps de guerre, l'Office of Strategic Services, et avait été envoyé en poste à Londres pour y apprendre le contre-espionnage au Secret Intelligence Service de Sa Majesté. C'était un homme plus âgé et plus expérimenté, une étoile montante du SIS, qui avait pris le jeune Américain sous son aile : Kim Philby. Tous deux étaient devenus amis ; ils campaient ensemble sur des lits de camp dans les locaux du SIS pendant la *blitzkrieg* et montaient sur le toit pour regarder les avions allemands bombarder Londres. Quand la guerre a pris fin en Europe, Angleton est parti diriger les opérations de l'OSS en Italie et, quand le président Truman a créé la CIA à la fin des années quarante, Angleton est devenu le patron de son service de contre-espionnage.

Lors de leur rencontre au Statler, le courant est passé entre Teddy Kollek et Angleton, et ils se sont liés d'amitié. Selon M. Kollek, ils sont devenus assez proches. M. Kollek apportait à Angleton, dont le hobby était de cultiver des orchidées, des spécimens rares provenant d'une ferme appartenant aux Rothschild, et il était reçu à dîner chez Angleton et sa femme, Cicely, dans leur maison de Washington. Bien sûr, ils collaboraient aussi régulièrement dans des affaires de renseignement.

Avance rapide jusqu'au début des années 1950 : en pleine guerre froide, M. Kollek est allé à Washington voir son ami Angleton dans les locaux de la CIA, une vieille caserne de la Seconde Guerre mondiale près du Reflecting Pond. « Je me dirigeais vers le bureau d'Angleton, m'a raconté Kollek le jour où je l'ai interrogé à Jérusalem, quand j'ai soudain aperçu un visage familier à l'autre bout du couloir. On ne pouvait pas se tromper. J'ai fait irruption dans le bureau d'Angleton en disant : "Jim, vous ne devinerez jamais qui j'ai vu dans le couloir. C'était Kim Philby !" Et je lui ai parlé de Vienne, du mariage avec Litzi Friedman et du soupçon qu'elle ait pu recruter Philby comme agent soviétique. Et j'ai conclu : "Communiste un jour, communiste toujours." »

Stupéfait, j'ai demandé à M. Kollek si ç'avait été ses paroles exactes. « Oui, m'a-t-il répondu. Je lui ai dit : "Communiste un jour, communiste toujours." »

Je lui ai demandé si Angleton avait réagi. « Non, Jim ne réagissait jamais à rien. On en est restés là, et le sujet n'a plus jamais été abordé. »

Quand M. Kollek avait repéré Philby au bout du couloir, ce dernier était en poste à Washington, où il faisait la liaison entre les Britanniques et leurs homologues américains de la CIA et du FBI. Kim rencontrait son vieil ami Jim Angleton presque tous les jours. Ils déjeunaient régulièrement ensemble le vendredi, dans un bar de Georgetown.

« Que s'est-il passé après que vous avez parlé à Angleton de Philby et de Vienne ? » ai-je demandé.

Je garde le souvenir de M. Kollek se concentrant sur la cendre qui menaçait de tomber de l'extrémité de son cigare. « Vous pouvez en imaginer autant que moi. À vous de poser vos hypothèses », m'a-t-il répondu.

Mes hypothèses sont au cœur de *Philby : Portrait de l'espion en jeune homme*.

Durant toute la longue carrière d'Angleton, qui a pris fin lorsqu'il a été renvoyé par Colby, le directeur de la CIA, en 1975, le patron du contre-espionnage a été obsédé par l'idée d'une possible pénétration soviétique. Les employés de la CIA qui parlaient couramment russe ou qui avaient des noms à consonance russe ou polonaise étaient l'objet de soupçons. Les gens étaient soumis au détecteur de mensonge ; tout le monde ne réussissait pas l'examen. Il suffisait qu'Angleton ait l'ombre d'un doute pour briser une carrière. On se passait des services de possibles transfuges, de crainte qu'ils puissent être des agents de désinformation soviétiques. À la fin, toute la division Russie de la CIA a été vidée, et ses opérations contre l'Union soviétique ont été entravées parce que Angleton était obsédé par la crainte d'une pénétration soviétique. Qu'il ait été mis au courant du passé suspect de Philby (Socialist Union de Cambridge, Vienne, Litzi Friedman) par Kollek, ou qu'il l'ait déjà su, il est impensable qu'il ait autorisé Philby à mettre un pied dans le *sanctum* de la CIA sauf si…

Sauf s'il avait personnellement *retourné* Philby, ou que Philby ait été depuis le début un agent britannique se livrant à la désinformation vis-à-vis de Moscou. En définitive, le meilleur moyen de pénétrer le Cœur des ténèbres soviétiques était de faire croire au Centre de Moscou qu'il avait pénétré les agences de renseignement occidentales. Les Britanniques et les Américains auraient pu, dès lors, pour reprendre les mots de mon personnage, le Hajj, faire avaler tout ce qu'ils voudraient aux Soviétiques.

Quand, sur le point d'être démasqué, Donald Maclean

s'est enfui à Moscou (avec Guy Burgess, qui a apparemment pris peur au dernier moment et fui avec lui), la couverture de Kim Philby fut compromise. Renvoyé du SIS, il a fini à Beyrouth, comme correspondant au Moyen-Orient de deux journaux londoniens, *The Observer* et *The Economist*. Après qu'il a fui à son tour en Union soviétique, en 1963, Angleton a laissé entendre que l'affaire Philby était plus complexe qu'il n'y paraissait. Une manière de se dédouaner, à l'évidence. Mais était-ce seulement cela ?

Teddy Kollek est mort le 2 janvier 2007.

Le mystère de l'allégeance de Philby demeure.

DU MÊME AUTEUR

La Boucle
Presses de la Cité, 1973

Coup de barre
Presses de la Cité, 1974

La Défection de A.J. Lewinter
Presses de la Cité, 1973

Le Cercle Octobre
Presses de la Cité, 1975
et Point Deux, 2012

Mère Russie
Plon, 1978
et « Points Policier », n° P2655

Le Transfuge
Presses de la Cité, 1980
et « Points Policier », n° P2333

L'Amateur
Presses de la Cité, 1981
et « J'ai lu », n° 7770

Les Sœurs
Presses de la Cité, 1985
et « Points Policier », n° P2527

Les Larmes des choses
Julliard, 1989

Un espion d'hier et de demain
Julliard, 1991
et « Points Policier », n° P2740

Ombres rouges
Denoël, 1992
et « Folio Policier », n° 143

Le Sphinx de Sibérie
Denoël, 1994
et « Folio », n° 2877

Les Enfants d'Abraham
Denoël, 1996
et « Folio Policier », n° 157

Conversations avec Shimon Peres
Denoël, 1997
et « Folio Actuel », n° 58

Le Fil rouge
Denoël, 1998
et « Folio Policier », n° 200

La Compagnie : le grand roman de la CIA
Buchet-Chastel, 2003
et « Points Policier », n° P1227

Légendes
Flammarion, 2005
et « J'ai lu », n° 8329

L'Hirondelle avant l'orage
Baker Street, 2009
et « Points », n° P2348